❄|FISCHER

Bettina Hennig

ICH BIN DANN MAL VEGAN

Glücklich und fit und nebenbei die Welt retten

FISCHER

Erschienen bei FISCHER Taschenbuch
Frankfurt am Main, November 2014

© S. Fischer Verlag GmbH, Frankfurt am Main 2014
Satz: Fotosatz Amann, Memmingen
Druck und Bindung: CPI books GmbH, Leck
Printed in Germany
ISBN 978-3-596-03104-7

Für Gudrun und Schatzi

Inhalt

Drei Männer, drei Entscheidungen	9
Ich bin dann mal vegan – ohne es zu merken	21
Mit schöner Haut und schönen Haaren	37
Einstein oder die Sache mit den Bienen	45
Mein erstes nicht ganz richtiges Treffen mit anderen Veganern	55
Meine ersten virtuellen Treffen mit Veganern	62
Mein erstes richtiges Treffen mit anderen Veganern oder mein erster veganer Absturz	75
Schatzi isst vegan oder der Veggieday	85
Mein erster veganer TV-Abend	96
Nebenbei die Welt retten	113
Ich habe es satt und gehe auf die Straße	130
In Aktion	161
Ich bin glücklich oder das tägliche Happy End	166
Detox? What the fuck is Detox?	173
Die Müllschlucker und ich	193

Was für ein Bullshit! 210

Eine große Schweinerei 223

Eine noch größere Schweinerei 231

Abenteuer ohne Ende 256

Quellen 263

Anmerkungen 266

Danksagung 269

Drei Männer,
drei Entscheidungen

Wie alles anfing? Natürlich mit einem Mann. Genau genommen waren es sogar drei Männer, die meine Entscheidung, mich vegan zu ernähren, beeinflussten. Attila Hildmann, Jonathan Safran Foer und ein Mann, dessen Namen ich hier besser nicht erwähne. (Sie werden dann schon sehen, warum.)

Alle drei haben ihren Teil dazu beigetragen: Durch den Mann, dessen Namen ich nicht erwähnen will, wurde ich von einer Fleischesserin zur Vegetarierin, Foer verdarb mir den Appetit auf Fisch, Hummer, Langusten, Muscheln und Austern, und Attila half mir, auf Milch, Käse, Eier und Honig zu verzichten. Da Attila der wichtigste der drei Männer war, fange ich mit ihm an.

Als ich ihn traf, belegte er mit seinen Kochbüchern »Vegan for Fit« und »Vegan for Fun« die Toppositionen der Amazon-Bestsellerliste. Mal Platz 1, mal Platz 3, mal Platz 5 – aber nie im zweistelligen Bereich und immer vor »Shades of Grey«. Das will etwas heißen, die drei Teile von »Shades of Grey« haben sich weltweit über 100 Millionen Mal verkauft.

Ich arbeitete zu dieser Zeit bei einem ziemlich jungen und hippen Lifestyle-Magazin in Hamburg, obwohl ich selbst gar nicht mehr so jung und auch nicht besonders hip bin, und war ständig auf der Suche nach neuen Trends und Themen. Attilas Erfolg war für mich, na ja, ein gefundenes Fressen. Ich schlug ihn in der Redaktionskonferenz vor, aber die Kollegen hatten ihre Zweifel: Ist das nicht ziemlich spaßfrei, so vegan zu leben?

Veganer – das sind doch diese Spielverderber, die so berauscht sind von ihrer eigenen Rechtschaffenheit, dass sie uns die schicken Isabel-Marant-Schuhe ausreden wollen. Das sind doch die, die einem jeden Bissen in den Mund zählen und dann gleich anfangen, von den armen Schweinen zu reden und den armen Hühnern. Und wenn es nicht um ein armes Tier geht, dann reden sie über den Methanausstoß bei Kühen, womit sie eigentlich nur sagen wollen, dass Kühe verdammt viel rülpsen und furzen, was den Treibhauseffekt befördert, und es dann auf der Erde viel zu warm wird und wir alle sterben müssen. Da es viele Kühe gibt, da viele Kühe gegessen werden. Ich gebe zu, meine Kollegen sind etwas extrem.

Aber dann zeigte ich ihnen ein Foto von Attila, und alle sagten: »Ooooh, der ist aber süß! Zum Anbeißen!«

In einer jungen und hippen Lifestyle-Redaktion, die täglich Fotos von Ryan Gosling, Bradley Cooper und Prinz Harry in höchst erfreulichen Posen (am Strand, bei einer Party, oben ohne) zu sehen bekommt, bedeutet das schon was. Man sah förmlich, wie alle dachten: Gibt es eigentlich auch Oben-ohne-Fotos von Attila? Aber keiner sprach es aus.

Kurzum: Meine Chefin sagte »Go!«.

Zwei Minuten später hatte ich Attilas Agentin am Telefon, zwei Stunden später hatte ich mein Interview. Doch damit war ich beim nächsten Problem: Ich trug ein Leder-Top und Wildlederstiefel, die über die Knie reichten. Im Lederlook einen Veganer interviewen? Geht gar nicht! Mist, dachte ich. Was tun? Ich hatte keine Zeit mehr, mich umzuziehen, und die Damen aus dem Moderessort konnten mir auch nicht aushelfen. Größe 32, Einheitsgröße aller Models, hatte ich zuletzt mit zwölf.

Um meinen Fauxpas zu vertuschen, schlug ich Attila als Treffpunkt das »Fairy Food« vor, einen veganen Imbiss in der Hamburger Innenstadt, der gerade neu eröffnet hatte (und inzwischen leider schon wieder dichtgemacht hat).

Und was mein Leder-Top betrifft? Ich drapierte großzügig ein Tuch darüber.

Als Attila aus dem Taxi stieg, fiel mir sofort auf: Auch er trägt Lederschuhe. Sah zumindest so aus, ich will ihm ja nicht unrecht tun. Ich war jedenfalls erleichtert.

Im Interview erzählte er dann erst mal das, was er eigentlich immer erzählt. Er sprach über seinen Vater, der von den Ärzten wegen seiner schlechten Blutwerte gewarnt worden war und dann im Jahr 2000 an einem Herzinfarkt starb, weil ihm das Frühstücksei, die Wurst und das Schnitzel wichtiger waren als seine Gesundheit. Er erzählte von sich selbst, wie er durch den Tod seines Vaters erst zum Vegetarier, dann aber, weil seine Cholesterinwerte immer noch zu hoch waren – als Vegetarier isst man eben viel Käse –, schließlich zum Veganer wurde. Und wie sich seine Werte, sein Leben, sein Lebensgefühl seitdem verändert hatten.

Und dann erzählte er von den anderen Veganern, die ihn für inkonsequent hielten, weil er nicht ständig über furzende Kühe spricht – und auch, weil er anfangs noch Lederschuhe getragen hat. Die Schuhe, die er beim Interview trug, waren übrigens aus Imitat, wie sich herausstellte.

Und da wurde es für mich interessant.

»Ich bin halt kein Dogmatiker«, sagt er. »Ich bin schon froh, wenn die Leute nur einen Tag in der Woche mal Fleisch weglassen. Deshalb geht meine Challenge ja auch nur über 30 Tage. Dann kann es jeder einmal ausprobieren und gucken, wie es ihm bekommt.«

Aha. Challenge ist natürlich ein klug gewähltes Wort. Es hört sich nach »Germanys Next Topmodel« an oder nach Stefan Raabs Stock-Car-Rennen. Ganz normale Dinge werden so zu immerwährenden Abenteuern, die es in Dschungelmanier zu bestehen gilt. Anziehen, Auto fahren – alles gerinnt zum Überlebenskampf. Wie kaufe ich in zwei Stunden ein komplettes Abendoutfit ein? Wie komme ich als Erster ins Ziel, ohne abgedrängt zu werden? Attila überträgt dieses Prinzip auf das Alltäglichste der Welt, das Essen. In seiner Versuchsanordnung geht es nur darum, alle tierischen Produkte vom Speiseplan zu streichen und regelmäßig Sport zu treiben. Und das 30 Tage lang.

Schön und gut, aber eine Challenge? Ist das wirklich eine Herausforderung? Da sollte man mal ein paar orthodoxe Christen oder praktizierende Hindus fragen, was sie von so einer Challenge halten! Es gibt religiöse Splittergruppen, die trinken einmal pro Woche nur heißes Wasser – ohne Ingwer. Ein paar Tage nur Gemüse essen, und davon so viel man will? Wo ist denn da die Challenge, dachte ich bei mir.

Jedenfalls hat Atilla den richtigen Ton für das gefunden, was viele als Verzicht empfinden.

Ich frage ihn: »Und wenn man danach wieder Lust hat auf Schinken?«

»Dann nur zu! Ich bevormunde die Menschen nicht.«

Stimmt. Er hatte noch nichts zu meinem Leder-Top gesagt.

Ein Veganer also, der die anderen nicht missionieren wollte, sondern einfach nur vorlebte, wie gut es ihm mit seiner Entscheidung ging – das gefiel mir. Das war der Moment, an dem ich das erste Mal dachte: Sollte ich es vielleicht auch einmal probieren? 30 Tage sind ja überschaubar.

Allerdings: Ich bin nicht der Typ, der sich lange in der Küche aufhält. Kochshows halte ich für Banane, weil man das ja ohnehin nie nachkocht, und wenn man es doch tut, sieht es nie so lecker aus wie im Fernsehen. Ich mache mir meist irgendwelche Gemüsepfannen oder große Schüsseln mit Salat, die ich dann – ich lebe allein – ganz unelegant in mich reinstopfe.

Ich guckte mir Attilas Rezepte an, sie waren mir zu kompliziert. Sie sehen sehr lecker aus, aber auch nach viel Zeit, die man in der Küche verbringt. Das sprach dagegen.

Aber dann erzählte er mir, dass er gemeinsam mit 100 Leuten seine Challenge gemacht hätte und sie innerhalb von 30 Tagen zusammen eine halbe Tonne Fett verloren hätten – ohne zu hungern. Ganz einfach durch die Ernährungsumstellung. Das ganze Projekt sei in einem Extraheft zu »Vegan for Fit« dokumentiert.

Eine halbe Tonne Fett? Ich rechnete schnell nach: Das sind fünf Kilo pro Person oder – Moment ... 1000 Kilo geteilt durch 250 Gramm – 2000 Pakete Butter. Wow! Nicht schlecht! Damit hatte er mich. Absolut.

Ich kenne keine Frau, die nicht pausenlos auf Diät ist, ich gehöre auch dazu. Seit ich aus der Schule raus bin, kämpfe ich mit meinem Gewicht, obwohl mir viele versichern, dass das nicht unbedingt nötig sei. Aber was heißt das schon? Auf Diät zu sein gehört wohl zum Leben einer modernen Frau.

Als ich nach dem Interview nach Hause komme, verschaffe ich mir einen Überblick über die Lage in meinem Kühlschrank: Milch, Joghurt, ein halbvolles Glas Honig, Pizza ... Was soll ich jetzt damit machen? Wegwerfen? Puh.

Ich bin noch so erzogen worden, dass man Lebensmittel nicht wegwirft. Ich habe sofort ein schlechtes Gewissen, weil ich nicht weiß, was ich mit den Sachen machen soll. Dann denke ich: Ach, das entscheide ich morgen. Heute habe ich schon entschieden, mich vegan zu ernähren. Eins nach dem anderen. Dann gehe ich zu Bett.

+++

Zu dem Zeitpunkt, als ich Attila traf, war ich schon seit einem Jahr Vegetarierin. Auch diese Entscheidung hatte ich, wie bereits erwähnt, wegen eines Mannes getroffen.

Ich war ja eigentlich überall als Fleischesserin bekannt. Als leidenschaftliche Fleischesserin. Mein Credo war: Alles unter 400 Gramm ist Carpaccio – das hatte ich von Horst Lichter übernommen, der das oft in seinen Kochsendungen sagt. Betrat ich meine Lieblings-Fleischerei Beisser (Schlachtruf: »in Hamburg seit 1836«) am Eppendorfer Baum, stritten sich die Gesellen darum, mich bedienen zu dürfen. Welcher Frau kann man denn sonst so ungehemmt die besten Stücke aus der Kühltheke präsentieren! Es waren junge Männer, und natürlich machten sie es sich zum Sport, mich zu einem ihrer Grillfeste einzuladen, die sie anlässlich der Fußball-EMs oder -WMs veranstalteten. Ich weiß, wie junge Männer sind, sie machen aus allem einen Sport. Daran sind wohl die Hormone schuld. Es war ein kleiner Flirt, wie man das eben so macht, über die Theke hinweg. Mir gefiel es, von jungen Männern umschwärmt zu werden und keine Vegetarier-Zimtzicke zu sein, die dauerfrustriert auf ihrem Salatblatt herumkaut und mit saurer Miene ihren Mitmenschen das Leben vermiest. Das kann ja ganz schnell gehen, dass man so ein Image weghat.

Ich denke da zum Beispiel immer an die arme Hiltrud Schwetje, die zweite Frau von Gerhard Schröder. Ich habe es noch sehr gut in Erinnerung: Die fanden damals alle ziemlich heiß, und Schröder hatte ein echtes Problem, als er sie loswerden wollte, um sich Doris Köpf (damals noch ohne »Schröder« im Namen) zu nähern. Das konnte nicht gutgehen.

Als Schröder aber herumerzählte, dass Hillu Vegetarierin (!) sei, zu Hause kein Fleisch auf den Tisch (!!) käme und sie ihm obendrein noch seine Currywurst verbot (!!!), war sie doch komplett durch. Sofort. Landesweit. Dass Hillu den dauergestressten Politiker vielleicht nur vor dem einen oder anderen gesundheitlichen Problem bewahren wollte, kam niemandem in den Sinn. Der deutsche Mann braucht sein Fleisch! So ist das nun mal.

Nun, ich bin jetzt anderer Meinung, aber damals war mir die Sache mit Hillu eine Lehre. Ich kostete mein Image als superlebensfrohe und superlustige Fleischesserin voll aus, und wenn ich schon nicht auf die Avancen der Schlachtereigesellen einging, machte ich mir die Vorzüge dieser Außenwirkung auf Facebook zunutze. Da, dachte ich, bekäme ich die Sache besser in den Griff.

Die schönsten Steaks, die ich bei Beisser gekauft hatte, präsentierte ich kommentarlos auf meiner Pinnwand. Ich bekam die Resonanz, die ich mir wünschte, und das war gut so. Eine Handvoll Likes für ein Schnitzel, mit Tartar ging es sogar in den mittleren zweistelligen Bereich. Völlig überflutet mit Kommentaren aber wurde ich, als ich einmal das Bild eines 842 Gramm schweren, am Knochen getrockneten Steaks postete. Dry aged, maßlos groß, maßlos viel, dicker Knochen, dicker Fettrand und alleine kaum zu schaffen. Es war ein wahrer Männertraum, wie sich herausstellen sollte: Ich habe noch nie so viele lobende, bewundernde, zusprechende Kommentare unter einem Pinnwandeintrag gesammelt. Selbst als ich eine wichtige Prüfung bestanden hatte, bekam ich weniger Beachtung. Es kam genau so, wie ich dachte: Fleisch + Frau = das zieht.

Mit einem dieser Männer entspann sich ein freundlicher Chat. Er ging über Stunden, über Wochen, über Monate, spontan, freundlich, lustig. Manchmal hörten wir über Wochen nichts voneinander, dann hatten wir uns stundenlang etwas zu erzählen. Irgendwann verabredeten wir uns zum Frühstück, und da ich gerade in München war, wo er auch war, gingen wir ins Traditionslokal »Weisses Bräuhaus« in der Nähe des Viktualienmarktes. Als Fleischliebhaberin war ich neugierig und wollte auch nicht kneifen.

Bayerische Küche ist nicht gerade bekannt für Zurückhaltung in Sachen Fleisch, aber das »Weisse Bräuhaus« legt noch einen drauf. Es bietet traditionelle Kronfleischküche an. Kronfleisch ist gekochtes Zwerchfell von Rind, Kalb und Schwein, und wo es Kronfleisch gibt, gibt es auch andere Innereien. Im »Weissen Bräuhaus« liest sich das so: Hirnschmarrn, Kalbszüngerl, Kalbskopf, Stierhoden, Milzwurst, Beinfleisch, Rinderherz, Schweinskron, Kälberfüße, Lungenragout, saurer Magen. Dazu gängige bayerische Traditionsgerichte wie Leberkäs und Weißwurst.

Ich gebe zu, dass mir diese Karte insofern imponierte, als sie nicht leugnet, woher das Fleisch kommt – im Gegensatz zu den sorgfältig gesäuberten, in zarte Tranchen zerlegten Stücken, die an den Supermarkt-Frischfleischtheken landauf, landab feilgeboten werden und denen ihre animalische Herkunft weggeschnitten und wegdeklariert wurde. Der Name Filet verschleiert so einiges, Hirnschmarrn aber nennt die Sache beim Namen. Aber will man das? Nun, vielleicht hilft diese ungewöhnliche Aufzählung bayerischer Spezialitäten zu verstehen, was im Folgenden in mir vorging.

Meine Facebook-Bekanntschaft, die ich noch nie zuvor gesehen hatte, bestellte (zum Frühstück) eine Metzgerplatte mit fünf verschiedenen Wurstspezialitäten.

Ich muss vorwegschicken: Facebook ist ein Potemkin'sches Dorf, es verspricht mehr, als es hält, und die meisten Begegnungen, die man von der virtuellen Ebene in die Realität zu holen versucht, sind enttäuschend. Aber diese Begegnung erwies sich als besonders enttäuschend. Der kultivierte Chatpartner verwandelte sich angesichts des Fleischbergs, der vor ihm stand, in ein gieriges, schlingendes Monster. Er bestand nur noch aus Mund, Zähnen, Schmatzen, Kauen und Wurstfingern. Jedes

Mal, wenn er zubiss, knackte es, Wurstwasser wässerte seinen Mund. Er saugte es durch die Zähne und schluckte, ohne zu kauen.

Er sprach dabei von baltischer Literatur. Ich starrte nur auf die Fetttropfen, die sich in seinen Mundwinkeln bildeten.

Der Ekel vor diesem Anblick schlug in Ekel auf Fleisch um. Es war das erste Mal, dass ich mich vor Fleisch, das ich bislang so geliebt hatte, ekelte. Es war nicht nur das Kauen, Schmatzen und Schlurfen meiner Facebook-Bekanntschaft, es war auch, dass es mir nicht mehr gelang, das, was hier serviert wurde, von seinem Ursprung zu abstrahieren. Das, was wir aßen, hatte einmal geschmeckt (Kalbszüngerl), geatmet (Lungenragout), gesehen, gerochen, gefühlt (Kalbskopf), Sex gehabt (Stierhoden), Blutkörperchen produziert (Milzwurst), gegessen und verdaut (saurer Magen) und einfach das Blut durch seine Adern gepumpt, und es hatte gelebt und vielleicht auch ein wenig geliebt (Rinderherz). Es war ein lebendiges Wesen gewesen, und es war nun tot und lag auf meinem Teller. Ich schob ihn angewidert beiseite.

Mit einem Mal dachte ich: Was esse ich hier eigentlich? Was essen wir alle überhaupt? Wir essen Tiere, das sagt sich so leicht, aber in Wahrheit heißt es doch: Wir verleiben uns andere Lebewesen ein, die wir vorher getötet haben. Wir essen totes Fleisch, wir essen den Tod. Es waren viele Gedanken, die mir plötzlich durch den Kopf schossen, und ich gebe zu, das war alles noch ziemlich wirr, aber für mich ergab es in diesem Moment Sinn.

Verzweifelt drehte ich Kügelchen aus meiner Laugenbrezel, nicht einmal die bekam ich herunter. Ich bezwang den Wunsch, mich zu übergeben, und atmete tief durch. Aber die Wurstdämpfe stiegen mir in die Nase. Es half nichts. Ich musste doch losrennen.

Als ich mir Hände und Mund wusch, beschloss ich zwei Dinge:

1. Ich will diesen Mann nie wiedersehen.
2. Ich will nie wieder Fleisch essen.

Ich habe mich daran gehalten.

Der dritte Mann, der meine Entscheidung, mich vegan zu ernähren, beeinflusste, war Jonathan Safran Foer. Er hat dafür gesorgt, dass bei mir kein Fisch mehr auf den Tisch kommt und auch keine Meeresfrüchte. Diese Geschichte ist sentimentaler und hat mit meiner Liebe zu Seepferdchen zu tun. Ich liebe Seepferdchen, seit ich denken kann. Es gibt Kinderbilder von mir, die Seepferdchen zeigen, da war ich vier.

Meine Mutter ging oft mit mir in den Frankfurter Zoo. Da muss ich die Seepferdchen wohl das erste Mal gesehen haben. Die meisten Kinder mögen den Streichelzoo, mich zog es ins gluckernde Halbdunkel des Aquariums. In meiner Erinnerung sehe ich mich, wie ich stundenlang nach oben ins wässrige Blau beleuchteter Kästen starre. Ich mochte die Schwerelosigkeit, mit der die Seepferdchen durchs Wasser gleiten. Sie sahen so stolz aus, so majestätisch, anmutig und voller Würde. Es war schwer, mich da wegzuholen, und oftmals verpassten meine Mutter und ich die Straßenbahn zurück nach Hause. Es gab Schimpfe, aber für Seepferdchen nahm ich das gerne in Kauf.

Später erfuhr ich, dass Seepferdchen eigentlich Fische sind, was mich noch mehr faszinierte. Denn dafür, dass sie Fische sind, sehen sie doch sehr hübsch aus. Auch ihr Sozialverhalten machte ordentlich Eindruck auf mich: Seepferdchen leben monogam, sie gehen lebenslange Partnerschaften ein. Das ist schon für Menschen ziemlich ungewöhnlich – aber für Fische unfassbar. Sie paaren sich im Morgengrauen und schwimmen dabei synchron durch einen Wald von Seegras, wobei sie ihre Schwänze ineinander verschlingen. Sie geben – von wegen stumm wie ein Fisch – singende Laute von sich, die natürlich nur andere Seepferdchen hören oder Meeresbiologen mit ihren technischen Hochleistungsgeräten. Was mögen die Seepferdchen sagen? Singen sie sich gegenseitig Liebeslieder vor?

Das Ungewöhnlichste an ihnen aber ist: Bei Seepferdchen werden die Männchen schwanger. Ich habe mich immer gefragt, woher man dann weiß, dass es Männchen sind, da es doch eher typisch für Weibchen ist, die Brut auszutragen. Ich habe nie eine Antwort gefunden, aber das war mir auch egal.

Aber was hat das jetzt mit Jonathan Safran Foer zu tun? Offenbar mag auch er Seepferdchen, denn in seinem Buch »Tiere essen« widmet er ihnen ganze zwei Seiten. Aber warum schreibt er in einem Buch über Tiere, die man isst oder eben nicht essen soll, über Seepferdchen? Werden die vielleicht irgendwo auf der Welt gegrillt oder in einen Wok geschmissen? Man hört ja so einiges, und auch ich habe schon Ungewöhnliches ausprobiert: In Südchina habe ich einmal Qualle (schmeckt wie feiner Tintenfisch) und Schlange (schmeckt wie Hühnchen) gegessen. In Burma empfahl man mir Fledermäuse. Ich habe abgelehnt.

Aber gibt es irgendwo auf der Welt jemanden, der Seepferdchen isst?, fragte ich mich und las Foers Buch weiter. Nein, aber das war kein Grund aufzuatmen. In einem Buch, in dem es um Tiere und ihre Ausbeutung geht, kam es naturgemäß noch schlimmer.

Foer dokumentiert, dass 20 von rund 35 klassifizierten Seepferdchenarten vom Aussterben bedroht sind. Sie werden – neben übrigens 100 anderen Arten – als Beifang getötet und durch den Garnelenfang quasi ausgerottet.

Foer schreibt: »Garnelenfang wirkt sich auf die Seepferdchenpopulation verheerender aus als alles andere, was der Mensch auf See veranstaltet.«[1] Er spielt damit auf die Grundschleppnetze an. Grundschleppnetze sind wahre Vernichtungsmonster. Sie sind bis zu 120 Meter hoch und 50 Meter breit, und in ihrem 70 Meter langen Schlund verschwindet alles, was auf dem Meeresboden lebt. Große, kleine, dicke und dünne Fische. Und Jungfische, was besonders fatal ist, weil damit die Fortpflanzung gefährdet ist. Garnelen, Thunfisch, Barsch, Hering, Scholle, Seezunge und und und. Und eben auch Seepferdchen. Die Netze werden flankiert von Scherbrettern, die den Meeresgrund planieren. Wenn die Netze hochgezogen werden, haben sie eine Schneise auf dem Meeresboden hinterlassen, die an einen gerodeten Regenwald erinnert. Da wächst so schnell kein Seegras mehr, und wo kein Seegras ist, können sich Seepferdchen nicht paaren.

Das ist grausam, aber grausamer ist, dass diese Netze völlig ineffektiv sind. Die Fische ersticken und erdrücken sich gegenseitig wie bei einer Massenpanik. 90 Prozent eines solchen Fanges werden nicht für den Konsum gebraucht, und dann tot, halbtot oder mehr tot als lebendig wieder ins Meer geworfen. Beifang nennt man das. Was für ein Euphemismus!

Als ich das alles recherchierte, verging mir schlagartig der Appetit: auf Garnelen, auf Thunfisch, auf alle Fische.

Es mag albern klingen, aber es gibt Menschen, die lieben Delphine so sehr, dass sie keinen Thunfisch essen, weil Delphine als Beifang im Netz landen und getötet werden. Mir ging es bei Seepferdchen so: nie wieder Fisch.

Ich bin dann mal vegan – ohne es zu merken

Als ich am nächsten Tag das Interview mit Attila abtippe, schaut mir meine Kollegin Kathrin über die Schulter. Eigentlich will sie wissen, wie weit ich bin, denn es muss alles ganz schnell gehen, und Kathrin ist dafür verantwortlich, dass es auch wirklich ganz schnell geht und das Heft rechtzeitig in den Druck geht.

»Wie war es denn?«, fragt sie.

»Ging lange. Statt einer halben Stunde haben wir knapp drei Stunden gequatscht. Bin voll heiser.«

Ich tippe weiter, während sie immer noch hinter mir steht und sich das Layout für den Artikel ansieht.

»Und was hat er zu deinem Leder-Top gesagt?«

Mist, denke ich, ich hatte gehofft, dass das niemand in der Redaktion gemerkt hat.

»Er hat mir sogar ein Kompliment gemacht. Aber kurz bevor wir losgelegt haben, hat er gesagt: ›Schickes Top. Sieht gut aus.‹«

»Das hätte ich von so einem niemals gedacht.«

»Ich auch nicht. Ich dachte immer, Veganer sind so intolerant und sprühen einem gleich die Klamotten mit Farbe voll, wenn man etwas anhat, was vom Tier kommt.«

»Das sind wohl eher die Tierschützer.«

»Sind die nicht auch alle vegan oder zumindest Vegetarier?«
Ich lasse das Rechtschreibprogramm über das Interview laufen.
»Aber der ist nicht so. Im Gegenteil. Er hat sogar selbst Stress mit
diesen Leuten, habe ich gelesen. Da gibt es wohl echte Kämpfe
zwischen diesen Tierschutzveganern und ihm. Und die nennen
ihn einen Gesundheitsveganer.«

»Echt? Ist das nicht egal, warum man vegan ist?«

»Dachte ich auch.« Ich drucke das Interview aus, damit ich es
Korrektur lesen kann. »Vielleicht fühlen sich die Veganer, die
schon ganz lange vegan sind, von Attilas Erfolg überrannt und
sind beleidigt, weil man ihm zuhört und nicht ihnen. Kann man
ja verstehen: Da hast du so eine Herzenssache, für die du
kämpfst, und alle stecken dich in so eine Spinnerecke, und dann
kommt einer und sieht gut aus und hat Charme, und alle hören
dem zu, weil er nicht über furzende Kühe spricht. Würde mir,
glaube ich, auch nicht so gut schmecken.«

»Apropos: Wie sieht es denn aus mit der Mittagspause?«

Kathrin und ich gehen wie so oft ins »Waku Waku« um die Ecke.
Das »Waku Waku« bietet einen biologisch korrekten Mittagstisch
an, und überhaupt ist das ganze Ambiente so super korrekt,
dass man hier in der Mittagspause sein Öko-Karma voll auflädt.
Besteck und Teller sind aus nachhaltigen Materialien wie Bir-
kenholz und Betelnusspalme, die Servietten sind kompostierbar
und das Essen bio und frisch zubereitet. Es gibt Vollkorn- oder
Basmatireis, den man mit verschiedenen Gemüse- oder Fleisch-
gerichten kombinieren kann. In den Kühlregalen stehen Obst-
säfte und Limos aus regionalem Anbau, und die Schokoladen-
riegel, die man sich hier als Nachtisch holen kann, sind fair
trade und – was mir jetzt auffällt – tatsächlich rohvegan.

Als mich die volltätowierte Studentin, die hinter der Ausgabe
steht, fragt, was ich haben möchte, achte ich zum ersten Mal dar-

auf, dass ich weder Ei noch Milch in meinem Gericht habe – Fleisch esse ich als Vegetarierin ja sowieso nicht mehr –, und wähle ein Möhren-Weißkohl-Gericht mit Tofu, obwohl ich nicht so ein Tofu-Fan bin. Aber ich will das mit dem Veganen einfach mal ausprobieren. Kathrin kommt gerne hierher. Sie ist Yoga-Lehrerin und hat sich viel mit Ernährungslehre und so beschäftigt und achtet, obwohl sie Fleisch isst, viel mehr auf gesunde Ernährung als ich, die ich als Vegetarierin doch eigentlich die besseren Voraussetzungen habe. Aber bei mir verdirbt die Schokolade die Bilanz.

»Na«, fragt Kathrin, als wir uns an einen der unbehandelten Holztische setzen und sie auf meinen Teller guckt, »bist du jetzt auch vegan?«

»Bietet sich hier an. Kann man ja mal machen. Weiß aber nicht, ob ich dabei bleibe. Diese Ökonummer turnt mich so ab.«

Wir lachen, weil dieser Laden zwar ziemlich politisch korrekt daherkommt, aber die Innenausstattung von einem Ólafur-Elíasson-Schüler stammen könnte. Edel-Öko, denke ich.

»Aber du isst doch immer öko«, sagt sie. »Selbst deine Schokolade ist öko.« Sie zeigt auf den Riegel, den ich mir gekauft habe.

»Ja, aber ... ach, egal.«

Ich schiebe etwas Gemüse auf meine Gabel, und Kathrin nimmt einen Schluck von ihrem Roibusch-Passionsfrucht-Tee, von dem ein Teil des Umsatzes an Schulen in Bolivien geht und einen Bambus-Fahrradladen in Berlin.

»Also von wegen vegan«, sagt Kathrin. »Mir fällt gerade ein, weil ich über deren Verlobung schreibe: Ist Brangelina nicht auch vegan? Also, bei Brad Pitt weiß ich es ganz bestimmt. Wenn du wüsstest, was die angeblich alles für die Hochzeit auffahren. Für jedes der Kinder wollen die auf ihrem Chateaux einen Elefanten aus Buchsbaum schneiden lassen.«

»Ich finde die so wahnsinnig angestrengt. Kann gar nicht sagen, warum, eigentlich coole Leute, aber das sind doch so zwei Menschen, die immer alles richtig machen. Soziales Engagement und so. Kann man immer alles richtig machen? Ich schaffe es noch nicht einmal, meine Spende für Greenpeace zu überweisen. Wenigstens fahre ich kein Auto.«

Aber Kathrin lässt nicht locker, sie hat sich schon öfter mit diesem Thema auseinandergesetzt.

»Gut, aber was ist mit Gwyneth Paltrow? Sie ist auch vegan.«

»Oje. Ich bin neulich nur in einen Film mit ihr gegangen, weil sie in den ersten Minuten an ihrer Kotze erstickt. Das wollte ich unbedingt sehen.«[2]

Ich mag die Paltrow nicht. Das hat Kathrin verstanden. Sie ist zum Glück schon fertig mit ihrem Essen (sie nimmt im Gegensatz zu mir immer nur eine halbe Portion und dazu auch noch Low Carb, also alles ohne Reis), sonst wäre das mit der Kotze jetzt etwas unappetitlich gewesen. Damit ihr nicht noch einmal so etwas passiert wie mit der Paltrow, haut sie nun gleich eine ganze Riege mit Hollywoodpromis raus, die vegan leben. Irgendjemand wird schon dabei sein, den ich mögen könnte.

»Pam Anderson. Natalie Portman. Avril Lavigne. Jessica Alba. Alicia Silverstone. Es gibt bestimmt noch mehr, aber die fallen mir jetzt nicht ein.«

Pam Anderson mag ich. Ich hatte einmal ein Interview mit ihr. Sie ist so herrlich selbstironisch. Aber ich will es Kathrin nicht so einfach machen.

»Aber da waren jetzt keine Männer dabei, und das macht die Sache so unsexy.«

»Doch, doch. Männer gibt es auch. Joaquín Phoenix.« Sie schiebt ihren Teller zur Seite. »Und ... Mike Tyson.«

Wir lachen. Das ist ein Punch.

»Der hat auch etwas wiedergutzumachen«, sage ich und erzähle von meinen beruflichen Anfängen bei der *Morgenpost*, als ich eine kleine Klatschkolumne hatte. »Ich habe mal Evander Holyfield getroffen, und sein Ohr sieht total ausgefranst aus.«

Schon blöd, denke ich. Keiner kann sich mehr an die Kämpfe von Tyson erinnern, alle nur an das abgebissene Ohr. Ich muss zugeben, dass mir das schon imponiert, dass so ein Kerl von Mann sich vegan ernährt.

»Also, siehst du: Das ist doch in Hollywood voll trendy und total unöko. Christel war gerade in L. A., und sie hat erzählt, dass man nirgendwo mehr ein normales Steak oder einen Burger bekommt.«

»Aber da ist doch viel Show dabei.«

»Ja, mag sein. Aber Hollywood setzt die Trends. Da kannste mehr erreichen als mit einem schlauen Buch.«

Auch wieder wahr. Wir bringen unsere Reste zum Mülleimer, auf dem steht, dass alle Sachen, auch die Teller, kompostiert werden, und ich frage mich: Wird der Reis, den ich gerade gegessen habe, mit den Resten der Mahlzeit, die ich vor ein paar Monaten gegessen habe, gedüngt? Oder ist das nicht alles eine ziemliche Farce? Vielleicht sollte man lieber noch eine volltätowierte Hipster-Küchenhilfe zum Spülen anstellen.

Draußen scheint die Sonne. Ich horche auf mein Bauchgefühl: Mein veganes Essen hat mich satt gemacht, es hat geschmeckt, aber irgendwas nervt mich an der Sache. Vielleicht will ich einfach kein Mode-Lemming sein.

Im Büro mache ich schnell das Attila-Interview fertig und schicke es zur Freigabe an sein Management. Dann surfe ich im Netz herum, um Material für einen riesigen Infokasten zusammenzustellen und auch um zu gucken, ob ich noch jemanden anrufen oder anschreiben muss, der zu diesem Veganbericht noch etwas beiträgt. Ich lerne viel.

Die englische »Vegan Society« ging aus einem Hardcore-Flügel der englischen vegetarischen Bewegung hervor, in der es immer schon Leute gab, die auch Eier und Milch von ihrem Speisezettel verbannten. Donald Watson schuf den Begriff »vegan«, indem er aus dem Wort »Vegetarian« einfach die Mitte rauskürzte, um den Verzicht symbolisch zu verdeutlichen. Am 1. November 1944 gründete er die »Vegan Society«, der 1. November wird seit 1995 als Internationaler Weltvegantag gefeiert.

Ich frage mich, wie jemand im Jahr 1944, als Europa in Schutt und Asche lag und auch England schwerst getroffen war, auf die Idee kommt, eine vegane Gesellschaft zu gründen. Aber dann lese ich, dass Watson sehr liberal erzogen worden war und er während des Zweiten Weltkriegs offen als Pazifist gewirkt hat und dafür ordentlich eins auf die Mütze bekam. Vielleicht war die Gründung seiner Gesellschaft ein kleiner Protest. Ich sehe, dass er 2005 gestorben ist. Schade, ihn hätte ich sehr gerne gesprochen.

Dann lese ich, dass auch eine Menge deutsche Promis vegan leben, und überlege, ob man da vielleicht mal jemanden fragen könnte: Christoph Maria Herbst, Ariane Sommer, Thomas D., Renan Demirkan, die das wegen ihrer Krebserkrankung gemacht hat und der es nun bessergeht.

Ich lese weiter, dass es in Deutschland zwischen 400 000[3] und 800 000[4] Veganer gibt – je nachdem, welcher Studie man glauben will – und dass man weltweit die Zahlen nicht kennt, dass aber in Asien, Afrika und Südamerika die meisten Menschen keine Milch trinken und dass es in Indien fast 500 Millionen religiös motivierte Vegetarier gibt, die auch keine Eier essen und Milch nur in Maßen trinken. Gilt nicht ganz, denke ich und wundere mich, warum diese Zahlen im Zusammenhang mit Veganern genannt werden. Aber es geht schon in die richtige Richtung, denn den religiös motivierten Indern ist es wichtig, den Tieren kein Leid zuzufügen, weil das schlecht ist für ihr Karma.

Das erinnert mich ein wenig an die burmesischen Mönche, die

ich im Hof der Shwedagon-Pagode gesehen habe und die beim Gehen immer mit einem Besen vor sich herwedelten und beim Atmen die Hand vor den Mund hielten, damit sie nicht zufällig ein Tier töten.

Überhaupt, lese ich weiter, sind die meisten Menschen aus ethischen Motiven vegan, was heißt, dass sie keine Tiere ausbeuten und quälen und töten möchten. Außerdem spielt ein Bewusstsein für Umwelt, Nachhaltigkeit, Klimawandel (da sind sie wieder, die furzenden Kühe) und Welternährung eine Rolle, weil, wenn man die angebauten Lebensmittel direkt isst und nicht an Nutztiere verfüttert, um dann deren Fleisch zu essen, die Ressourcen besser genutzt werden. Edward O. Wilson sagt sogar, dass man 10 Milliarden Menschen ernähren könnte, wenn alle geschlossen auf vegetarische Ernährung umstellen würden.[5] Bei strikt veganer Ernährung wären es sogar 17 Milliarden.[6] Wir sind zurzeit bei 7,1 Milliarden Menschen auf der Welt. Da wäre also noch richtig Luft.

Natürlich macht Brad Pitt bei so was mit, denke ich. Der ist doch immer dabei, wenn es darum geht, etwas Gutes zu tun. Wenn man den nur einmal zu einem Interview bekommen könnte, denke ich, und dazu befragen könnte. Aber das ist wohl aussichtslos.

Ich surfe weiter und gucke, wer noch vegan ist, und dann stoße ich tatsächlich auf Bill Clinton. So ein Macho-Mannsbild isst nur Gemüse? Das ist doch mal einen Versuch wert. Ich rufe Kathrin an, obwohl sie im Nebenraum sitzt und ich eigentlich nur die Tür aufmachen müsste, und sage, ohne mich mit Namen zu melden, in den Hörer: »Bill Clinton.«

»Echt? Der auch?«

»Ja.«

»Dann versuche doch mal, ein Interview mit ihm zu bekommen.«

»Ja, klar. Mach ich sofort. Ich habe schon nach seiner Stiftung ...«

»Scherz.«

Ich lege auf. Ich muss zugeben, dass mich das mit Bill Clinton schon interessiert, auch wenn Kathrin das jetzt für zu aufwendig hält. Aber mir ist das egal.

In den nächsten Tagen recherchiere ich, warum Bill Clinton vegan ist, und erfahre, dass er es am Herzen hat und ihm seine Ärzte vegane Kost verschrieben haben. Bemerkenswert finde ich, dass er sich dran gehalten hat. Wer hört bei so was schon auf den Arzt? In einem Interview erzählt er, dass er sich so gut fühlt wie noch nie. Er sieht sehr schlank aus in dem Video, und das ist ungewöhnlich, weil man ihn ja immer ein bisschen zu füllig in Erinnerung hat. Er wirkt agil und beweglich. Er erzählt, dass er sich vegan ernährt, weil er noch seine Enkelkinder kennenlernen und mit ihnen eine gute Zeit haben möchte, und er sagt das so sibyllinisch, dass man nicht weiß, ob er seine leiblichen Enkelkinder meint oder die Generation aller Enkelkinder und ob er mit seiner veganen Ernährung jetzt nur sein Leben retten möchte oder gleich die ganze Welt.

Vielleicht sollte ich ihn doch anschreiben, denke ich. So ein Mann wie er hat Einfluss, der kann doch etwas bewirken. Wenn der sagt, vegan ist super, dann hat das doch richtig Wucht. Außerdem möchte ich gerne wissen, wie das so ist, im Land der T-Bone-Steaks und Burger, ob er ein Auge zudrückt, wenn er mit seinen alten Buddys essen geht, und wie sich sein Leben durch diese Entscheidung verändert hat.

Tatsächlich finde ich auf der Website der Clinton-Foundation Informationen zu einer Allianz für eine gesündere Generation. In den USA ist jedes dritte Kind übergewichtig, steht da. Hierzulande sieht es ja auch nicht unbedingt besser aus, denke ich, obwohl ich das natürlich nicht so genau weiß. Aber mich erschreckt es schon, wenn ich an der Uni, wo ich ab und zu noch etwas zu tun habe, so viele übergewichtige junge Menschen sehe, viel mehr als zu meiner Zeit.

Es ist bereits nach Mitternacht, als ich alle Fragen ausformuliert habe und sie an Bill Clintons Stiftung schicke. Außerdem maile ich sie noch an seine Bibliothek in Arkansas und, doppelt genäht hält besser, an den Bürgermeister von Chappaqua, dem Kaff, wo Bill mit Hillary wohnt. Das sollte reichen.

Am kommenden Tag gucke ich gleich nach dem Aufwachen in mein Postfach. Am nächsten Tag auch. Die ganze nächste Woche ebenso.

Als ich wieder einmal mit Kathrin essen gehe, fragt sie: »Hat Bill Clinton eigentlich schon geantwortet?«

»Wie kommst du darauf?«, frage ich, und das frage ich mich wirklich, weil ich nichts davon erzählt hatte.

»Du hattest mir die Fragen versehentlich zugeschickt.«

Ich merke, dass ich rot werde.

In den kommenden Tagen gucke ich dann mal, was ich so alles in meinem Kühlschrank habe und ob ich davon auf die Dinge verzichten könnte, die nicht vegan sind. Es ist ohnehin nicht viel drin. Das ist normal. Ich entdecke, wie so oft, eine angebrochene Tüte Milch, die nur da ist, weil mein Mann gerne Milch im Kaffee trinkt, und die, wie immer, sauer geworden ist. Ich schütte sie in die Spüle. Dann finde ich eine Kante Parmesan. Der Käse ist hart und schwitzig und ebenfalls nicht mehr zu gebrauchen. Auch ihn schmeiße ich weg. Die Mayonnaise enthält Ei, und deshalb sortiere ich sie erst einmal aus. Die Gemüsepizza, die ich im Tiefkühlfach finde – natürlich mit Käse –, bekommt mein Mann aufgetischt, denke ich. Die Erbsen und die Himbeeren, die ebenfalls im Kühlfach liegen, dürfen bleiben. Ebenso die drei

Senfsorten (körnig, mittelscharf und Feigensenf von meiner Freundin Nea), die ich in der Tür finde. Ich liebe Senfsoßen über meinen Salaten, und ich esse oft Salat. Im Gemüsefach sind noch ein paar Paprika, eine halbe Gurke und ein paar Möhren, die etwas schrumpelig aussehen. Aber die sind noch gut. Daraus mache ich mir einen Salat, beschließe ich. Morgen, nehme ich mir vor, werde ich meine Vorratskammer nach unveganen Resten durchstöbern. Für heute ist Schluss.

Als Nachtlektüre studiere ich eines von Attilas Kochbüchern. Schon lecker, denke ich, aber ich bin jetzt nicht so der Typ, der Auberginenscheiben auftürmt oder Möhren schnitzt. Ich kann kochen, das habe ich von meiner älteren Schwester gelernt, bei der ich immer am Herd gestanden und gestaunt habe, wie sie das alles so zusammenrührt. Sie war eine hervorragende Köchin, und von ihr weiß ich auch, dass man am besten alles frisch kauft und auch frisch zubereitet. Das kannte ich schon aus meiner Kindheit, hatte es aber lange vergessen.

Meine Mutter war alleinerziehend. Das ist heute kein Spaß, und damals, als ich klein war, war es noch weniger ein Spaß. Denn es gab zum einen kaum Kitas, zum anderen musste sich meine Mutter immer rechtfertigen und allen erzählen, dass sie verwitwet war, weil sie alle auf den ersten Blick für eine Frau hielten, die zu viel zugelassen und dabei nicht aufgepasst hat – ich gehöre zu den Babyboomern, da gab es noch keine Pille. Um sich ihr Leben ein wenig leichter zu gestalten, kam ich noch in der Vorschulzeit in ein pädagogisches Reformprojekt im Hochschwarzwald. Das Gebiet steht heute unter Naturschutz. Es war ein Paradies für Kinder. Es gab einen Bach, Kühe auf der Weide, Schweine, eine alte Mühle und immer gutes Essen. In dieser Region ist man es nämlich gewohnt, nicht nur gut, sondern sehr gut zu kochen. Sie hat die größte Dichte an Michelin-Sternen in Deutschland.

Ich weiß nicht, ob die Sterneköche die Kochambitionen der Menschen dort beeinflussten oder die Kochambitionen der Menschen die Sterneköche anzog, jedenfalls nahm man es auch im Alltag mit dem Essen sehr ernst dort. In dem pädagogischen Reformprojekt wurde jeden Tag frisch gekocht. Man beauftragte also keinen Großcaterer, wie das heute oft üblich ist, der seine Erdbeeren aus China bezieht. Das Gemüse war marktfrisch, und es gab immer drei Gänge. Eine klare Suppe (meist mit Flädle) vorweg, einen Hauptgang und zum Nachtisch ein Stück Obst von den Bäumen, auf die wir nach den Hausaufgaben immer kletterten. Zur Vesper gab es Brot mit hausgemachter Marmelade.

Das Beste daran aber war, dass wir Kinder der Küche unser Gemüse verkaufen konnten. Jeder von uns hatte ein Stück Land, das so groß war wie ein Handtuch und das wir nach Lust und Laune bepflanzen durften. Von unserem Taschengeld kauften wir uns Gemüsesamen und gossen ordentlich, und die geernteten Möhren, Radieschen oder Rettiche brachten wir dann in die Küche, wo wir nach den tagesaktuellen Marktpreisen bezahlt wurden. Mit dem Geld rannten wir natürlich gleich zum Kiosk am Dorfplatz und kauften uns Süßigkeiten. Auch heute muss bei mir alles frisch sein. Ich mag keine Konserven.

Am Wochenende bekomme ich das gut hin mit den frisch gekochten Gerichten, aber unter der Woche reduzieren sich meine Kochkünste meist darauf, dass ich frisches Gemüse zu einem Salat oder zu einer Gemüsepfanne zusammenrühre. Das darf höchstens zehn Minuten dauern, sonst werde ich ungeduldig. Ich esse dann gerne vor dem Fernseher.

Als ich noch Fleisch aß, kam da immer noch Geschnetzeltes rein, und weil ich dazu meist Reis esse, heißen diese Gerichte einfach »Reis mit Scheiß«. Ganz Asien lebt von »Reis mit Scheiß«. Dazu brauche ich kein Kochbuch, denke ich.

Ich nehme also einfach die Zutaten von Attilas Gerichten und reformuliere die nach meinem Reis-mit-Scheiß-Prinzip zu einer Gemüsepfanne, was, glaube ich, genauso schmeckt, denn es kommt ja auf die Kombination an und nicht unbedingt darauf, ob man jetzt schichtet, schnitzt, türmt oder raspelt. Jedenfalls bin ich voll zufrieden und glücklich und satt.

»Na, hat Bill Clinton sich schon bei dir gemeldet?«, fragt mich Kathrin.

»Ja, er hat sogar …«

»Wirklich?« Kathrin wirkt überrascht. Ich merke, dass sie schon ein paar Seiten für das Interview einplant und überlegt, welche Fotos man nehmen könnte. Das Attila-Hildmann-Interview hatte eine große Resonanz, und nun ist man ganz heiß auf gesunde Ernährungstrends, weil es kurz nach dem Pferdefleischskandal nun auch noch einen Eierskandal gab und man da jetzt tolle »Food«-Alternativen bieten möchte. Man sagt in unserem jungen und hippen Lifestyle-Magazin »Food« – nicht Ernährung.

Ich koste Kathrins Freude ein wenig aus und sage genüsslich: »Scherz.«

Mittags gehen wir wieder ins »Waku Waku«, und auch Kathrin nimmt diesmal etwas mit Gemüse. Aber wie immer lässt sie den Reis weg. Das mit der Trennkost zieht sie durch. Dafür ziehe ich das mit der Schokolade durch, und es beruhigt mein Kaloriengewissen nur bedingt, dass die hier rohvegan ist.

Wir sitzen beide über unseren kompostierbaren Betelnusspalmtellern und gabeln unsere Sprossen-Kohl-Möhren-Seitan-Pfanne auf und unterhalten uns über die Lebensmittelskandale, wobei ich mich zugegebenermaßen ein wenig mehr raushänge, weil ich ja kein Fleisch esse.

»Finde ich voll verlogen«, sage ich peinlicherweise mit vollem Mund, aber ich bin total hungrig und kann jetzt nicht mehr abwarten. »Was ein Gewese um diese Lasagne. Erstens: Weiß doch jeder, dass in so einem Billigfertiggericht keine Premiumware drin ist. Zweitens: Was ist gegen Pferd einzuwenden? Also, wenn man schon Fleisch isst, finde ich Pferd nicht so schlimm wie Kuh oder Schwein. Das ist viel magerer und enthält auch mehr Eisen. Sagen alle.«

»Ja, aber die waren doch voller Hormone.«

»Sind die anderen Tiere doch auch.«

»Aber es war Etikettenschwindel. Die haben das umdeklariert.«

Das erinnert mich an eine Geschichte, die ich in meinem reichen Viertel erlebt habe, in dem ich wohne, obwohl ich nicht reich bin (aber das kann ja noch werden), und die ich Kathrin schon die ganze Zeit erzählen wollte.

»Eine Freundin, eher Bekannte, war bei meinen neureichen Nachbarn eingeladen. Mich laden die ja nicht ein, weil ich denen zu arm bin. Die haben ein Hausmädchen aus Ungarn, Maria, und die muss dann immer kochen, was sie offenbar ganz gut kann. Jedenfalls gab es ein kleines Menü. Erst Salat, dann Suppe und dann eben – weil es nur eine kleine Einladung war – eine Lasagne. Und meine neureiche Nachbarin hat dann gesagt: ›Diese Lasagne, das ist ja die Spezialität von unserer Maria. Hausgemacht, das Rezept hat die von ihrer Mutter. Und die von ihrer Mutter. Das ist also ein echtes Familienrezept. Bon appétit, ihr Schätze.‹«

Kathrin nimmt einen Schluck Wasser, von dem ein Teil des Erlöses die Trinkwasserverteilungssysteme in Ecuador finanziert, und ich erzähle weiter.

»Irgendwie kam meine Bekannte dann, während sie die hausgemachte Lasagne von Marias Oma gegessen haben, auf die Pferdefleischsache zu sprechen und dass sie froh sein sollen, dass Maria noch eine echte Lasagne machen kann, und dann fragt die neureiche Gastgeberin: ›Wie Pferdefleisch? Wie Lasagne?‹ Die hängt ja den ganzen Tag nur in so einem Schönheitssalon bei uns rum und liest keine Zeitung und so … Und dann hat ihr meine Bekannte alles erzählt. Und, stell dir vor, daraufhin hat die Gastgeberin keinen einzigen Bissen mehr zu sich genommen.«

»War das etwa die Pferdelasagne?«

»Ich schwör's. Für 1,99 die Portion. In der Protzwohnung. Wie blöd müssen die sein? Jeder weiß doch, dass Lasagne aus Italien kommt und nicht aus Ungarn.«

Wir lachen.

»Zum Glück bin ich Vegetarierin«, sage ich und bin selbst unendlich erleichtert, dass mich das mit der Lasagne nicht trifft.

Ich frage, ob wir noch einen Kaffee trinken gehen, und während wir in der Kaffeebar um die Ecke anstehen, wo ich dann aber keinen Kaffee, sondern einen grünen Tee nehme, denke ich darüber nach, was ich eigentlich immer gemacht habe, als ich noch Fleisch und Fisch gegessen habe und es einen Fleisch- oder Fisch-Skandal gab, denn irgendwas ist ja immer.

Ich kann mich noch gut an den Rinderwahn in den neunziger Jahren erinnern. Ich bin damals einfach auf Schweinefleisch umgestiegen und fühlte mich auf der sicheren Seite, als die ersten Creutzfeldt-Jakob-Fälle bekannt wurden. Dann wurde es den Schweinen und den Lämmern auch elend im Kopf, und ich habe nur noch Fisch gegessen. Nur als ich 2003 für kurze Zeit in Oxford war, habe ich vorgegeben, Vegetarierin zu sein, weil die Engländer den Rinderwahn immer noch nicht in den Griff gekriegt hatten und ich Angst hatte, mir da etwas zu holen. Aber kaum war ich zu Hause, habe ich natürlich wieder Fleisch gegessen. Nun bin ich das erste Mal froh, wirklich nicht gefährdet zu sein. Ich fühle mich sicher.

Kurz vor Feierabend schickt mir Kathrin per E-Mail eine Meldung zu. Es geht um einen neuen Skandal. Es wurden Schimmelpilze in der Milch gefunden. Ein Hof in Niedersachsen hat Mais an seine Milchkühe verfüttert, der verschimmelt war. Ich weiß, dass mir das Kathrin nur gibt, weil wir heute über die ganzen Skandale gesprochen haben. Denn für unser junges und hippes Lifestyle-Magazin ist das nichts.

Drei Minuten später kommt Kathrin rein. »Hast du's gelesen? Wahnsinn, nicht wahr? Schon wieder so ein Skandal. Diesmal erwischt es dich genauso.« Sie zwinkert mir zu.

»Tja«, sage ich und denke: Mist, wann habe ich denn das letzte Mal Milch getrunken? Ich muss lange überlegen, aber dann fällt mir auf, dass ich seit Wochen nur noch grünen Tee trinke und auch keinen Joghurt und keinen Käse mehr gekauft habe, seit ich sie aus dem Kühlschrank aussortiert habe.

Überhaupt merke ich, dass ich mich seit dem Treffen mit Attila nur von Gemüse, Obst und Getreide ernährt habe. Und rohveganer Schokolade. Mir fällt auf, dass ich ganz heimlich und ohne großen Schlussstrich unvegane Sachen ignoriert habe, die Milch, weil ich gemerkt habe, dass ich die immer versauern lasse, und den Käse, weil er immer schimmlig wird, und dass das offenbar passiert, weil ich darauf latent allergisch bin und das dann instinktiv weggelassen habe. Und dass ich überhaupt keinen Stress mit dem Kochen hatte, weil ich eine großartige Kaltmamsell bin und überhaupt eine Meisterin des »Reis mit Scheiß« und dass ich, wenn ich unterwegs bin, immer Äpfel und Birnen in der Handtasche habe oder ein belegtes Brot und deshalb nie Heißhunger bekomme.

Und mir wird klar, als ich die letzten Wochen Revue passieren lasse, dass, wenn wir in der Mittagspause oder abends essen waren, ich immer nur Dinge gegessen habe, die vegan sind. Spaghetti aus Hartweizengrieß mit Tomatensoße oder Gemüse-Antipasti oder Bruschetta oder Pizza ohne Käse oder indische Gemüsegerichte. Und dass ich aber auch viel mehr zu Hause gegessen habe, weil ich Lust hatte, diese ganzen Gemüsesorten mal auszuprobieren, an denen ich früher im Supermarkt immer vorbeigegangen bin. Ich bin – das fällt mir jetzt erst auf – nach dem Interview mit Attila einfach auf eine vegane Ernährung umgestiegen, ohne groß darüber nachzudenken.

»Ja, als Vegetarierin erwischt es mich tatsächlich«, sage ich und reiche Kathrin die Meldung zurück, »aber nicht als Veganerin.«

»Bist du jetzt etwa vegan?«

»Ja, wenn ich so was lese, dann bin ich einfach mal vegan.«

Kathrin sieht mich so an, als ob sie darauf wartet, dass ich gleich, wie so oft, wenn wir uns necken, »Scherz« sage.

Aber es ist kein Scherz.

Es ist mein Ernst.

Mit schöner Haut und schönen Haaren

Ich stürze immer noch erwartungsvoll ans Telefon, wenn die Nummer unterdrückt ist, weil ich die Hoffnung hege, dass es ein Anruf aus Chappaqua oder Arkansas oder vielleicht sogar aus Washington ist.

Aber statt Bill Clinton meldet sich Gudrun.

»Hi«, sagt sie. »Ich bin nicht Bill.«

»Hi. Schade. Warum eigentlich nicht? Würde die Sache erleichtern.«

Ich konnte natürlich meine Klappe nicht halten und habe allen Freundinnen und Freunden davon erzählt, und nun fiebern die einen genauso einer Antwort entgegen wie ich. Die anderen verhöhnen mich. So auch Gudrun, aber Gudrun darf das.

Gudrun und ich kennen uns schon aus der Zeit, als es noch kein Privatfernsehen gab. Wir haben zusammen in einer WG gewohnt und öffentlich-rechtliches Fernsehen geguckt. Hatte auch was.

Schon damals hat Gudrun immer davon geträumt, einen Bauernhof zu besitzen. Sie wollte Hühner, ein Pferd und Schweine. Schweine sind Gudruns Passion. Ich habe nie verstanden, woher dieser Wunsch kommt. Aber es war ihr offenbar ernst. Nun lebt sie in einem hessischen 1000-Seelen-Dorf und hat sich tatsächlich ein Schwein gekauft, genau genommen hat sie jetzt zwei, Roland und Hansi, das dritte, Daphne, ist gestorben. Ihr Tod war der Anfang von Gudruns Weg in Richtung Veganisierung. Gudrun hat mir erzählt, wie qualvoll Daphne gestorben ist. Sie war alt, aber sie hat sich dennoch mit aller Kraft gegen den Tod gewehrt. Das hat Gudrun sehr nachdenklich gemacht. »Jedes Tier will leben und kämpft darum«, hat Gudrun mir danach gesagt. Nach Daphnes Tod hat sie nie wieder Fleisch gegessen.

Gudrun ist der einzige Mensch in meinem Bekanntenkreis, der eine Vorstellung davon hat, was Vegansein bedeutet. Gudrun würde sich selbst nie als Veganerin bezeichnen, weil sie manchmal die Eier von ihren drei Hennen Annalena, Karen und Berta isst. Aber für mich ist sie viel veganer, als ich es bin, weil sie so eine Liebe zu den Tieren hat. Gudrun war in der »Veganen Gesellschaft Deutschland« aktiv, nun ist sie bei der »Albert-Schweitzer-Stiftung«. Sie verteilt in der Fußgängerzone von Wiesbaden oder Bad Kreuznach Infoblätter, die über die Massentierhaltung aufklären.

Außer Gudrun kenne ich nur noch ein paar Vegetarierinnen. Elena zum Beispiel. Oder Siggi und Doro, beide sind ehemalige Kolleginnen, aber mit denen habe ich nichts mehr zu tun, wie das mit ehemaligen Kolleginnen eben so ist.

»Warum rufst du an?«, frage ich Gudrun.

»Ich bin morgen in Hamburg. Darf ich bei dir pennen?«

»Ich wäre beleidigt, wenn du jemand anderen gefragt hättest.«

»Dafür lade ich dich zum Essen ein.«

»Sehr gerne.«

Eigentlich esse ich lieber zu Hause, weil ich da weiß, was ich habe. Das war schon vor meiner Veganisierung so. Aber Gudrun ist selten in der Großstadt, deshalb will ich ihr den Gefallen tun, und außerdem will auch ich eines der vielen veganen Restaurants ausprobieren, die in Hamburg in kürzester Zeit eröffnet haben.

Wir gehen ins »Leaf« in Altona und ordern zwei Vorspeisen und zwei Hauptgerichte und probieren alles voneinander. Auch das darf nur Gudrun, in meinem Essen herumstochern. Eben weil wir uns so lange kennen.

»Du siehst gut aus! Haut gut, Haare gut.« Sie mustert mich von oben, denn sie ist größer als ich. »Deine Augen strahlen total.«

»Oh, danke, seit ich vegan esse, geht es mir super.«

»Du hast auch ein wenig abgenommen, oder?«

»Sieht nur so aus. Ich esse zu viel Schokolade.« Gudrun kennt meine Schwäche für Süßigkeiten. »Also die Hose kneift nicht, da ist alles gleich geblieben. Aber faktisch habe ich sogar ein paar Kilo zugenommen.«

»Sieht man aber nicht.«

»Zum Glück.«

Wir bekommen Linsenröllchen und eine Wildkräutersuppe.

»Wie geht es dir sonst so?«, fragt Gudrun.

»Die Halsschmerzen sind komplett weg. Auch meine Nackenschmerzen – alles weg. Ich fühle mich echt erleichtert. Dachte ja, dass das von der schlechten Haltung kommt. Bürojob. Das viele Sitzen und so. Die schlechte Luft. Aber es muss wohl eine Übersäuerung gewesen sein. Ich glaube, das lag alles an der Milch.«

Gudrun nickt, auch ihr geht es besser, seit sie die Milch weglässt, die sie eben manchmal doch nicht lassen konnte, weil sie so viel Kaffee trinkt. Aber nun nimmt sie Hafer- oder Mandelmilch, und alles ist gut.

»Hast du schon einen Bluttest machen lassen?«, fragt sie.

»Klar.« Alle Veganer lassen ein großes Blutbild machen. Ich habe das, als ich wusste, dass ich vegan bin, was mir ja selbst

erst gar nicht klar war, dann auch machen lassen und mich gefragt, warum ausgerechnet Veganer sich immer durchchecken
lassen, wo sie doch den ganzen Tag Gemüse und Obst essen,
was ja super gesund sein soll, und Leute, die »normal« essen,
nicht. Ich muss mich erst daran gewöhnen, dass Veganer etwas
stigmatisiert werden.

Der Hauptgang kommt. Während ich Gudrun einen von ihren
Champignon-Saltimboccas vom Teller klaue, sorgt sie für einen
gerechten Ausgleich, indem sie sich etwas von meinen Spinat-
Küchlein und ein wenig von dem Kürbiskernkrokant vom Teller
angelt.

»Lecker«, sagt sie. »Wie war's beim Arzt?«

Das ist eine berechtigte Frage. Die meisten Veganer haben
– wie Gudrun mir erzählt hat – Stress mit ihrem Hausarzt, weil
die Hausärzte, selbst wenn sie von einem hohen Fleischkonsum
abraten, glauben, dass Milch gesund sei, besonders für eine
Frau, weil da eben Kalzium drin ist und das gut sei für die Knochen. Gudrun hat mir einige Horrorgeschichten erzählt. Aber ich
hatte Glück.

»Alles prima gelaufen. Er hat mir keine Predigt gehalten. Ich
war total erleichtert. Er ist selbst Vegetarier und deshalb wohl
nicht ganz so schlimm drauf. Er geht immer auf Kongresse und
will sich noch besser darüber informieren, welche Auswirkun-
gen vegane Ernährung auf den Organismus hat, und hat mir gesagt, dass er deswegen gerne mit mir in Kontakt stehen möchte,
falls da etwas ist, was ich wissen sollte.«

Weil ich so viel rede und nicht gleichzeitig kauen kann, ist
Gudrun im Vorteil. Sie hat fast meinen ganzen Teller wegge-
putzt.

»Er hat mir gesagt, ich solle unbedingt Vitamin B_{12} nehmen,
und mir ein Präparat empfohlen.«

»Ist doch nicht schlimm. Im Fernsehen gibt es auch ständig

Vitamin-B$_{12}$-Werbung. So viele Veganer, dass sich das lohnen würde, gibt es ja gar nicht auf der Welt. Das muss auch für die Omnis sein.«

Mit »Omnis« bezeichnen Vegetarier und Veganer Menschen, die alles essen, also auch Fleisch. Es ist die Abkürzung von Omnivoren, was Allesfresser bedeutet.

»Aber Veganer und Vegetarier müssen besonders drauf achten«, sagt Gudrun. Sie nimmt noch einmal von meinem Auberginenpüree.

Ich erzähle, dass ich das schwierig finde mit dem Supplementieren, also der Nahrungsergänzung. Ich möchte möglichst keine künstlichen Sachen zu mir nehmen und finde sogar Tofu schon schwierig, obwohl ich weiß, dass das in China, wo ich mal über zwei Monate war, so normal ist wie hier Käse oder Fleisch.

»Ich hatte den Horror, dass der mir jetzt rät, wieder Fleisch zu essen. Hat er aber nicht. Er sagte, dass auch viele Tiere einen Vitamin-B$_{12}$-Mangel haben und das ihrem Futter zugesetzt wird.«

»Wieso das?«

Ich nehme eins von Gudruns Kürbisplätzchen.

»Weil die Böden ausgelaugt sind und mit Stickstoff gedüngt werden und nicht mit Mikroorganismen. Sagt er.«

»Das ist ja spannend.«

Nun, da ich aufgehört habe zu sprechen, will ich noch einmal von Gudruns Teller naschen, aber er ist auch schon leer. Ich beschließe, bei ihrem Nachtisch aufzuholen.

»Nimmst du B$_{12}$-Vitamine?«, frage ich sie.

»Klar, muss man als Veganer, ist total wichtig.«

»Hm. Er hat mir noch ein ganz tolles Buch empfohlen: Die ...«

»Oh, apropos: Ich habe ganz viele Bücher für dich dabei.«

Ich hatte Gudrun gefragt, ob ich mir ein paar Bücher ausleihen kann, weil sie sich schon länger mit dem Thema beschäftigt und von einer ganz anderen Seite an das Thema herangeht als ich, die ich ja über die leckeren Rezepte von Attila Hildmann reingestolpert bin.

»Was hat dir dein Arzt denn empfohlen?«, fragt sie.

»Die ›China Study‹, kennst du die?«

»Nur gehört. Wie ist die?«

Ich freue mich, dass ich ihr mal etwas erzählen kann, und richte mich ein wenig auf.

»Wahnsinnig interessant. Ich habe sie verschlungen, obwohl es so ein dicker, wissenschaftlicher Wälzer ist«, sage ich und zeige mit Daumen und Zeigefinger an, wie dick das Buch ist. Währenddessen ziehe ich mit der Linken Gudruns Milchreis mit dem frischen Rhabarberkompott etwas näher zu mir ran.

»Ist eine Ernährungsstudie ... Hm. Das schmeckt ja großartig! ... Der Autor hat in den siebziger und achtziger Jahren eine Langzeitstudie bei der armen chinesischen Landbevölkerung durchgeführt, die, weil sie kein Geld hatte, sich nur von Reis und Gemüse, also rein vegan, ernährt hat, und dann geguckt, was die für Krankheiten haben, und das dann verglichen mit unserer westlichen Ernährungsweise. Dann hat er noch die aufstrebenden Schichten in und um Peking mit hereingenommen, und da das alles über einen so langen Zeitraum ging, können die auch etwas über Entwicklungen sagen. Also, was passiert, wenn man anfängt, besser zu verdienen, und dann mehr Fleisch isst.«

»Und?«

»Alle Gesundheitsrisiken, also wirklich alle, egal, ob jetzt für Krebs oder Diabetes oder Herzgeschichten oder Osteoporose, waren da sehr viel geringer als hierzulande. Teilweise sogar gar nicht vorhanden. Und wenn die angefangen haben, Fleisch oder Käse – also besonders das Kasein soll wohl schlimm sein – zu essen, dann machte sich das sofort bemerkbar. Und fett waren die auch alle nicht. Das Irre war: Selbst wenn man nur zehn Prozent Tiereiweiße isst, zeigt sich das sofort. Dann gibt es sofort ein signifikantes Risiko für eine unserer westlichen Zivilisationskrankheiten. Stell dir vor: bei zehn Prozent. Also nix da mit Flexitariersein, das bringt gesundheitlich nicht so viel. Es heißt: ganz oder gar nicht.«

»Echt?« Gudrun probiert von meinem Trifle mit roten Beeren.

»Ja, das war so signifikant, dass Campbell sagt, sich komplett pflanzlich zu ernähren sei das Gesündeste und Beste, was man für seine Gesundheit machen kann.«

»Aha«, sagt Gudrun. Sie schaut auf ihren Teller, den ich, während sie mir zugehört hat, fast ganz leer gegessen habe.

»Fand ich fragwürdig. Die ganzen veganen Wurstsachen sind doch super fettig und total versalzen. So gesund kann das nicht sein.«

»Na, für die Tiere schon, für die ist es gesund«, sagt Gudrun. Wir lachen. Sie hat ja recht. Immerhin kommen die Tiere mit dem Leben davon.

»Aber der meint ja wohl eher die Ernährung der chinesischen Landbevölkerung. Die essen auch nur Reis mit Scheiß.«

Auch Gudrun liebt meine Reis-mit-Scheiß-Gerichte.

Als sie versucht, die Kellnerin herbeizuwinken, sehe ich erst, dass die Kellnerin wie schon die Bedienung im »Waku Waku« tätowiert ist, und frage mich, ob das ein besonderes Erkennungssignal innerhalb der veganen Szene ist.

Gudrun bestellt noch eine Portion von den Linsenröllchen, die es als Vorspeise gibt, weil sie nicht satt geworden ist. Ich gucke sie schuldbewusst an, lenke aber wieder auf unser Thema.

»Campbell meint natürlich auch viel Gemüse und Obst. Und er sagt, dass man Zucker und verarbeitete Mehlsachen weglassen soll, und wenn es sein muss, dann sollte man nur die Vollkornsachen essen. Er ist von einem befreundeten Arzt gebeten worden, für die Krankheiten, die er untersucht hat, je eine andere spezielle Diät zusammenzustellen, die dann besonders gut ist. Etwa: viel Tomatensoße bei Herzkrankheiten, wenig Fleisch bei MS. Aber Campbell hat dann etwas gesagt wie: Es gibt nur eine einzige Diät, die allen westlichen Zivilisationskrankheiten entgegenwirkt. Eine fettarme, vegane Vollwertkost.«[7]

»Na, dann.«

Als ihre Linsenröllchen kommen, teilen wir sie schwesterlich und essen mit den Fingern – das ist erlaubt. Die Kellnerin bringt uns die Rechnung, und als sie die Teller abräumt, fällt uns auf, dass Gudrun eigentlich eher mein und ich eher ihr Essen gegessen haben und es besser gewesen wäre, die Teller zu tauschen.

»Ach«, sagt Gudrun, als sie das Wechselgeld entgegennimmt. »Es ist doch so: Ich schenke dir zehn Euro und du schenkst mir zehn Euro, beide haben wir gleich viel Geld, aber nun das Gefühl, beschenkt worden zu sein.«

Ich finde, manchmal hat Gudrun wirklich das Zeug zur Philosophin.

Einstein oder die Sache mit den Bienen

Wie sieht es denn hier aus?«, fragt Gudrun, als wir in meine Küche gehen.

Ich räume immer nur dann auf, wenn es mir passt, und habe auch keine Lust, mich dafür zu rechtfertigen, deshalb überhöre ich solche Fragen normalerweise. Aber Gudrun zeigt auf dicke, grüne Spritzer, die ich versucht habe von der Raufasertapete abzutupfen, die aber dennoch sehr deutlich zu sehen sind.

»Ach. Habe mit grünen Smoothies experimentiert.«

»Sieht eher so aus, als hättest du mit dem Exorzisten gekämpft.«

»Hat auch so geschmeckt.«

»Und das?« Sie hebt den Mixer hoch, den ich auseinandergenommen habe und in dem noch überall Spinatreste kleben, und begutachtet die Küchenmaschine, die in ihre Einzelteile zerlegt und ebenfalls ungespült danebensteht.

»Warum ist die zerlegt?«

»Lange Geschichte«, sage ich.

Ich erzähle ihr, dass ich angefangen habe, mich – wegen des Kalziums – für Smoothies, genau genommen für grüne Smoothies, zu interessieren. Ich also meinen alten Mixer aus der Abstellkammer geholt hätte, den sie mir damals, als wir zusammen in einer WG gewohnt haben, geschenkt hat. Dann hätte ich festgestellt, dass er es nicht mehr so tut, weil er eben uralt ist. Dann wiederum hätte ich gedacht, dass man die Sachen erst in der Küchenmaschine kleinhäckseln und dann in den Mixer tun könnte.

Gudrun rollt mit den Augen.

Die Küchenmaschine sei dann heiß gelaufen, und damit sie nicht auch noch ihren Geist aufgibt und die Plastikteile anfangen zu schmelzen, hätte ich sie auseinandergenommen – zum Abkühlen.

»Und ich dachte immer, Smoothies wären total easy«, sage ich.

»Sind sie auch. Spar mal lieber für ein neues Gerät.«

»Ich habe mir jetzt erst einmal anständige Messer gekauft ... Ach, was sagst du eigentlich zum Dörren? Hast du ein Dörrgerät?«

»Nein, wozu braucht man das?«

Ich richte mich wieder etwas auf, weil ich ganz glücklich darüber bin, dass ich schon wieder etwas weiß, was Gudrun nicht weiß. Aber sie hat es eher mit den Tieren, ich mit dem Kochen.

»Damit kann man rohvegane Brote machen und Fruchtleder. Das würde ich gerne probieren.«

»Putz erst mal deine Küche, und dann frag deinen Schatzi, ob er dir nicht mal die Wände streicht.«

»Hm.«

Eigentlich gar keine schlechte Idee, Schatzi ist Malergeselle.

»Ich mache uns ein Wasser«, sage ich.

»Au ja, das kannste gut.«

Gudrun darf das, denke ich.

Sie packt die Bücher, die sie mir mitgebracht hat, auf den Tisch, und ich stelle fest, dass sie alle in diesem Grün sind, das so eine Mischung ist zwischen Salat und Grüner-Apfel-Shampoo.

Wir beschließen, es das »Vegangrün« zu nennen, und Gudrun

gesteht, dass sie es langsam nicht mehr sehen kann. Aber es hat eben Signalwirkung.

Es gibt nur eine Ausnahme bei den Büchern, die ich mir sofort greife. Auf dem Cover ist die Zeichnung einer schlanken Frauen-Silhouette im Stil der fünfziger Jahre zu sehen.

»Skinny Bitch«, lese ich den Titel laut. »Die Wahrheit über schlechtes Essen, fette Frauen und gutes Aussehen. Schlank-sein ohne Hungern!«

Gudrun lacht mich aus: »Ich wusste, dass dich das am meisten interessiert.«

»Gar nicht.« Ich fühle mich erwischt.

Ich lese den Klappentext. Die Autorinnen sind zwei Model-Zicken aus der New Yorker Modebranche: »Das ist vegan? Sieht so stylish aus.«

»Und ob das vegan ist! Es geht sogar um Tierschutz.«

»Dieses Buch?«

»Sind natürlich viele Ernährungsgeschichten drin, klar. Geht ja ums Schlanksein. Aber die haben da Berichte aus amerikani-schen Schlachtbetrieben drin – da fällst du vom Glauben ab. Da ist Sinclair ein Witz dagegen.«

Gudrun meint Upton Sinclair und seinen Roman »Der Dschun-gel«, der von den erschütternden Zuständen in den Chicagoer Schlachthöfen erzählt.

»Aha«, sage ich und lege das Buch weg. Ich möchte jetzt in die-ses Thema nicht so tief einsteigen. Ich muss mich dem langsam nähern, denke ich. Bei so etwas bin ich doch empfindlich und habe Angst, das nicht verkraften zu können.

»Hier!« Gudrun reicht mir ein kleines grünes (klar!) Taschen-buch mit orangefarbener Schrift, auf dem helle Tierzeichnungen abgebildet sind, die aussehen wie von einer Humboldt-Exkur-sion. »Peter Singer. Animal Liberation. Die Befreiung der Tiere. Das ist der Klassiker.«

Sie erzählt, dass mit diesem Buch die Tierrechtsbewegung überhaupt erst angefangen hat, weil Singer das System der Massentierhaltung zum ersten Mal kritisch betrachtet hat.

»Guck mal rein. Aber mach dich nicht fertig, wenn du es nicht verstehst.«

»Ich bin doch nicht blöd.«

»Ich sage es nur.«

Dann packt sie »Tiere essen« von Jonathan Safran Foer aus. Ich erzähle ihr, dass ich es nur bis zu der Seepferdchen-Szene habe lesen können und ich dann beschlossen habe, keinen Fisch mehr zu essen.

Gudrun guckt mich leicht irritiert an.

Dann gibt sie mir ein Buch, das man quer aufschlägt. Es heißt »veg up: die veganisierung der welt«. Gudrun erzählt mir, dass der Autor Christian Vagedes der Chef der »Veganen Gesellschaft Deutschland« ist und sie ihn mal bei der Buchmesse kennengelernt hat und dass sein Buch für mich spannend sein könnte, weil er auch Rudolph Steiner zitiert und ich ja Steiners Lehren aus eigener Erfahrung kenne. Gudrun weiß von dem reformpädagogischen Projekt, in dem ich groß geworden bin, weil ich, wenn ich ausgelassen bin, immer versuche, mich daran zu erinnern, wie ich meinen Namen tanzen muss. Gudrun sorgt deshalb gerne dafür, dass ich ausgelassen bin.

Das Buch hat immerhin Weiß als Grundfarbe und das Vegangrün nur als Akzent. Ich lege es zu den anderen Büchern.

»Ach, und das ist ganz neu.« Auf dem Cover sind ein Welpe, ein Schnitzel und ein paar Schuhe zu sehen. Es heißt: »Warum wir Hunde lieben, Schweine essen und Kühe anziehen: Karnismus – eine Einführung«.

»Ich glaube, das könnte dir gefallen, die Autorin begreift Fleisch essen nicht nur als Nahrungsaufnahme, sondern als ethische Haltung, die unsere Gesellschaft durchzieht.«

Da ich wohl etwas skeptisch gucke, zeigt sie auf das Autorfoto.

»Professorin!«, sagt sie.

Das imponiert mir. Ich mag kluge Frauen.

»So, nun noch das.«

Sie legt mir ein Buch hin, auf dem ein Kaninchen abgebildet ist, das auf einem Teller sitzt, daneben liegen Messer und Gabel. Es heißt: »Anständig essen. Ein Selbstversuch.«

»Ah, Karen Duve. Kenn ich! Ich habe ihren ›Regenroman‹ gelesen. Mochte ich sehr. Ach, und die ist jetzt auch vegan?«

»Ich glaube, sie ist Vegetarierin. Aber das Buch ist so lustig, und gut geschrieben ist es auch. Das fängt so an, dass die im Supermarkt eine Hähnchenpfanne für 2,99 Euro aus der Kühltruhe holt und ihre Mitbewohnerin ihr dann sagt, dass das gar nicht geht. Und dann fängt sie an, erst alles in bio zu kochen, dann vegetarisch, dann vegan und dann sogar frutarisch.«

»Oje. Was kann man denn da noch essen?«, frage ich und zwinkere Gudrun zu.

Wir lachen, weil das die typische Frage ist, die man Veganern immer stellt.

»Ich habe neulich eine Frutarierin kennengelernt«, sage ich. »An der Uni. Sie ist auch durch Attila Hildmann dazu gekommen, hat dann aber alles weggelassen, was ihr nicht mehr schmeckte, und jetzt isst sie nur Früchte und Gemüse. Nichts anderes.«

»Ist das nicht voll umständlich?«, fragt Gudrun und holt sich ein Wasser.

»Findet sie nicht. Von ihr habe ich die Rezepte für grüne Smoothies. Sie hat einen Blog, ›Veganer Genuss‹. Guck da mal rein.«

Gudrun blickt auf die Exorzistenflecken an der Wand. »Nein, danke.«

»Sie kann kochen und hat immer schon viel Wert auf frische Sachen gelegt. Sie nimmt sich jetzt ihr Essen immer mit. Anfangs ist sie auch noch essen gegangen, da hat sie immer nur Salat gegessen. Aber das stresst sie jetzt, und nun macht sie mit ihren Freunden andere Sachen. Oder sie lädt zu sich ein.«

»Wie lange macht sie das schon?«

»Anderthalb Jahre.«

»Wahnsinn. Das könnte ich nie.«

Wir lachen, weil auch das eigentlich ein Satz ist, den Veganer immer zu hören bekommen.

Gudrun hält sich die Hand vor den Mund und gähnt. »Komm, lass uns zu Bett gehen. Ich bin müde.«

Gudrun ist immer die Erste, die aufgibt, dafür fängt sie auch morgens früher an. In unserer WG hatten wir das so geregelt, dass sie das Frühstück vorbereitet, während ich abends, wenn sie schon schläft, den Abwasch mache. Ich gebe zu, dass das in der Theorie besser klingt, als es in der Praxis umgesetzt wurde. Ich mache mich gerne aus dem Staub, wenn es um den Haushalt geht.

Als Gudrun nach ihrer Zahnbürste kramt, holt sie eine DVD raus: »Ach, guck mal. Hätte ich beinahe vergessen.«

Es ist ein Dokumentarfilm, der »More Than Honey« heißt.

»Es geht um Bienen und das Bienensterben.«

»Und?«

»Ach, schau dir den Film einfach an. Wir haben genug geredet. Komm, lass uns ins Bett gehen.«

Gudrun geht schlafen, und ich mache den Abwasch. Das heißt, ich stelle einfach unsere beiden Wassergläser in meine Spülmaschine und lese dann ein wenig in den Büchern.

Nachdem Gudrun abgereist ist, lasse ich den Bücherstapel Bücherstapel sein und lege »More Than Honey« ein.

Ich weiß wenig über Bienen, nur dass sie von einer Königin angeführt werden und dass es Arbeiterinnen gibt und Drohnen, die nur die Aufgabe haben, die Prinzessin zur Königin zu machen, dass sie Honig machen und Wachs und im Sommer lästig sind, weil sie von der Limo mittrinken wollen und man Angst hat, dass sie einen stechen, wenn man sie abschüttelt. Aber vielleicht tue ich den Bienen auch unrecht, weil das in Wahrheit Wespen sind, die an die Limo wollen. Oder Hummeln.

In der Schule habe ich gelernt, dass Bienen schlau sind und eine eigene Sprache haben, in der sie den anderen Bienen mitteilen, wo es was zu holen gibt. Diese Sprache nennt sich Bienentanz. In einer Bienenklausur im Biounterricht habe ich einmal sogar eine Eins minus bekommen, weil ich aufmalen konnte, wie dieser Bienentanz funktioniert. Deshalb mag ich Bienen, und ich mag Honig.

In »More Than Honey« geht es um das Bienensterben.

Der Regisseur Markus Imhoof erzählt, dass seine Familie seit Generationen Bienen züchtet.

In den USA besucht er einen Imker, der über 10 000 Völker hat. Sie bestäuben im Frühjahr riesige kalifornische Mandelplantagen. Nach vier Wochen packt der Imker seine Bienen wieder ein. Er steckt sie in dunkle Kisten, damit sie nicht ausschwärmen können, sonst wäre er sie ja los. In den Kisten bekommen sie kaum Luft, sie müssen während des Transportes ihre eigenen Exkremente einatmen. Das ist für kein Lebewesen angenehm, aber für Bienen kann das tödlich sein, weil sie ihre ganze Umwelt über ihren Geruchssinn wahrnehmen. Selbst an ihren Beinen haben sie Geruchsrezeptoren. Der Fahrer fährt deshalb die Nacht durch, dennoch sind viele Bienen tot, wenn sie am Ziel ankommen, oder stark geschwächt.

Das Ziel ist der Staat Washington. Dort müssen die Bienen Aprikosen und Kirschen bestäuben. Sind sie damit fertig, werden sie wieder in Kisten gesperrt und auf Trucks geladen und dann zurück nach North Dakota gefahren, wo der Imker lebt.

Pro Saison legen seine Bienen so 10 000 Kilometer zurück. In den USA gibt es viele Imker und viele Trucks mit Bienen, die zu den Plantagen gefahren werden, um Kirschen, Himbeeren, Aprikosen und Mandeln zu bestäuben. Ein Drittel dessen, was wir essen, würde es nicht geben ohne Bienen.

Ich mache erst einmal Pause und schalte den Film ab, weil ich selbst schon ganz gestresst bin von den Strecken, die die Bienen zurücklegen müssen. Kein Wunder, dass die fertig sind, nach so einer Reise. Ich dachte immer, dass Imker gemütliche, alte Männer sind, so wie der Großvater des Regisseurs, aber das, was dieser amerikanische Imker macht, ist ja eigentlich nichts anderes als Massentierhaltung. Die Bienentransporte mit ihren gigantischen LKWs ähneln Tiertransporten. Die Bienen werden mit Antibiotika und anderen Medikamenten gefüttert, damit sie ihr Pensum schaffen. Ich dachte immer, Honig sei ein Naturprodukt und Bienen, weil sie rumschwirren, freier als Tiere in einem Käfig. Ich habe mich wohl geirrt. Ich gucke weiter.

Imhoof erklärt, dass die Bienen sich durch das viele Reisen allerlei Krankheiten einfangen. Am gefährlichsten ist die Varroamilbe. Sie beißt sich an der Biene fest und saugt sie aus. Ich sehe, wie eine dieser roten Milben einer Biene im Nacken sitzt und die Biene mit ihren Beinen vergeblich versucht, sich von der Milbe zu befreien. Sie wird langsamer und langsamer, ihre Glieder versteifen sich, dann ihre Fühler, schließlich erstarrt sie und stirbt.

Der Imker öffnet einen Kasten, in dem er eines seiner Völker untergebracht hat. Er ist leer. Dann öffnet er den Boden des Kastens. Heraus fällt ein ganzes totes Bienenvolk. 50 000 Bienen. Sie werden einfach zusammengekehrt.

Ich stoppe den Film, um nachzusehen, woher mein Honig kommt, den ich immer noch nicht aussortiert habe, weil das Glas noch zu drei Vierteln voll ist. Und auch weil ich dachte, dass Honig vielleicht nicht so schlimm ist. Es ist ein Importhonig. Aus Mexiko allerdings, nicht aus den USA, aber da soll die Lage auch nicht besser sein.

Ich schaue mir den Film zu Ende an und habe Mitleid mit den Bienen.

In den kommenden Wochen lese ich überall Bienenartikel. Liegt es daran, dass ich jetzt auf das Thema fokussiert bin und es mir deshalb überall ins Auge fällt? Oder daran, dass es wirklich ein richtig ernstes und wichtiges Thema ist?

Im *Stern* sind sogar gleich zwei Bienenartikel innerhalb eines Monats.

In einem wird auch über die Varroamilbe berichtet und in einer Grafik gezeigt, was genau passiert, wenn so eine Milbe angreift. Es ist quasi eine graphische Umsetzung des Bienentodes, den Markus Imhoof zeigt. In einem anderen Artikel wird gesagt, dass über 80 Prozent der Völker in den USA befallen sind und dass innerhalb der letzten zehn Jahre ein Drittel der Bienen in den USA und in Nordeuropa gestorben ist. In China gibt es sogar Regionen, in denen Menschen die Plantagen von Hand bestäuben, weil es gar keine Bienen mehr gibt. Ich stelle mir vor, wie trostlos es sein muss, durch diese Landschaften zu gehen. Sie müssen eine Stille ausstrahlen wie in einem Totenhaus. Die Natur summt und brummt normalerweise, hier ist sie lebendig begraben.

Albert Einstein soll gesagt haben: »Wenn die Bienen verschwinden, hat der Mensch nur noch vier Jahre zu leben.« Die chinesischen Landschaften sind die Vorboten davon.

Mein angebrochenes Glas Mexiko-Honig schenke ich meiner Freundin Stephie, die auch gelernt hat, dass man keine Lebensmittel wegschmeißt. Dann gehe ich ins Gartencenter und kaufe Thymian, Salbei, Majoran im Topf und eine Packung Samen, die »Bienenglück« heißen. Damit bepflanze ich meinen Balkon und gieße ordentlich. Das ist das Einzige, was ich momentan tun kann.

Zwei Wochen später bekomme ich ein Paket von Gudrun, auf dem steht »Vorsicht Glas«, was ja unsinnig ist, weil die ganze Paketlogistik vollautomatisiert ist und Automaten nicht lesen können. Ich reiße es genauso gierig auf, wie ich jedes Paket aufreiße. In dem Paket befinden sich zwei Gläser Löwenzahnhonig. Ich gehe mit dem Finger rein und lecke ihn ab. Er schmeckt nach kräftigem Wiesen-Honig. Und etwas nach Wald.

Als ich auf den Balkon blicke, sehe ich, wie die Bienen um den Majoran herumsummen. Wie fröhlich das doch klingt, denke ich, und beschließe: Das nächste Mal dürfen die Bienen auch von meiner Limo trinken.

Und Bill Clinton? Ach, denke ich, als ich wieder einmal vergeblich meine E-Mails checke, Antworten sind doch in Wahrheit völlig überschätzt.

Mein erstes nicht ganz richtiges Treffen mit anderen Veganern

Ich möchte meine Erfahrungen als Neuveganerin gerne teilen. Ich möchte über die Bücher sprechen, die ich gelesen habe, und ich möchte wissen, wie andere die Dinge so handhaben. Deshalb beschließe ich die Komfortzone meiner Wohnung zu verlassen. Für meine ersten Annäherungsversuche an meine hoffentlich bald zahlreichen veganen Freunde habe ich mir ein Lokal in der Hamburger Friedrichstraße herausgesucht. Es liegt mitten auf dem Kiez, im Bermudadreieck von Davidstraße, Herbertstraße und Hans-Albers-Platz. Allein die Lage macht mir die Sache etwas erträglich – denn hier zwischen Huren, Säuferkneipen, Bars, Stripteaselokalen und Szene-Italienern geht es vermutlich etwas lockerer zu. Ich hoffe, mit meinen Lederschuhen, die ich immer noch nicht ausgemustert habe, weil ich denke, wegschmeißen bringt nichts, weil es das Tier nicht mehr lebendig macht, nicht ganz so streng abgewatscht zu werden.

St. Pauli ist bekannt für seine Toleranz in allen Lebenslagen und wer hier mal etwas aus dem Rahmen fällt, fällt gar nicht weiter auf. Auf der Reeperbahn nachts um halb eins ticken die Menschen anders. Nicht umsonst gilt der Spruch: »Wer sich an einen Abend auf dem Kiez noch erinnern kann, hat nicht richtig gefeiert.«

Das »befried« ist kein Lokal im eigentlichen Sinn. Es ist ein

Imbiss; die Küche, falls man die Zeile aus mehreren Fritteusen und Grills so nennen will, versteht sich auf – wie der Name schon sagt – frittierte Gerichte. Pommes, Jägerschnitzel, gebackenen Käse sowie Hamburger, Fish & Chips und Würstchen. Man könnte glauben, dass man sich in einem ganz normalen Imbiss befindet, aber das täuscht. Denn alles ist vegan. Das sieht man an dem »V« im Namen. Hier gibt es Vish & Chips und Curryvurst.

Das mit dem »V« im Namen ist verbreitet in der Szene. Statt Fleisch heißt es Vleisch. Da erkennt jeder Veganer sofort (und alle anderen auch): Ah, das ist ein rein pflanzliches Produkt! Super! Da kann ich zugreifen. Das funktioniert im Groben ganz gut und erleichtert das Miteinander ungemein. Nur wie ich meinen veganen Mozzarella nennen soll, darüber bin ich mir noch nicht ganz im Klaren. Man will ja niemandem den Appetit verderben.

Das Angebot des »befried« ist an sich schon wunderbar, weil es eine Welt fern der Gesundheitsapostel und Gemüsefanatiker verspricht und man essensmäßig so richtig rumsauen und schweinigeln kann. Hier werden keine Kalorien gezählt, und Salat gibt es nur auf dem Döner. Es ist ein Junkfoodhimmel. Aber die Krönung des Angebots sind mit Bierteig ummantelte und frittierte Schokoriegel (vorzugsweise so was wie Vars und Vnickers) und – ja! – mit Bierteig ummantelte und frittierte Marshmallows – schamlose Fettbomben, denen jegliche Vital-stoffe ausgetrieben wurden, die aber eine Bestnote in Sachen Lustgewinn verheißen. Schließlich sind wir auf dem Kiez.

Janina, die den Laden mit ihrem Mann Oliver betreibt, ist eine hübsche Blondine. Sie trägt ein schwarzes Hütchen in der Form, wie sie die Rollergirls in den Fünfziger-Jahre-Ami-Imbissen getra-gen haben, und berät mich mit der Beflissenheit eines Oberkell-ners aus einem Fünfsternerestaurant. Ihre Lider flackern, ich glotze: meine erste freilebende Veganerin!

Ich gucke sie ein wenig so an, wie man einen seltenen Schmetterling anguckt, zumal sie wirklich so etwas Fröhliches und Flatteriges hat. Sie ist hübsch, sie ist nett, sie hat so gar nichts von diesen verbiesterten Klischee-Veganern aus den Witzen oder Karikaturen. Ich gucke sie ein bisschen zu lange an. Aber sie bleibt cool. Auf dem Kiez ist man wohl härtere Blicke gewohnt. Ich würde gerne ein bisschen mit ihr reden. Seit wann sie vegan ist und so. Aber hinter mir stehen noch ein paar andere Gäste, die auch schnell bedient werden wollen. Ist ja ein Schnellimbiss.

Ich entscheide mich schließlich für einen Cheeseburger, und wer sich jetzt wundert: Findigen Lebensmitteltüftlern ist es tatsächlich gelungen, aus Wasser, Fett und Aromen etwas herzustellen, das die gleiche Konsistenz hat wie Käse, also eher wie Scheiblettenkäse. Aber er wird ja ohnehin geschmolzen auf so 'nem Cheeseburger, und geschmolzen sind alle Käse gleich.

»Dazu ein Gaffel?« Janina zwinkert mich an.

Ich denke: super, Gaffel. Das habe ich doch während meiner Zeit in Köln viel getrunken. Das ist vegan?

Ich sage: »Super, Gaffel. Das habe ich doch während meiner Zeit in Köln viel getrunken. Das ist vegan?«

»Alle trüben Biere sind vegan.« Janina lächelt. »Aber Gaffel ist das einzige Bier, das Etikettenkleber ohne Kasein verwendet.«

Wow! An was man als Veganer so alles denken muss. Mit einem Mal werde ich misstrauisch: Muss ich als Veganerin wirklich immer so streng sein? Hätte es nicht auch ein normales Bier getan? Ich meine: Wie soll man das denn machen? Ich kann doch nicht bei allem, was ich anfasse, anziehe und kaufe, zu 100 Prozent sicher sein, dass das alles total vegan ist. Überall werden doch Tierprodukte benutzt! Als undeklarierte Zutaten im Essen (Schweineborsten für eine schöne braune Brotkruste), als Hilfsmittel bei der Kelterei von Wein (Gelatine gegen die Schwebestoffe) oder überhaupt eigentlich in allem. Das ist doch eine

Geschichte ohne Ende. Wie soll ich das schaffen? Kasein im Etikettenkleber – ich glaube, ich drehe durch oder werde hysterisch. Oder bitter. Oder Alkoholikerin. Immerhin mit Gaffel.

»Was ist denn nun? Nimmste jetzt eins? Oder nicht?«

»Ja, BITTE.«

Vielleicht ist Janina selbst ja gar nicht so streng, vielleicht ist es nur ihre Klientel. Veganer können sehr anspruchsvoll sein, man hört ja so einiges.

Ich nehme Burger und Bier und setze mich. Schwarze Tische, grüne Wände. An einer Wand hängt eine schwarze Flagge von »Animals Liberation«. Ich verstecke meine Lederstiefel unterm Tisch.

Aber ich kann gar nicht lange darüber nachdenken, ob und wie ernst die das hier meinen, denn am Nebentisch nehmen zwei Frauen Platz. Zwei Veganerinnen! Auch sie haben eine freundliche, gemäßigte Ausstrahlung, und ohne lange zu zögern, sind wir im Gespräch. Sie sind beide seit circa drei Jahren dabei und erzählen, wie toll sie das finden, dass es jetzt immer mehr Veganer gibt und es nicht mehr so stressig ist, einen Laden zu finden, wo man essen gehen kann.

»Man hat ja nicht immer Lust zu kochen.«

»Hmpf.« Ich wische mir die Burgersoße aus den Mundwinkeln.

Da die meisten Frauen ähnliche Sorgen haben, frage ich sie recht bald, wie sie das mit den Handtaschen und den Schuhen machen und ob sie da welche empfehlen können, denn das, was die Ökomärkte so bieten, sei doch ziemlich scheußlich. Und das, was Stella McCartney bietet, leider (noch) zu teuer für mich.

Doch bevor die eine – die Schickere! – antworten kann, meldet sich »Solange« zu Wort. (Sie werden schon merken, warum ich ihn so nenne.)

»Solange« ist ein mittelgroßer Mann mit mittellangen Haaren und von mittelschwerem Gewicht. Er hat einen mittelgroßen

58

Burger, eine mittelgroße Portion Pommes und steht mit einem Mal mitten im Raum. Er hat die Stimme eines mittelgroßen Frosches, auf den man mit einem mittelgroßen Springerstiefel drauftritt. Kurz frage ich mich: Sind solche tierfeindlichen Vergleiche in einem veganen Imbiss überhaupt erlaubt? Aber »Solange« hat nun einmal wirklich eine Stimme wie ein mittelgroßer Frosch ... Ach, lassen wir das.

»Ja, also Schuhe, ne, die gibt es bei Avesu.«

Ich denke, das sind doch diese Ökolatschen. »Die sind mir aber zu öko.«

»Ja, dann kann ich den Noah-Versand empfehlen, die haben auch gute Frauenschuhe. Die sind ein bisschen teurer, aber es lohnt sich total. Die sind wirklich komplett ohne Tierleid. Oder Vegetarian Shoes aus England. Da bestelle ich immer. Die haben tolle Schuhe.« Er hebt seinen Fuß hoch und präsentiert seine Schuhe, indem er mit den Knöcheln rotiert. »Also, ich mag einfach kein totes Tier an mir haben.«

O Gott, denke ich: Es gibt sie, diese Klischeeveganer!

Aber »Solange« redet weiter: »Und Matt & Nat sind auch super. Sind aus Kanada. Da bekommt man auch wirklich gute Portemonnaies.«

»Solange« holt tatsächlich sein Portemonnaie raus. So gut finde ich es aber nicht. Ein Portemonnaie halt.

»Aus Kanada? Portemonnaies bekommt man doch auch gut bei H&M.«

»Solange« holt tief Luft.

»Also, *solange* H&M in diesen Sweatshops arbeiten lässt, würde ich da niemals hingehen. Da ist doch gerade wieder so eine Fabrik zusammengebrochen in Bangladesch. Das ist total übel. Über tausend Tote. Das ist doch total ausbeuterisch und kapitalistisch. Das muss man doch boykottieren. Und, überhaupt, *solange* die noch Pelz anbieten, kann man da unmöglich hingehen. Das kann man nicht unterstützen, dieses Tierleid. Also, *solange* die das da noch im Programm haben, bin ich draußen. Da würde ich niemals einkaufen, da macht man sich doch voll schuldig. Also *solange* ...«

Zum Glück kommt Frau »Solange« mit ihrem Burger, und »Solange« setzt sich hin.

Ich stochere in meinen Fritten herum. Es ist still. Eine ganze Weile.

Dann ist es wohl auch Janina, die auf dem Kiez an Lärm gewöhnt ist, zu still. Sie macht die Anlage an. Von jetzt auf gleich vibrieren die Boxen.

»Gestorben für den Wohlstand« – Punkmusik von den »Fuckin' Faces«[8]:

> *Am Anfang war das Feuer*
> *und wer dachte wohl daran,*
> *dass man mit seiner Hilfe mal*
> *zu fremden Sternen fliegen kann?*
>
> *Doch wie viel' arme Tiere wurden dafür*
> *umgebracht, getötet für den Wohlstand,*
> *den der Mensch am liebsten hat?*
>
> *Ich frage mich, wer hat hier das Recht,*
> *zu entscheiden, wer leben darf und wer nicht?*
> *Warum quält man Tiere für den Wohlstand?*
> *Bald sind dann auch Kranke und Behinderte dran.*
>
> *Denn auch die können sich nicht wehren,*
> *werden euer Vorhaben sicher nicht stören.*
> *Doch solange Tiere keine Rechte haben,*
> *sind sie alleine dran, erliegen ihren Qualen ...*

O Gott. Wenn man »Solange« nur so mundtot bekommt, wie soll das mit mir weitergehen? Auf was habe ich mich da nur eingelassen, nur weil ich auf Gemüse stehe? Ist vegan echt so anstrengend? Ich werde nie vegane Freunde haben. Nie. Die beiden Frauen neben mir ergreifen die Flucht. Nie. Auch ich zahle. Die mit Bierteig ummantelten und frittierten Marshmallows habe ich völlig vergessen.

Aber die Taschen von Matt & Nat nicht, ich gucke sofort im Netz nach, und sie sind wirklich ganz phantastisch. Ich muss sie auch nicht in Kanada bestellen. Die gibt es bei Zalando. Aber darf ich da überhaupt bestellen?

Ich höre die Frosch-Stimme von »Solange« in meinem Ohr: »Solange die da ihre Mitarbeiter …«

Schluss. Solange ich Herrin in meinem Haus bin, bestimme ich, wo ich bestelle.

Als das Paket ankommt, kreische ich vor Glück. So ganz unvegan.

Meine ersten virtuellen Treffen mit Veganern

In den kommenden Tagen denke ich viel über dieses Erlebnis nach. Bis ich zu dem Schluss komme: »Solange« kann mich mal. Immerhin habe ich drei sympathische vegane Frauen kennengelernt, die mir Hoffnung gemacht haben, und da will ich mir doch nicht von so einem militanten Spielverderber die gute Laune verhageln lassen.

Außerdem habe ich das Netz für meine Sache entdeckt.

Ich plane, gezielter vorzugehen, und melde mich bei diversen veganen Foren an. Das Netz eignet sich ja ganz hervorragend für den Wunsch, Gleichgesinnte zu suchen und zu finden. Das klappt für Singles genauso wie für Veganer, obwohl sich das gar nicht ausschließt, fällt mir gerade ein, denn es gibt sogar eine Gruppe für Vingels, also vegane Singles. Aber mittlerweile wissen Sie ja, wie das mit der Namensgebung bei den Veganern so läuft.

Im Netz Kontakte zu knüpfen scheint mir geschickter zu sein, als eine vegane Location aufzusuchen. Man kann sich vortasten, man kann in den Profilen der anderen etwas herumschnüffeln, man kann beobachten, was die anderen so zu einem Thema sagen, und man kann, wenn man Fragen hat (und ich habe noch viele), auch Fragen stellen und hoffen, eine kompetente Antwort zu bekommen. Vegan Wonderland. Wenn schon nicht real, so doch im Netz. Dachte ich zumindest. Wie kann man sich nur so täuschen.

Dabei fing alles so harmlos an. Alle hatten so lustige Namen: »Emma Obstsalat«, »Michaela Himbeere«, »To-Fu Fighter« (ein Mann?), »Martha Veegani«, »Rose Rosa«, »Bella Blockschokolade«, »Günter Gerste« (noch ein Mann!) ... Das hatte durchaus Witz.

Ich kam mir vor wie an einem Obststand oder in einem Blumenladen und irgendwie ziemlich nackt, da ich eine der wenigen war, die sich mit ihrem Klarnamen angemeldet hatten.

Mein Hauptforum ist eines, in dem sich sowohl Veganer als auch Vegetarier tummeln. Hauptforum deshalb, weil es das größte ist. Fast 10 000 Leute sind hier virtuell versammelt. Ich bin begeistert. So viele Veganer!

Nun sollte man meinen, dass sich Veganer und Vegetarier eigentlich gut verstehen, da ja beide Gruppen kein Fleisch essen. Aber es ist genauso wie mit den Fußgängern und den Fahrradfahrern – die verstehen sich ja auch nicht, obwohl sie eine natürliche Einheit gegen die Autofahrer bilden und gemeinsam mehr Rechte für eine abgasfreie Straßennutzung fordern könnten. Aber nichts da! Da wird gerempelt und gepöbelt, gemeckert und gedroht.

Genauso gestaltet sich das zwischen den Vegetariern und Veganern auch – wobei man sagen muss, dass die Vegetarier die weitaus friedlichere Spezies ist. Doch dazu später mehr.

Es liegen nicht nur tiefe Gräben zwischen Vegetariern und Veganern, sondern auch die Veganer sind untereinander in heftige ideologische Kämpfe verstrickt. Da gibt es die Gesundheitsveganer, die ethischen Veganer, die Tierrecht-Veganer und die veganen Aktivisten, und es ist ganz klar, dass die veganen Aktivisten den obersten Platz in der Pyramide der Rechtschaffenheit besetzen. Es ist bei weitem das beste »vegan«, wenn man nicht nur vegan isst und auf Lederschuhe, Daunenbettzeug, Wollsocken und Kasein im Bieretikett verzichtet, sondern wenn man darüber hinaus sich auch aktiv für Tierrechte einsetzt. Das ist die Königsklasse. Da kommen die Tierschutzveganer nicht mit – einfach nur vegan sein, weil man Tiere liebhat, ist im Prinzip viel zu lasch.

Aber immerhin können diese Veganer sich gegen die nächst niedere Stufe behaupten: die ethischen Veganer, also Veganer, die aus ökologischen Gründen vegan sind, was im weitesten Sinne mit dem Welthunger und der Förderung der regionalen Landwirtschaft zu tun hat. Genau verstanden habe ich das auch nicht. Jedenfalls ist es weniger wert, vegan zu sein, weil man anderen Menschen nicht das Essen wegessen möchte, als vegan zu sein, um ein Tier zu schützen.

Ganz unten in der Hierarchie, quasi als Bodensatz der veganen Bewegung, befindet sich dann der sogenannte Gesundheitsveganer. Also, einfach nur vegan essen, weil man am Herzen erkrankt ist, aber als verantwortungsvoller Familienvater gerne noch etwas Zeit mit seiner Frau, seiner Tochter und möglicherweise seinen Enkeln verbringen möchte (Bill Clinton), geht gar nicht. Oder weil man für seinen Kraftsport fit sein möchte (Patrik Baboumian). Oder weil man einfach mal für ein paar Tage ausprobieren möchte, wie es ist, vegan zu essen – mit der möglichen Option, diese Ernährungsweise zu verlängern (Beyoncé & Jay-Z). Oder weil man erblich vorbelastet ist (ich) oder den frühen Tod eines geliebten Menschen miterleben musste (Attila Hildmann). Das! Geht! Alles! Ganz! Und! Gar! Nicht! Das sind allesamt rein egoistische Gründe, und man kann deshalb auch nicht sagen, dass solche Leute wirklich vegan sind.

Im Grunde genommen sind Gesundheitsveganer so schlimm, dass da Vegetarier noch besser sind, weil die das immerhin wegen der Tiere machen. Obwohl die natürlich auch nicht konsequent sind. Also Milch, wie kann man nur? Da wird eine Kuh künstlich geschwängert.

Kurzum: Der Gesundheitsveganer ist das Allerletzte, und der Allerallerletzte der allerletzten Gesundheitsveganer ist Attila Hildmann. Da nützt es rein gar nichts, dass er vegane Werte und vegane Ernährung so populär gemacht hat, dass nicht alle sofort mit den Augen rollen, sondern sich zumindest mal Zeit nehmen, Argumenten zuzuhören oder Lust haben, seine Rezepte auszuprobieren. Denn Attila hat einfach nicht die richtige Haltung. Er kommerzialisiert den Veganismus, er macht Werbung für Vitaminzeugs, er paktiert mit der Lebensmittelindustrie. Er hat knapp eine Million Bücher verkauft und nichts für den Tierschutz gespendet, sondern sich stattdessen einen dicken Porsche gekauft. So einer darf sich nicht Veganer nennen, er ist höchstens ein Veganköstler.

Aber vielleicht ist es genau das, was die Ursprungsveganer so auf die Palme bringt: dass jemand jetzt damit Erfolg hat, wofür sie schon jahrelang kämpfen.

Nun, kann man ein wenig verstehen. *Die Grünen* waren auch ziemlich angefasst, als ausgerechnet Angela Merkel, die sich immer als Befürworterin der Atomenergie präsentiert hat, nach der Katastrophe von Fukushima um 180 Grad umschwenkte und den sofortigen Ausstieg durchpeitschte. Schon blöd, wenn jemand, den man nicht leiden kann, die Ziele, für die man seit Jahrzehnten kämpft, quasi im Vorbeigehen umsetzt. Aber sind diese Ziele deshalb weniger wert? Muss man sie deshalb verleugnen, nur weil sie jetzt langsam Mainstream geworden sind? Ist es nicht toll, dass mit Attilas Veganwelle plötzlich viele vegane Restaurants eröffnen und man nicht mehr dumm angeguckt wird, wenn man sagt: »Ich bin vegan«? Jedenfalls nicht mehr ganz sooo dumm.

Offenbar nicht: Denn statt sich einig zu sein, zerfällt die vegane Bewegung, wenn man sie denn so nennen kann, in so viele Splittergruppen, dass die kleinste Einheit meist eine einzelne Person ist, die ganz allein den richtigen Weg aus dem Verderben kennt.

Es ist ein bisschen so wie bei Monty Pythons »Das Leben des Brian«, wo die »Volksfront von Judäa« und die »Judäische Volksfront« exakt die gleichen Pläne verfolgen, aber, anstatt gemeinsam Front zu machen gegen die Römer, sich lieber selbst – dieses Wort muss sein! – zerfleischen.

Schon der gute Franz Kafka, wiewohl nur Vegetarier, aber immerhin mit den richtigen Motiven (Mitleid mit den Tieren), machte sich über diese zur Schau getragene Redlichkeit und den Drang nach absoluter Integrität lustig. Noch während eines Essens in einem der vielen Berliner vegetarischen Restaurants, schreibt er 1910 an seinen Freund Max Brod nach Prag:

»Aber nichts ist so gut wie das Essen hier im vegetarischen Restaurant. Die Lokalität ist ein wenig trübe, man isst Grünkohl mit Spiegeleiern (die teuerste Speise) nicht in großer Architektur, aber die Zufriedenheit, die man hier hat.« Und: »Es ist hier so vegetarisch, dass sogar das Trinkgeld verboten ist.«[9]

Ja, da sieht man mal. Es ging nie nur darum, Fleisch zu verweigern. Es ging um das große Ganze. Um Tierschutz, Weltfrieden, Antikapitalismus, Antikommerz, Antiglobalisierung, Opposition, Tierrechte, Klimaschutz, Nachhaltigkeit, Umweltschutz, Menschenrechte und eben auch um so banale Dinge wie Trinkgeld, denn das große Ganze zeigt sich in jedem noch so kleinen Detail.

Beispiel gefällig? Gern geschehen: Ich habe einmal in meinem Hauptforum, also das mit den etwa 10000 Vegetariern und Veganern – die Zahl hängt immer davon ab, wie viele genervt austreten und dann doch heimlich wieder eintreten –, die unschuldige Frage nach einem Ersatz für Nutella gestellt. Nutella – so ein bisschen Nussnougataufstrich ist ja nichts Verfängliches, dachte ich. Pah, weit gefehlt!

Einer gab mir den Tipp, ein Produkt bei Lidl zu kaufen.

Ein anderer sagte sofort: »Du kannst doch nicht in so einem Kommerzladen kaufen. Das muss man boykottieren.«

Der Dritte, eine Sie, meldete sich mit einem Tipp aus dem Bioladen.

Der Vierte machte diesen Tipp schlecht, weil das Zeug viel zu teuer sei und außerdem Spuren von Milch enthalte.

Der Fünfte sagte, dass das nichts mit dem Lebensmittel an sich, sondern mit der Produktionsanlage zu tun habe, wo eben auch andere Lebensmittel hergestellt werden, man dieses Produkt also durchaus als vegan bezeichnen könne.

Eine Vegetarierin sagte, dass sie dieses Produkt saulecker findet.

Ui, ganz falscher Ansatz. Ganz falsche Wortwahl.

»Saulecker, das Wort ist ja voll tierfeindlich.«

»Wieso tierfeindlich?«

»Das sagt man nicht: Eine Sau ist nicht lecker. Das ist tierfeindliche Sprache.«

Nummer sieben, acht, neun und zehn waren noch beim Thema, aber machten sofort triftige Gründe dafür geltend, warum sich so ein Betrieb, selbst wenn er »bio« ist, nicht davon freisprechen könne, Produkte herzustellen, die Tierleid in Kauf nehmen, und dass es nicht in Ordnung sei, Milch zu verarbeiten, weil die Kühe künstlich geschwängert und dann ein Leben lang fixiert werden und das einfach unmenschlich sei.

»Unmenschlich kannste da aber nicht sagen.« (Das war wieder der mit der tiergerechten Sprache.)

»Doch kann man: Denn man muss Tiere ja auf einer Ebene sehen mit den Menschen. Die muss man gleich behandeln. Die sind genauso leidensfähig wie Menschen.« Nummer zwölf war entschlossen.

Und dann entspann sich eine kenntnisreiche Debatte um die Ethik des australischen Philosophen Peter Singer und dessen Standardwerk »Die Befreiung der Tiere«, das offenbar alle auswendig kannten, denn da wurden Zitate aus dem Arm geschüttelt und Argumentationslücken enttarnt wie in einem Oberseminar.

Der eine fand, dass Singer nicht weit genug gehe, weil er bäuerliche Landwirtschaft und auch Tierversuche befürworte. Der andere sagte, dass das echt übel und Singer nicht authentisch sei, weil er selbst nicht vegan lebt, obwohl er das tägliche Leid von Millionen von Tieren beschrieben hat.

Der andere sagte, dass das ja zu verstehen sei, weil Singer ja Utilitarist sei.

Dann gingen alle auf den los, weil sie dachten, er würde Singer beispringen, was er beim besten Willen nicht getan hat und was ich jetzt nicht verstehe. Denn gerade noch war Singer der Gott der Tierrechtsbewegung, und jetzt ist er es mit einem Male nicht mehr. Melde sich, bitte, wer da noch mitkommt.

Während die Veganer sich zu meiner Frage nach einem Nutella-Ersatz die Köpfe einhauen, habe ich die Begriffe »Nutella« und »vegan« in die Suchmaschine eingegeben. Mir wurde eine tolle Alternative präsentiert.

Als ich zurück in mein Forum kam, hatten sich die ganzen »Emma Obstsalats«, »Michaela Himbeeres« und »Günter Gerstes« schon zum Beitrag Nummer 109 hochgeschaukelt, und ich habe die Lage nicht mehr überblickt. Auch weil sich nun ein »Der Kopfschüttler« und ein »Der-noch-mehr-mit-dem-Kopf-schüttelt« eingeschaltet haben. Es geht immer noch um utilitaristische Ethik, aber auch um Totalitarismus und Faschismus. Und um die agrarindustrielle Lobby, die mit der Politik und allen Oligarchen gemeinsame Sache macht. Die agrarindustrielle Lobby kommt oft vor in den Beiträgen. Auch als agrarindustrielle Verschwörung.

Ich komme dann einfach mal wieder auf meine Ausgangsfrage zurück und frage, ob jemand das vegane Nutellaprodukt von »Netto«, das ich in der Zwischenzeit im Netz gefunden habe, kennt und ob es schmeckt und was es dazu zu sagen gibt.

Die Antwort ist kurz: »Palmfett.«

Ich google jetzt nebenher, warum das schlimm ist, und finde heraus, dass für die Produktion von Palmöl Regenwälder vernichtet werden und damit der Lebensraum unzähliger Tiere. Besonders Orang-Utans sind dadurch bedroht. Palmfett ist also im engen Sinne nicht vegan. Ohne Palmfett wäre es viel veganer.

Noch ein Stichwort fällt: »Kinderarbeit«.

Das brauche ich nicht zu googeln. Bei fast allen Schokoproduktionen spielt Kinderarbeit eine Rolle.

»Da steckt dieser Food-Multi drin, der mit Monsanto gemeinsame Sache macht.«

»Die waschen sich da rein. Das ist so ein Gewissensprodukt.«

»Die haben total miese Arbeitszeiten.«

»Voll die Ausbeutung.«

»*Bild*-Zeitung.«

Bild-Zeitung? Was hat die denn damit zu tun? Aber ich lerne, dass die so ziemlich an allem schuld ist, was ich nicht ganz verstehen kann, weil ich da viele Artikel lese, die ziemlich pro vegan sind.

Ich sage dann ein bisschen etwas pro *Bild*-Zeitung und bekomme gleich die Rechnung: »Kommerzkacke.«

»Volksverdummung« und »verarsche«. (Verarsche war kleingeschrieben. Denn jetzt wird es hektisch und ungenau.)

»Hey, wer seine Bildung aus der *Bild* bezieht, dessen Bildung ist so viel wert wie das Papier, auf dem die gedruckt ist.«

»Das ist Klopapier.«

»Total für 'n Arsch.«

Irgendjemand postet einen Cartoon, in dem zwei Fliegen um eine *Bild*-Zeitung herumbrummen und sich verwundert fragen: »Ich rieche die Scheiße, aber ich sehe sie nicht.«

Jemand liked das, dann noch jemand.

Dann kommt einer, der sagt, dass die *Bild*-Zeitung doch so eine Lobby-Zeitung ist von der Tierqualindustrie und dass die doch immer diese Anzeigen mit dem vielen Fleisch drucken und damit doch eigentlich ihr Geld verdienen und nicht mit den Artikeln, die ohnehin nur Schrott sind. Wobei derjenige nicht »Fleisch« sagt, sondern »Tierleichen«.

Auch wenn ich den Punkt mit den Tierleichen durchaus nachvollziehen kann, mische ich mich wieder ein – denn wenn ich schon keine Antwort auf meine Nutella-Frage bekomme, will ich zumindest meine Kompetenz als Sprachwissenschaftlerin geltend machen. Für irgendwas muss dieses Studium ja gut gewesen sein.

Ich schreibe: »Das stimmt nicht.«

»Wie? Die haben doch immer die ganzen Anzeigen da drin.«

»Ja. Ist doch alles voller Tierleichen«, schreibt ein anderer.

Ich denke, woher wollt ihr das denn wissen, wenn ihr die nicht lest. Ich schreibe: »Ich meine: Es stimmt sprachlich nicht. Es gibt keine Tierleichen.«

»Häh? Das sind doch alles tote Tiere.«

»Türlich. Das sind alles Leichenstücke.«

»Nein«, schreibe ich. »Das ist morphologisch nicht korrekt. Eine Leiche bezeichnet einen toten Menschen. Ein totes Tier bezeichnet man als Kadaver. Es sind also keine Tierleichen. Das kann man so nicht sagen: Das ist sprachlich falsch.«

Der Thread ist jetzt plötzlich ein bisschen zur Ruhe gekommen, deshalb lege ich nach. »Genau genommen unterscheidet man sprachlich ein Tier, das man essen kann, von einem Tier, das man nicht essen kann. Einen Kadaver kann man nicht essen, weil da der Verwesungsprozess schon eingesetzt hat. Ein Tier aber, das geschlachtet wurde, kann man essen. Dafür gibt es aber kein eigenes Wort in der deutschen Sprache.«

Wieder nützt mir mein Studium nichts. Es ist sozialer Suizid.

»Was ist das denn für ein Schwachsinn?!!!«

»Tiere soll man nicht essen.«

»Das ist ja voll tierfeindlich, die Sprache.«

Die schon wieder, denke ich. Aber im Kern hat sie recht. Ja, unsere Sprache ist tierfeindlich. Dennoch bin ich genervt, weil es gegen mich geht.

»Ja, aber Tiere soll man nicht essen. Wie kannst du so was hier sagen?«

»Hey, du bist mir hier schon öfter aufgefallen. Du schreibst immer so tierfeindliche Sachen.«

Nein, ich schreibe das erste Mal. Über Nutella. Genauer: einen veganen Nutella-Ersatz.

»Ja, genau. Neulich auch. Da war die Sache mit …«

»Ja, dieses Getrolle von dir ist mir auch aufgefallen.«

»Don't feed the troll.«

»Das ist agrarindustrielles Lobbyzeugs.«

»Ja, eine Verschwörung.«

»Genau!«

Ich klinke mich aus.

Am nächsten Tag sehe ich, dass das Forum geschlossen ist. Ein Warnhinweis bittet um Entschuldigung. Der Server sei zusammengebrochen.

Ein paar Tage später ist die virtuelle Gruppe wiederbelebt. Aber ich traue mich nicht, mich unter meinem echten Namen anzumelden. Nicht, dass mich da einer wiedererkennt und ich als Troll gelyncht werde.

Ich versuche mir auch so einen tollen Vegannamen zuzulegen, wie die anderen ihn haben, und suche nach einem Veganer-Namensgenerator. Aber ich finde keinen. Kann das etwa sein, dass die sich ihre Namen alle selbst ausgedacht haben? »Bella Blockschokolade« – darauf muss man erst mal kommen.

Ich finde aber andere Namensgeneratoren. Der Chantalisator spuckt Betina-Indigo aus. Das ist meinem Echtnamen viel zu ähnlich. Der Punk-Namen-Generator bietet mir »Schnalle« an, was ich schon einmal nicht schlecht finde, denn die Forumsveganer erscheinen mir alle so ein bisschen angepunkt zu sein, was man an deren Avataren sieht. Vielleicht ein Elbenname? »Eámane Falassion« – hm, eher nicht! Schließlich finde ich einen Generator für Burlesque-Namen. Voilà: »Blanche de Milo«! Das könnte klappen.

Ich melde mich unter meinem Burlesque-Namen in dem neuen veganen Forum an. Auf der Homepage prangt ein Vermerk mit circa 20 Regeln, wie man hier miteinander umgehen soll.

Ich bewege mich vorsichtig durch das Forum. Sage nichts, kommentiere nichts. Auch meine alten Bekannten sind wieder da. Okay, wir sind wieder unter uns. Ich muss vorsichtig sein.

Mit der Zeit werde ich mutiger. Ich kommentiere etwas – nichts passiert. Ich poste etwas – wieder passiert nichts. Dann habe ich eine Nachricht in meinem Postfach. Nach und nach komme ich tatsächlich mit einigen in Kontakt. Sie sind alle superfreundlich, und ich frage mich, wie es sein kann, dass Menschen, die sich so beharken, im direkten Chat so freundlich sein können.

Sie helfen mir bei Fragen zu Vitamin B_{12}, klären mich über grüne Smoothies auf, geben mir Filmtipps, und ja, ich bekomme endlich auch Antwort auf meine Nutella-Frage. Alle finden das Netto-Nutella völlig okay.

Ich denke: Liegt es an meinem Burlesque-Namen, dass die jetzt so nett zu mir sind? Aber der Grund ist wohl eher, dass ich mich nicht auf öffentliche Diskussionen einlasse. Das ist das ganze Geheimnis. Wenn irgendjemand sich da hochschaukelt – bloß fernhalten. Es ist sogar so, dass ich mich mit einigen darüber austausche. Alle haben schon mal eins auf den Deckel bekommen und sind vorsichtig geworden. Oft trösten wir uns, wenn sich jemand in einer Diskussion die Finger verbrannt hat, oder schicken uns Smileys mit rollenden Augen zu, während da gerade wieder ein Thread aus dem Ruder läuft, den wir heimlich per Chat kommentieren. Manchmal machen wir uns auch über die Leute lustig und äffen die nach. Etwa, wenn es um Wolle geht und ob die erlaubt ist oder nicht.

»Trägst du etwa Wolle?«, fragt mich Mira.

Ich habe ihr mal erzählt, dass ich noch aus meinem unveganen Vorleben einen zwölffädigen Kaschmirpullover besitze, und jetzt reitet sie immer darauf herum.

»Warum willste das jetzt wissen?«, frage ich.

»Ich will wissen, ob du auch wirklich und echt total vegan bist.«

»Ja, ich bin wirklich und echt total vegan, und der Wollpullover ist aus meinem alten Leben.«

»Wie krass. Haste etwa noch nie von Mulesing gehört oder wie?«

»Mule-waaas?«

Natürlich habe ich von Mulesing gehört, aber es gehört zum Spiel, es zu leugnen.

»Mann ey, das ist voll krass. M-U-L-E-S-I-N-G. Kommt aus Australien. Da wird den armen Tieren der ganze Arsch weggeschnitten – mit so einer Art Gartenschere, ohne Betäubung. Damit sich da keine Fliegen absetzen und die Wolle zernagen. Die Schafe laufen dann ein Leben lang mit einer offenen Wunde rum. Du kannst doch keine Wolle tragen, das ist voll tierfeindlich.«

»Du hast auch was offen.«

Manche Themen eignen sich dann eben doch nicht für Albernheiten.

Mein erstes richtiges Treffen mit anderen Veganern
oder
mein erster veganer Absturz

Nach ein paar Monaten bin ich so vertraut mit einigen, dass ich es wage, mich persönlich mit ihnen zu treffen. Die Sache mit dem Nutella-Shutdown ist längst vergessen. Es gab in der Zwischenzeit noch mehrere Shutdowns. Sie endeten immer mit wilden Theorien über den agrarindustriellen Komplex und einer großen agrarindustriellen Verschwörung.

Wir treffen uns zu siebt im »Vego« am Berliner Helmholtzplatz, was auch nichts weiter ist als ein Imbiss mit veganem Junkfood, aber insofern interessant, weil hier die »Vego«-Schokolade herkommt, nach der die ganze Szene süchtig ist. »Vego«-Schokolade hat ganze Haselnüsse drin und ist statt 100 Gramm 150 Gramm schwer, und da niemand gelernt hat, eine Tafel Schokolade angebrochen wieder zurückzulegen, seufzen alle, wenn sie nur davon hören. Eine Tafel hat knapp 1000 Kalorien. Aber sie enthält kein Palmfett. Insofern ist sie ein wenig veganer als vegan.

Es gibt außerdem Gyros, Burger, Nuggets, und da vorne auf dem Imbiss ganz fett »vegan« draufsteht, findet sich nirgendwo ein »V« auf der Speisekarte. Weil ich aufgeregt bin, trinke ich ein »Neumarkter Lammsbräu«, obwohl beim Kleber für die Etiketten nicht auf Tierleid verzichtet wurde und es im strengen Sinne nicht vegan ist. Aber es enthält eine Extraportion B_{12}. Das ist gut für die Nerven. Allen anderen ist das auch ganz recht, sie sind genauso nervös wie ich.

Mira ist eine ziemlich gutaussehende Blondine mit einem großen Busen. Iris und Mikaela sind ein Paar. Sie tragen beide glänzende Trainingsjacken. Oliver und Bernd sind nur Freunde, Bernd ist mit Kirsten zusammen, die etwas später kommt. Sie trägt die »Falabella« von Stella McCartney. In Schwarz. Und Silber. Wow! Ich rücke ein bisschen näher. Ich rechne nach, wie viel ich noch sparen muss, bis ich die mir endlich auch leisten kann. Aber das verdirbt mir die Laune.

Wir sitzen alle um einen Tisch und essen veganes Junkfood. Burger, Pizza, Wraps, Fritten, Currywurst. Oliver hat die Nuggets bestellt, die wir ihm alle vom Teller essen, und um nett zu sein, schlage ich vor, eine Tafel »Vego« zu kaufen, die man sich teilen könne. Aber alle jammern.

»Die macht so dick.«

»Ja, aber lecker«, sagt Oliver. Der hat gut reden. An ihm ist kaum etwas dran.

Um das Eis zu brechen, erzähle ich, dass ich gar nicht Blanche heiße, sondern Bettina, und dass Blanche mein Burlesque-Name ist, und weil Bernd schon ein bisschen angetrunken ist, fragt er, in welchem Laden ich denn tanzen würde und wie lange ich das denn schon mache.

Bevor ich das aufklären kann, erzählt Mira, dass sie am Wochenende im »Kitty« war, womit sie den »KitKat«-Club meint.

Maren erzählt, dass sie da auch war, aber so abgeturnt wegen der vielen Ledersachen, die die Leute da tragen. Kirsten kennt da einige vegane Alternativen, worauf ich einwende, dass das doch nicht geht: »Denn wenn jemand einen Lederfetisch hat, dann kann der den doch nicht durch Latex ersetzen. Das ist doch das Ding bei einem Fetisch.«

»So ein Fetisch ist ja voll die Prägung. Ich kannte mal einen

Fußfetischisten, aber der wollte, dass ich mir die Nägel rot lackiere.«

»Was ist denn schlimm daran?«

»Da sind Fischschuppen drin.«

Veganer müssen immer ins Detail gehen.

Eigentlich wollte ich mich über Vitamin B_{12} unterhalten und darüber, was sie davon halten, dass immer alle sagen, vegan sei so teuer. Aber was soll's. Das »Kitty« ist auch ein gutes Thema. Und ich will mal nicht so militant sein.

Iris zeigt ihr veganes Tattoo. Während alle auf den pinkfarbenen Cupcake gucken, den sie am Unterarm trägt, frage ich: »Was ist denn an einem Tattoo vegan?«

»Da ist ein V drauf. Da!« Maren zeigt auf das grüne V auf dem Cupcake.«

»Ich meine am Tattoo.«

»Das wird normal mit Knochenkohle gemacht.«

»Aha.«

»Und du tanzt Burlesque?«, fragt Oliver.

Ich weiß ganz genau, dass er weiß, dass ich das nicht mache, und er braucht mich auch gar nicht so komisch von der Seite anzuschauen.

Ich erzähle die Geschichte mit dem Nutella und dem Shutdown und meiner Angst, dass man mich wieder fertigmacht, und dem Burlesquenamensgenerator.

»Ach, du warst das mit dem Nutella?«

Ich schlucke. »Ja.«

Iris haut mir auf die Schulter. »Kein Mensch weiß, was mit dem Nutella ist. In dem Forum ist doch jeden Abend Pogo. Manchmal frage ich mich, ob die keine Freunde haben.«

»So bekommt man bestimmt keine.«

»Oder Schlaf.«

Wir reden erst darüber, wer wen kennt aus dem Forum, und

alle reden durcheinander, aber es klingt so, als ob sich alle sehr mögen. Dann veganisieren wir unsere Namen. Mira wird Vira und Maren zu Varen und Vris und Voliver und Vernd und Virsten und Vlanche.

»Ich heiße Bettina.«

»Vettina.«

»Sehr witzig.« Ich schiebe die »Vego«-Schokolade zur Seite.

Ich frage, seit wann denn alle vegan sind und ob sie auch vegan leben, und bin ganz erstaunt, dass Vira schon über 18 Jahre vegan ist. Ich hätte sie gerade mal für 28 gehalten. Aber sie ist zehn Jahre älter. Hätte ich nie gedacht. Sie ist auf dem Dorf groß geworden und hat schon mit 14 angefangen, kein Fleisch mehr zu essen, weil ihr die Tiere leidtaten. Sie hatte ein Kaninchen, und irgendwann einmal hat es die Großmutter aufgetischt, und da hat sie tagelang geweint und dann nie wieder Fleisch gegessen. Während des Studiums (Maschinenbau) hat sie sich dann für Tierrechte eingesetzt und in Fußgängerzonen Flyer verteilt und einen Typen kennengelernt, der ihr gesagt hat, dass sie nicht konsequent genug ist, wenn sie weiterhin Eier isst und Milch trinkt. Sie war verknallt in den Typen und hat daraufhin auch Eier und Milch weggelassen. Dann war der Typ weg, aber sie ist dabei geblieben.

»Das war vielleicht nervig. Ich habe jahrelang nur Pommes gegessen, weil es nirgendwo etwas Veganes gab. Es war echt noch nie so leicht, vegan zu sein wie heute. Ich beneide alle, die jetzt damit anfangen.«

Ich gucke in die Runde und denke: Die sind alle echt sympathisch, mit denen kann man Spaß haben. Keiner ist so wie diese Klischee-Veganer, die immer so vernichtend redlich sind und vor denen ich so eine Angst habe.

Ich erzähle die Geschichte von »Solange«.

Alle lachen, nur Bernd nicht. »Ich mag auch kein Leder mehr

tragen«, sagt er. Bei ihm klingt es irgendwie überhaupt nicht schlimm. Eher, als ob er damit einfach abgeschlossen hat. Die anderen fragen sofort nach Matt & Nat, und das ist die Gelegenheit, Kirsten nach ihrer Falabella zu fragen.

»Du bist die Erste, die die kennt!« Sie küsst mich auf die Wange.

»Klar. Das ist doch *die* Tasche, die man als Veganerin haben muss. Jede Omnifrau will eine Tasche von Chanel oder Hermès. Wollte ich auch, als ich noch Omni war. Veganerinnen wollen die Falabella.« Ich sage nicht, dass ich eine Chanel-Tasche habe, die ich gerade auf Ebay loswerden will – wie alle meine Ledertaschen.

Wir wollen noch ein Lammsbräu (das dritte) nehmen, aber alle außer Vira und Virsten und Vernd müssen weg.

»Lass uns doch rüber in die ›Chaostheorie‹ gehen.«

»Was'n das?« Da ich vor Aufregung nichts gegessen hatte, spüre ich schon den Alkohol.

»Eine vegane Cocktailbar – in der Lychener Straße.«

»Was ist denn an Cocktails nicht vegan?«

»Na, die Säfte, die werden entweder mit Fischgelatine oder mit Schweinegelatine geklärt.«

Veganer! Immer diese Details! Es könnte einem wirklich schlecht werden, wenn man das alles noch essen würde.

In der »Chaostheorie« werden wir von Danny, einem der Besitzer, beraten. Es gibt veganen Baileys, vegane Piña Colada, veganen Campari.

»Was ist denn jetzt an Campari um Himmels willen nicht vegan?« Langsam verzweifle ich.

Danny: »Die rote Farbe kommt von Cochinelle-Läusen.«

»Läuse!« Echt eklig.

»Die sind da aber nicht drin, da Campari seit 2006 auf künstlichen Farbstoff umgestellt hat. Ich denke, die könnten da ruhig Werbung für machen, dass ihr Produkt ohne Tierleid ist, da würden die bestimmt viel mehr Leute, denen das ethisch wichtig ist ...«

»Ein Campari Orange, bitte.«

»Ich auch.«

»Ich auch.«

Vernd trinkt eine Piña Colada und die ganz schnell. Er muss plötzlich auch gehen. Letzte Bahn und so. Aber ich vermute, ihn hat irgendetwas gewurmt, so genau weiß ich das nicht. Vielleicht fand er, dass die Falabella zu teuer ist.

Dann sind wir drei Frauen alleine.

»Ist Vernd auch vegan?«

»Nein.«

»Schatzi ist auch nicht vegan«, sage ich. »Schatzi« nenne ich meinen Freund, was nicht so ganz passt, weil er sehr groß und sehr muskulös ist, aber ich bin schon etwas betrunken.

»Macht dir das nichts aus?«

»Was willste denn machen? Er kann ja nichts dafür, dass ich jetzt vegan bin.«

»Hast du einen Freund?«, frage ich Vira.

»Ich bin polyamor.«

»Aha«, sage ich. Seit wann hat man denn dafür einen so komischen Namen, der zur Hälfte aus Altgriechischem (poly) und Lateinischem (amor) besteht? Zu der Zeit, als ich das auch so hielt, hat man dazu gesagt, dass man mehrere Typen gleichzeitig am Start hat und eben ein bisschen rumvögelt. Aber vielleicht habe ich auch etwas falsch verstanden, und das ist heute alles ganz, ganz anders. Ich fühle mich mit einem Mal alt.

»Aha«, sage ich noch einmal. Und zu Danny, den ich jetzt Vanny nenne, nicht zu verwechseln mit Fanny, was ein altpreußischer Name ist, oje, ich erzähle immer so wirres Zeug, wenn ich betrunken bin, sage ich: »Noch drei Campari-O, bitte.« Ich will mehr wissen.

80

Vira hat drei Männer gleichzeitig am Start, und die wissen auch alle voneinander, was in polyamoren Beziehungen normal ist, denn sonst wäre es ja Betrug.

Ich frage: »Und sind das alles Veganer?«

»Zwei ja, einer nicht.«

»Aha.«

Ich schwöre, dass Virsten es war, die angefangen hat und nicht ich. Sie sagt: »Schmeckt man den Unterschied?« Und kichert noch nicht einmal.

Wir wissen alle sofort, was gemeint ist, denn vorgestern hat in unserem Forum jemand gefragt, ob Veganerinnen eigentlich beim Oralsex schlucken oder nicht – eben, weil es ja nicht vegan ist, und es hat sich das erste Mal, seit ich in diesem Forum bin, eine Diskussion entsponnen, die nicht damit endete, dass der Server zusammengebrochen ist. Auch »Der Kopfschüttler« und »Der-noch-mehr-mit-dem-Kopf-schüttelt« waren brav, und niemand hat etwas von agrarindustrieller Verschwörung und Fleischlobby gefaselt, sondern von einvernehmlichem Sex und Liebe und Respekt und davon, dass das eine ideale Vitamin-B$_{12}$-Quelle ist, das wir Veganer ja zufüttern müssen. Und alle waren sich darin einig, dass das die ideale Antwort auf die dämliche Frage ist: »Woher bekommst du denn als Veganer deine Proteine?« Es gilt zumindest für vegane Frauen und vegane Schwule.

Also, Veganer können schon anders. Es müssen nur die richtigen Themen aufkommen. Oralsex ist offenbar das richtige Thema.

Virsten und ich bestellen schnell noch eine Runde Campari Orange und beugen uns dann nach vorne zu Vira.

»Na, klar schmeckt man da den Unterschied! Also nicht nur zwischen den drei Männern, sondern ich schmecke auch, was jemand gegessen hat.«

»Und was schmeckt am besten?« O Gott. Das war ich.

»Möhren.«

Ich sage es ja: Veganer gehen immer ins Detail.

Damit sind alle wichtigen Fragen geklärt. Wir trinken noch ein, zwei Runden veganen Campari und versichern uns gegenseitig, wie schön wir es finden, dass wir uns alle kennengelernt haben und überlegen, ob wir zusammen ein veganes Projekt starten, irgendwie und irgendwo, und tauschen Visitenkarten aus. Denn auch wenn wir kein veganes Projekt starten, wollen wir uns unbedingt wiedersehen.

Am Morgen darauf habe ich einen Mörderschädel. Und endlich zwei vegane Freundinnen.

Gegen Mittag rufe ich Schatzi an.

Er fragt, ob wir uns abends treffen, und ich schlage vor, für uns zu kochen.

Er sagt: »Danke, sehr gerne. Das ist ja lieb von dir. Was gibt es denn?«

»Hm. Ich dachte an irgendetwas mit – Möhren.«

+++

Auch die nächsten Veganer und Veganerinnen, die ich kennenlerne, sind witzige, nette, freundliche Menschen, und ich frage mich, wie es sein kann, dass es in den Foren immer so kracht und kesselt.

Gudrun, die mich in Hamburg besucht, sagt: »Das ist doch immer so im Netz. Schau dir mal an, was in den Kommentarspalten von Spiegel Online oder so los ist, wenn der Matussek da was geschrieben hat. Oder wenn es um die AfD geht oder die Piraten. Ach, eigentlich ist doch immer Zoff. Überall.«

»Matussek ist jetzt bei Springer.«

»Ist ja egal. Jedenfalls laufen die sich da auch immer heiß. Das muss nichts heißen. Ist überall im Netz so. Und vegan ist doch total das Reizthema.«

»Aber kennst du denn einen von denen, die da immer so einen Terz machen?«

»Nein.«

»Komisch. Ich frage mich nämlich, wie es sein kann, dass ausnahmslos alle Veganer, also wirklich alle, die ich kennengelernt habe, und ich habe ja total viele kennengelernt, weil ich es auch drauf angelegt habe, also sie sind alle richtig nett, und im Netz tummeln sich nur militante Arschlöcher. Das verstehe ich einfach nicht.«

Gudrun reibt sich die Nase: »Ist mir auch schon aufgefallen. Ich kann es mir auch nicht erklären.«

»Selbst im ›Café Knallhart‹ sind sie freundlich«, sage ich.

»Was ist das?«

Ich erzähle, dass das ein Café an der Uni ist, das von Studenten geleitet wird, die immer einen veganen Mittagstisch anbieten, und dass sie so gesellschaftskritisch da sind, dass selbst die *taz* als Mainstream gilt und die meisten dort Dreadlocks oder Bärte oder Tattoos tragen.

»Also ich falle mit meinen Kleidchen da schon auf. Aber sie sind immer nett.«

Auch Gudrun erzählt von einer Begegnung, die sie erstaunt hat. Auf einem Wochenmarkt, wo es einen veganen Stand gibt, hat sie eine junge Frau kennengelernt, die auch vegan ist, von der sie zuerst dachte, dass diese Frau sie, also Gudrun, total blöd findet, weil sie eben schon etablierter ist und auch so aussieht. Aber die junge Frau fand sie super, und nun haben sie sich schon zweimal zum Reiten getroffen.

Hm. »Ich weiß, was los ist. Das sind alles Agents provocateurs des agrarindustriellen Komplexes.«

Gudrun sieht mich entsetzt an. Ich weiß nicht, ob sie meinen Geisteszustand oder meine These meint – oder beides.

»Ja, das sind die Fleischlobbyisten, die sich bei uns undercover einschleusen. Dahinter steckt eine riesige Verschwörung, das sind alles Trolle, die Angst haben, weil die Veganer durch Attila so stark geworden sind. Das sind alles Fleischesser im Netz.«

Gudrun, die ja als Fast-Veganerin schon länger mit den Verschwörungstheorien in der Netzgemeinde vertraut ist, sieht mich immer noch irritiert an. Dann aber glättet sich ihre Stirn. Sie sagt: »Du könntest recht haben. Da ist etwas dran.«

Es ist das erste Mal, dass ich das Gefühl habe, wirklich dazuzugehören.

Schatzi isst vegan
oder
der Veggieday

Schatzi kommt heute zum Essen. Die Bremer Bürgerschaft hatte ihn zu einem Vortrag eingeladen, und es interessiert mich brennend, wie es so gelaufen ist und außerdem möchte ich wissen, ob ich meine Wette gewonnen habe. Schatzi und ich wetten nämlich immer, ob und wie viele Leute bei unseren Lesungen einschlafen. Eigentlich waren wir uns darüber einig, dass meine eine legendäre Lesung (es war etwas Wissenschaftliches), zu der nur zehn Gäste kamen, von denen einer nach einer Viertelstunde ging und zwei vor Müdigkeit vornüberkippten, nicht zu unterbieten ist. Aber Schatzi hat angedeutet, dass es in Bremen auch nicht gerade toll gelaufen ist.

Schatzi und ich leben nicht zusammen. Deshalb muss ich ihn auch einladen. Unser Beziehungsmodell heißt »Living Apart Together«. Diesen Begriff haben sich irgendwelche Gesellschaftsforscher ausgedacht, und offenbar war das nötig, weil solche Beziehungen gar nicht mal so selten sind.

Ich habe viele Freundinnen, die mich fragen, ob ich mich nicht manchmal einsam fühle. Das verneine ich immer. Ich bin gerne alleine, was etwas ganz anderes ist, als einsam zu sein, denn ich bin ja in angenehmer Gesellschaft. Außerdem habe ich festgestellt, dass ich mich verändere, wenn ich mit einem Mann zusammenlebe. Und zwar nicht zum Guten, finde ich. (Meine Mut-

ter und meine ältere Schwester sehen das naturgemäß anders.)
Bei mir sind die Ecken nämlich grundsätzlich rund, und ob Staub
auf meiner Kommode liegt oder zwei Teller im Abwasch stehen,
ist mir ziemlich egal. Auch vier Teller bringen mich nicht aus der
Ruhe. Ich lebe nach dem Motto: Es gibt Wichtigeres im Leben
einer Frau, als eine geputzte Wohnung zu hinterlassen.

Das Sonderbare ist: Diese Nachlässigkeit in häuslichen Din-
gen verschwindet sofort, wenn ich mit einem Mann die Wohnung teile. Ich fange an zu bügeln, zu waschen, zu wischen und
abzuspülen. Ich will – im Wortsinn – glänzen, was nicht wirklich
hilfreich ist, wenn man ein paar unfertige Manuskripte zu bear-
beiten hat. Das wirklich Blöde an dieser Mutation zum Putzteu-
felchen aber ist: Sie vollzieht sich auch, wenn Schatzi mich für
ein paar Tage besucht. Da tut also ein bisschen Abstand ganz
gut, wenn man zu etwas kommen will.

Unser Arrangement hat große Vorteile: Man bleibt neugierig
aufeinander, und ich habe die Hoheit über Küche und Herd.

»Wie war es in Bremen?«, frage ich, als ich die zu Fritten ge-
schnitzten Kartoffeln in den Ofen schiebe. Dann wasche ich den
Salat und schneide die Tomaten. Ich will einen fetten Burger
machen.

Ich koche gerne für Schatzi, und Schatzi isst auch gerne, was
ich koche, was daran liegen mag, dass ich, als klar war, dass
das mit uns etwas Festes ist, mir von seiner Mutter ihre Rezepte
habe geben lassen. Jede Familie hat so ihre Standardrezepte, die
alle lieben, und da Liebe durch den Magen geht, wollte ich
sichergehen, dass in diesem Punkt Kontinuität besteht.

Diese Mühe hätte ich mir eigentlich sparen können. Denn
Schatzi hat doch eine ziemlich befremdliche Vorstellung davon,
was gut schmeckt.

»Hey, du hast doch Kartoffeln und Reis da. Das können wir
doch miteinander kombinieren.«

»…«

Mich hat sein Vorschlag an eine Szene aus dem Film »Das Leben der Anderen« erinnert: Stasimann Ulrich Mühe kocht polierten Tütenreis und drückt etwas Tomatenmark aus der Tube darüber. Das ist sein Abendessen.

Seitdem nenne ich Schatzis Vorschläge immer »Das Leben der Anderen«-Menüs. Anders gesagt: Man kann Schatzi nicht mit rosa Pfeffer kommen. Hauptsache ist, er wird satt.

»Ist wieder jemand eingeschlafen?«, frage ich.

»Diesmal nicht.«

»Echt nicht? Mal was ganz Neues.«

»Wenn niemand kommt, kann niemand einschlafen.«

»Was? Das ist ja furchtbar.« Ich beschließe, heute noch einen Nachtisch zu improvisieren, um ihn ein wenig zu trösten.

»Die Veranstaltung war Open Air, und schon auf der Hinfahrt kam Sturm auf. Ich bin 20 Meter vom Bahnhof zum Taxi gegangen und war klitschnass. Als ich da war, hagelte es, und der Wind fegte mit Stärke 8 über den Platz. Donnerstag ist ja ohnehin nicht so ein guter Tag für viel Publikum.«

»Und dann?«

Ich schneide Auberginen, Zucchini und reichlich Karotten mit dem Sparschäler in Scheiben und brate sie in einer Pfanne an. Ins Öl lege ich etwas Rosmarin.

»Hab ich meinen Vortrag eben für die Veranstalter gehalten.«

»Tapfer«, sage ich und denke, dass es jetzt wohl nicht so gut ist, seine Wettschulden einzufordern. Denn damit habe ich die Wette ganz klar gewonnen. »Und dann?«

»Dann haben mich die Veranstalter zum Essen eingeladen.«

»Wenigstens etwas.«

»In einer Kantine da irgendwo.«

»Frechheit.«

»Wieso? War doch in Ordnung.«

Klar ist das für Schatzi in Ordnung, denke ich. Er »kombiniert« (das betont er dann immer so fürchterlich chefkochmäßig) ja auch Kartoffeln und Reis.

»Musst gar nicht so gucken. Das wäre auch superinteressant für dich gewesen. Da gab es nämlich in der Kantine nur vegetarische Gerichte an dem Tag. Es war Veggieday.«

»Echt? Wie toll. Was hast du denn gegessen? Kartoffeln mit Reis?«

Wir lachen.

»Nein, eine Currywurst.«

»Und? War gut?«

»Mir ist das doch scheißegal, was da drin ist. Ich kann doch noch nicht einmal unterscheiden, ob das jetzt Pute ist oder Wildschwein. Hauptsache, man hat etwas zu kauen.«

Ich hole die Bratlinge aus dem Kühlschrank und suche die Grillpfanne.

Das ist gut zu wissen, denn die meisten Männer, die ich kenne, lehnen alles, was nicht Fleisch ist, total ab, weil sie das unmännlich finden. Ich glaube aber insgeheim, dass das eine Kopfsache ist, weil die meisten Männer nämlich so ticken wie Schatzi. Denen ist es ziemlich egal, was sie essen. Schatzi war zum Glück auch ziemlich egal, dass ich Vegetarierin geworden bin, weil er ja weiterhin satt wurde. Dafür habe ich schon gesorgt. Dennoch habe ich mich bislang nicht getraut, ihm zu sagen, dass ich seit drei Monaten vegan lebe. Schatzi hasst nämlich alles, was nach Dogma oder Extremismus riecht.

»Die Currywurst war sogar vegan«, sagt er.

Mist, denke ich. So wie er »vegan« ausspricht, klingt das ein wenig feindselig.

»Echt jetzt? Vegan sogar?« Gleich wird er sagen, dass das extrem ist.

»Ja, ist voll extrem.«

Ich muss Zeit gewinnen.

»Willst du noch einen Nachtisch? Vielleicht Vanillepudding?«

Schatzi liebt Vanillepudding.

»Ja, ich liebe Vanillepudding.«

Ich hole die Chia-Samen für den Nachtisch aus der Vorrats-kammer und suche nach der Mandelmilch.

»Das finde ich eigentlich ganz gut, mit dem Veggieday.«

Ich versuche, das Thema möglichst beiläufig anzuschneiden.

»Aha ...«

Okay, das wird schwer.

»Na ja, ist doch super, wenn die Leute sehen, dass Gemüse gut schmeckt und es nicht immer Fleisch sein muss.«

»Ich finde ja auch, dass es nicht immer Fleisch sein muss ...«

Ich schaue nach den Fritten im Ofen.

»... aber das möchte ich entscheiden.«

»Kannste ja.«

»Hm.«

»Ehrlich. Ist doch klasse. Die meisten Leute essen sowieso viel zu viel Fleisch. Nach all den Skandalen ist es doch gut, wenn sie davon wegkommen und sehen, dass auch Gemüse lecker sein kann.«

»Aber so verordnet ist das doch nicht gut.«

»Wenn die Leute nicht vernünftig sind, warum nicht? Diabe-tes, Übergewicht, Stoffwechselkrankheiten, die Arteriensachen, das sind alles Volkskrankheiten, kommt alles von falscher Er-nährung. Und die Rechnung zahlen dann wir. Über die Kranken-kassen. Da kann man doch ein bisschen nachhelfen. Fleisch wird auch ganz krass subventioniert, wieso sollte man nicht auch eine gesunde Ernährung subventionieren?«

Ich finde das übrigens schon lange, fällt mir gerade auf, und die Idee mit dem Veggieday geradezu ideal. Sollte man überall einführen, denke ich, damit die Leute nicht so einen Schrott essen wie Pferdelasagne und ein bisschen bewusster werden in ihren Ernährungsgewohnheiten. Es sind ja eben meist Gewohnheiten, und die kann man sich abgewöhnen, wenn man merkt, dass es einem gesundheitlich bessergeht. Außerdem ist es besser für die Umwelt und letztlich nachhaltiger und deshalb auf lange Sicht billiger, weil man seltener zum Arzt muss.

Schatzi stört meine Gedanken:

»Ja, aber dafür ist doch der Staat nicht zuständig.«

»Warum nicht? Manchmal muss man die Leute zur Vernunft zwingen. Guck: In den Siebzigern konnte sich auch keiner vorstellen, Müll zu trennen. Heute ranzen dich die Nachbarn an, wenn du mal eine Flasche Altglas im Hausmüll versenkst.«

»Die mit den Irish Wolfhounds? Die Neureichen?«

»Nein, nein. War nur so ein Beispiel.«

Natürlich waren die das. Aber ich will jetzt keine offene Flanke zeigen. Ich suche nach der Remoulade für den Burger und nach weiteren Beispielen, wo der Staat Dinge gefördert hat, die sich auf lange Sicht als gut für die Allgemeinheit erwiesen haben und die heute allen selbstverständlich sind.

»Oder die Anschnallpflicht. Und das Tempolimit. Die Promillegrenze. Und das mit dem Rauchverbot, das interessiert doch heute keinen mehr.«

Schatzi sagt: »Da wäre ich mir an deiner Stelle nicht so sicher.« Seine Stimme klingt lauter. Er zündet sich wie aus Protest eine an. Ich stelle ihm einen Aschenbecher hin. Mich stört es nicht, wenn er hier raucht. Er soll sich wohl fühlen.

»Ich rauche auch weniger.«

»Siehste«, sage ich, obwohl ich mir sicher bin, dass das nicht die ganze Wahrheit ist.

Er bläst den Rauch in Richtung Balkon. »Aber mit dem Essen ist das etwas völlig anderes. Man kann niemandem vorschreiben, was er essen soll.«

Ja, beim Essen sind alle total empfindlich.

»Früher waren Essensvorschriften doch völlig normal ...«

»Wie normal?« Schatzi wippt mit dem Stuhl.

»Schau mal, die Katholiken. Freitag ist traditionell Fastentag, auch wenn man das heute nicht mehr so beachtet oder man sich rausmogelt.«

Ich erzähle, dass ich vor drei Jahren drei katholische Mönche interviewt habe, die als »Die Priester« in die Charts eingestiegen sind und die ihre Promotion-Tage immer auf den Freitag gelegt haben, weil das Fasten-Gebot an fremden Tischen nicht gilt.

Wir lachen, was mich froh stimmt. Denn ich merke, Schatzi ist leicht angefasst, und das liegt nicht an dem versauten Vortrag.

»Also der Freitag ist sozusagen der Veggieday der Katholiken. Die Moslems fasten auch. Die Protestanten steigen auch drauf ein und ...«

Ich krame in meinem Gedächtnis nach weiteren Beispielen, und da fällt mir eine Kollegin ein, die aus Indien kommt. »Kennst du noch Premi? Ihre Familie kommt aus Indien. Sie sind praktizierende Hindus. Ich weiß jetzt nicht, welche Richtung ... Die trinken jeden Freitag nur heißes Wasser, und auch sonst haben die viele Regeln ... Koscher essen ist ja auch eine Vorschrift. Also, wenn man genau überlegt, hat jede Religion ihre Essensvorschriften. Das ist doch auffällig und offenbar völlig normal.«

»Hm.«

Vielleicht ist er einfach nur hungrig, denke ich und deshalb so wortkarg. Ich prüfe, ob die Fritten fertig sind, und brate die Bratlinge scharf an, damit die ganz kross werden. Dann schichte ich alles zu einem Superburger zusammen, den man nur ohne Anstand essen kann. Die Fritten portioniere ich auf die Teller. Den politisch superkorrekten Ökobiofairtrade-Ketchup stelle ich auf den Tisch.

»Es gibt noch Nachschlag«, sage ich. Das ist psychologisch wichtig.

Schatzi haut ordentlich rein, und ich bin erleichtert.

»Ja, aber das mit den Religionen ist doch auch so eine Bevormundung«, sagt er, während er mit beiden Händen den Burger packt und reinbeißt. Er spricht mit vollem Mund weiter. »Ich bin ganz froh, dass die Kirchen nicht mehr so einen Einfluss haben.«

Ja, mag sein mit den Religionen und den Kirchen, ich will ja auch die Freiheit haben, selbst zu entscheiden. Andererseits habe ich mir einige Filme, die mir Gudrun empfohlen hat, angesehen, und da habe ich oft gedacht, dass es ziemlich »gottlos« ist, wie man mit den Tieren des Profites wegen umgeht.

»Fasten okay, vegetarisch, das sehe ich auch ein. Aber vegan. Ey, hör mal. Vegan! Wenn ich das Wort schon höre. Das ist doch wirklich sehr extrem. Da kann man ja echt gar nichts mehr essen.«

Ich gucke auf den Tisch und sehe unsere Teller, auf denen sich zwei riesige Burger und eine große Portion selbstgemachter Fritten und ein Eisbergsalat befinden.

»Ja, findest du?«

»Ja, da ist man so eingeschränkt.«

Er nimmt noch einmal von dem Salat und den Fritten und eine ordentliche Portion Ketchup.

Soll ich es ihm sagen? Irgendwann muss ich es ihm ja sagen. Das wird sonst immer schwieriger, und was ist, wenn ich mit meinem Auftrag fertig bin und wir vielleicht in den Urlaub fahren und ich dann alles umbestelle, was ihn ohnehin jetzt schon nervt. Ach …

»Schmeckt es dir denn?«, frage ich.

»Super. Ich bin so froh, dass du so gut kochen kannst.«

»Danke.« Ich atme tief durch und trinke ein Schluck von dem alkoholfreien Hefeweizen. »Du-uuuu?«

»Ja …« Er beißt in den Burger, aus dem der dicke Belag an den Seiten herausquillt.

Dann nehme ich all meinen Mut zusammen.

»Ich bin vegan.«

»Du bist was?«

»Vegan.«

»Aber das kann doch nicht sein? Warum? Das ist doch nicht wahr? Du verarschst mich.«

»Nein. Seit zwei Monaten, eher sogar seit drei.«

»Echt jetzt?«

Er spitzt den Mund und legt den Burger auf den Teller und sieht ihn so an, als hätte ich ihm etwas Giftiges aufgetischt. »Das ist alles vegan?«

»Yep.«

O Gott, ich wusste, dass das Stress gibt.

»Seit zwei Monaten?«, fragt er.

»Eher drei.«

»Fuck. Das muss ich erst mal verdauen.«

Er schiebt den Teller zur Seite und guckt mich an: »Deshalb gibt es kein Frühstücksei mehr.«

»Das stimmt nicht.«

Das stimmt wirklich nicht, denn ich habe Schatzi immer gefragt, ob er ein Ei will, aber er hat immer »Nein« gesagt, wohl weil er mir keine Umstände machen wollte, aber die Entscheidung lag bei ihm. Ich war natürlich froh, dass er keine Fragen gestellt hat, denn sonst hätte ich wohl angefangen, von Eierskandalen zu erzählen oder von einem der Filme über Hühnerhaltung.

»Ich habe dir immer ein Ei angeboten«, sage ich.

»Stimmt.« Schatzi reibt sein Kinn.

»Und die Milch für den Kaffee?«

»Aufgeschäumter Kaffeeweißer.«

93

»Und neulich? Beim Kaffee, der Kuchen? Der Apfelkuchen? Der war doch nicht vegan?«

»Und ob! Ich habe das Rezept veganisiert. Das geht ganz einfach. Also, man nimmt statt …«

»Du hast unser Familienrezept veganisiert? Das ist über hundert Jahre alt!«

»Ja, hat doch keiner gemerkt.«

»Doch. Helga! Die hat gesagt, dass es anders schmeckt. Die ganze Zeit.«

»Aber erst als ich ihr gesagt habe, dass ich da Margarine statt Butter genommen habe.«[10] Ich trinke von meinem naturtrüben Flaschenbier, in dem ganz viel B_{12}-Vitamin drin sein soll, und sage: »Außerdem kann die mich eh nicht leiden – die hat doch immer was.«

Dann ist erst einmal Ruhe.

Er spießt mit seiner Gabel, die er bislang nicht benutzt hat, weil er mit den Händen gegessen hat, was bei Burger und Fritten völlig in Ordnung ist, den Bratling auf, hält ihn sich vor die Nase und betrachtet ihn mit dem Blick eines Insektenforschers.

»Vegan …« Diesmal höre ich ganz deutlich einen feindseligen Ton heraus.

»Ja, nun. Aber du hast doch immer gesagt, dass du ohnehin nicht schmeckst, was in so einem Burger drin ist.«

»Ja, aber vegan. Das ist doch extrem. Soll ich jetzt nie wieder Eier essen?«

»Du darfst essen, was du willst. Es ist deine Entscheidung. Ich würde dich niemals zwingen …«

»Doch. Du hast mich heimlich zwangsveganisiert …« Er guckt mich an. Zwischen seinen Augen bildet sich eine Längsfalte. »Ich gehe eine rauchen.«

Ich schiebe ihm den Aschenbecher hin, aber er sagt. »Nein, danke. Lass mal, ich gehe auf den Balkon.«

Er lässt die Tür nur einen kleinen Spalt offen.

Als ich, wie immer in seiner Gegenwart, sofort anfange, den Abwasch zu machen, sehe ich, dass er dem Nachbarn von gegenüber, der auch auf dem Balkon raucht, zunickt.

Dann gucke ich wieder auf die Wand, und da sind die Flecken von den grünen Smoothies, die Stephie und ich gemacht haben.

Ich glaube, es ist jetzt nicht der richtige Moment, Schatzi danach zu fragen, ob er mir die Küche streicht.

Als *Die Grünen* ein paar Wochen später den Veggieday zum Wahlkampfthema machen und vorschlagen, ihn in allen öffentlichen Kantinen einzuführen, zuckt Schatzi mit den Schultern.

Ganz gleich, wie die Sache ausgeht. Er hat schon längst seinen eigenen Veggieday – nämlich immer dann, wenn er mich besuchen kommt.

Mein erster veganer TV-Abend

*I*ch gebe zu, ich sehe fern. Ich sehe sogar sehr gern fern. Meine Fernsehabende haben in meinem Bekannten- und Freundeskreis sogar eine gewisse Berühmtheit. Denn ich gucke alles, was das Herz begehrt, und gerne auch Sendungen und Shows, die nicht gerade im Feuilleton der *Süddeutschen* besprochen werden.

»Deutschland sucht den Superstar«? Ich bin seit Daniel Küblböck und Alexander Klaws dabei. »Germanys Next Topmodel« verfolge ich seit der ersten Staffel. Ich gucke »Der Bachelor«, »Das Supertalent«, »Let's dance« und natürlich den »Eurovision Song Contest«. Im Januar gehört das »Dschungelcamp« zu meinem Pflichtprogramm. Und neuerdings sind – auch wenn es etwas aus dem Rahmen fällt – auch Papstwahlen mit dabei.

Am liebsten aber gucke ich Adelshochzeiten. Seit April 1981, als Charles Diana zum Altar führte, mache ich mit. Es folgten die Hochzeiten von Mathilde (Belgien), Máxima (Holland), Letizia (Spanien), Victoria (Schweden), nochmals Charles (diesmal mit Camilla) und die seines Sohnes William mit Kate (beide England). Selbst die Hochzeit des blässlichen Georg Friedrich von Preußen mit seiner genauso blässlichen Sophie von Isenburg habe ich nicht verpasst.

Das Wichtigste aber ist: Ich gucke immer in Gesellschaft.

Meine Freunde bringen die Getränke mit, ich stelle das – bei Adelshochzeiten meist landestypische – Essen, und natürlich nehmen wir vor Mittag den ersten Drink. Wir können ja nichts dafür, dass so früh am Morgen geheiratet wird.

Bei mir hat das schlechte Gewissen Hausverbot. Besonders stolz bin ich darauf, meiner bildungsbürgerlich geprägten Schulfreundin Katharina mit meinen Fernsehabenden ein wenig die Angst vor der »Unterschichtenkultur« (ihre Worte, genauer: die Worte ihres Vaters) genommen zu haben – auch wenn ich mir sicher bin, dass sie nach einem dieser Abende am nächsten Tag zum Ausgleich Marivaux im Original liest. Mindestens. Katharina kann einem in dieser Hinsicht leidtun. Sie hat es besonders hart getroffen. Ihr Vater war nicht nur Professor, sondern auch noch ein vielgerühmter Professor, und ein Fernseher kam ihm nicht ins Haus. Stattdessen nötigte er die Familie, in die Oper zu gehen. Einmal konnte die Familie wegen eines Eiseinbruchs das Haus nicht verlassen, und der Herr Papa zwang alle, vor dem Plattenspieler Platz zu nehmen, um den verpassten Operngenuss zu Hause nachzuholen. Vier Stunden »Tannhäuser« auf Bauhausstühlen! Katharina war, als wir noch zusammen studierten, eine der Ersten, die zu meinen Abenden kamen, und eine der Letzten, die gingen. Meine Treffen waren für sie wie eine Erholung von diesem Erziehungstrauma. Und sie brachte immer zwei Tüten Chips mit. Schade, dass sie umgezogen ist. Wir vermissen sie. Und die Chips.

Nicht nur Freunde, auch viele meiner Kolleginnen und Kollegen kommen zu meinen Fernsehabenden. Wenn wir als Promi- und Lifestylejournalisten schon gezwungen sind, in die Tiefen des Unterschichtenfernsehens abzutauchen, dann doch gerne gemeinsam. Denn zusammen ist man stark.

Seit ich vegan lebe, habe ich mir nun schon öfter überlegt, ob ich nicht einfach mal einen veganen Fernsehabend mache. Wir gucken einen Film, und anschließend können wir dann ein bisschen über Massentierhaltung reden. Aber das ist ja kein heiteres Thema, und meine Abende sollen heiter sein. Man könnte auch sagen: Ich habe mich einfach nicht getraut, weil ich keine Diskussion vom Zaun brechen wollte und auch nicht die Kraft habe, in meinen eigenen vier Wänden als Veganerin gedisst zu werden. Da bin ich einfach ein wenig empfindlich.

Aber ein Zufall hat mir diese Entscheidung abgenommen, und plötzlich befand ich mich mitten in einer Diskussion, die ich mir genau so vorgestellt hatte und immer hatte vermeiden wollen.

Es war in der Werbepause von GNTM, und da ohnehin nur Schönheitsprodukte angepriesen wurden, die in unserem Alter nicht mehr helfen, wollte Elena mal zu den »Tagesthemen« oder dem »heute journal« rüberzappen. Kann ja nicht schaden.

Dummerweise drückte sie auf den falschen Knopf, mein DVD-Player sprang an und spielte »Nie wieder Fleisch« ab, den ich für meine Recherchen angesehen hatte. Dummerweise war Elena gleich Feuer und Flamme.

»Was ist denn das?«, fragte sie.

»Nie wieder Fleisch« ist ein Dokumentarfilm von Jutta Pinzler über Fleischkonsum und die Fleischindustrie und deren Folgen für unsere Gesundheit und unser Klima. Es ist ein typischer arte-Film. Es gibt harmlose Szenen, in denen französische Schlemmergerichte gezeigt werden, und es gibt harte Szenen aus der Tiermast oder dem Schlachthaus.

Er fängt zum Glück mit einer harmlosen Szene an, in der ein französischer Meisterkoch zwei dicke, mit Fett marmorierte Stücke Fleisch brutzelt – solche, wie ich sie mir früher immer von der Schlachterei Beisser geholt habe.

Aber Elena ist seit ihrem vierzehnten Lebensjahr Vegetarierin. Das macht die Sache schwierig.

»Iiiiih, was ist denn das?«, fragt Elena.

Ich ärgere mich, dass ich ihr die Fernbedienung überlassen

habe. Ich habe nämlich keine Lust auf Diskussionen zwischen »Germanys Next Topmodel« und dem George-Clooney-Film, den wir uns für später vorgenommen haben, und wiegele ab.

»Ach, nur ein Film für meine Recherchen. Gib mal die Fernbedienung her.«

Aber Patrick, mit dem ich eigentlich immer in der Kneipe um die Ecke Fußball gucke und der das erste Mal hier ist, läuft schon das Wasser im Munde zusammen. Er ist da, weil er Single ist und auf der Suche; von Elena weiß ich nichts Genaues über ihren Beziehungsstatus, aber ich weiß, dass auch sie nichts dagegen hätte, wenn mal wieder was laufen würde. Ich dachte, Patrick ist jetzt nicht so eine schlechte Partie. Er ist sportlich, Elena auch. Das könnte klappen. Er weiß aber nicht, dass Elena Vegetarierin ist, und sagt: »Boah, Hammer! Was sind das denn für geile Lappen?«

Er meint das Fleisch.

»Na, Fleisch. Siehste doch.«

»Wie kann man so was nur essen?«

Dummerweise hat Elena einen leicht missionarischen Zug. Wer seit über dreißig Jahren Vegetarierin ist, der meint es ernst.

»Wieso? Ist doch lecker«, sagt Patrick. Ich glaube, er findet Elena ganz sexy, was sie zweifelsohne ist, aber er versteht nicht, dass das jetzt nicht der richtige Weg ist, um bei ihr zu landen.

Doch durch den Film fühlt er sich in seiner Meinung bestätigt. Passanten werden interviewt und sagen: »Fleisch ist gut und gesund«, und: »Der Mensch braucht Fleisch zum Überleben«.

Braucht er nicht. Aber Patrick sieht das anders. Er will gerade etwas sagen, da meldet sich die Off-Stimme: »Die Küche der Grande Nation wurde zum Weltkulturerbe ernannt. Côte de bœuf. Pot-au-feu. Bœuf bourguignon ... Fleisch, so heißt es, gibt uns Kraft. Es lässt sich leicht und schnell zubereiten. Ein Lebensmittel, das perfekt zu unserem Zeitgeist passt ...«

Schatzi kommt mit Stephie und Lars und Delia mit vollen Tellern aus der Küche.

Stephie fragt: »Was guckt ihr denn da?«

Patrick: »Na, einen Film über Fleisch.«

Auf dem Bildschirm sind Bilder von, wie ich vermute, irgendeiner Grillmesse zu sehen: Würstchen auf dem Grill, dicke Rinderstücke aus der Nuss, die mit ein paar spärlichen Paprika auf einem meterlangen Spieß rotieren, ein Hähnchen, das aufrecht auf einem Rost steht und rundherum erhitzt wird. Dann ein rasanter Schnitt zu einer Aufschnittmaschine, aus der dünne Serranoscheiben herausgleiten und dann auf einem Teller arrangiert werden.

»… In Deutschland gibt es sogar eine Zeitschrift, die man dem Fleisch gewidmet hat …«

Im Bild sieht man die *BEEF!*.

»Die habe ich sogar im Abo«, sagt Patrick. »Super Heft.«

»Aber warum guckt ihr denn einen Film über Fleisch?«, fragt Stephie. Sie weiß, dass ich vegan lebe, und noch sind die Szenen recht appetitlich – wenn man Fleisch isst, und Stephie isst Fleisch.

»Ja, wieso nicht?« Patrick nervt.

»Ist für meine Recherchen. Nun gib mir doch mal bitte die Fernbedienung. Bei der Klum geht es bestimmt schon weiter.« Ich strecke mich zu Elena hin, aber sie glotzt wie gebannt auf den Bildschirm.

»Nein, nein. Lass doch mal. Das ist interessant.«

Patrick fragt: »Was denn für Recherchen?«

»Na, Recherchen halt. Ich bin doch Veganerin und habe da gerade so ein Projekt …«

»Ve-ga-ner-in? Du isst nur Gemüse. Wird man davon denn richtig satt?«

Patrick sieht mich an und will noch mehr sagen, aber er traut sich nicht, weil er Gast ist und ich die Gastgeberin. Endlich kann man mal sein Hausrecht geltend machen, denke ich, auch wenn es jetzt nur per Blickduell ist. Man sieht Patrick an, was er denkt. Er pickt in seinem Essen herum, als wäre es eine frittierte Vogelspinne. In Kambodscha ist das eine Delikatesse, hier nicht.

»Ist das alles vegan?«, fragt er mit gekräuselten Lippen.

»Ja, ich mach hier meist nur was aus Gemüse. Auch als ich selbst noch Fleisch gegessen habe.«

Alle stellen plötzlich Fragen.

»Kann nicht sein«, sagt Lars. »Im Linsensalat ist doch Schinken drin.«

»Immer schon Räuchertofu.«

Auch Delia ist erstaunt: »Immer nur Gemüse. Echt? Aber warum?«

»Supermarktfleisch finde ich eklig. Und ich kann ja nicht jede Woche für euch zur Schlachterei Beisser gehen. Ist mir zu teuer.«

»Ist mir noch nie aufgefallen.«

»Mir auch nicht.«

»Keinem von euch, seit Jahren, und deshalb frage ich mich, warum das jetzt Thema ist.«

Patrick stochert auf seinem Teller herum.

»Echt? Räuchertofu?« Nun guckt auch Stephie, was da eigentlich auf ihrem Teller ist, und ich meine zu sehen, dass auch sie ein wenig die Lippen spitzt, obwohl sie selbst eine hervorragende Sojabolognese macht.

»Aber das ist doch jetzt nur so ein Modeding, oder?«, sagt Patrick. »Ich mein: Vegan – das machen doch jetzt alle, und dann ist es wieder vorbei. Du wirst doch irgendwann mal wieder Fleisch essen? Der Mensch braucht doch Fleisch. Also, ich brauche Fleisch.«

Auch Delia sagt: »Ich mag Fleisch. Ich esse aber kein Schwein, nur weißes Fleisch.«

Auf dem Bildschirm sehen wir eine Psychologin. Sie sagt: «... Grundsätzlich wird Fleisch von Männern wie Frauen gegessen ...«'

Ich gucke Patrick und Stephie an.

»... aber gerade Männer haben es in unserer Gesellschaft nicht so einfach. Sie fragen sich: ›Wo ist ein Mann noch ein Mann?‹... Frauen kokettieren mit ihrer Schwäche. Sie sagen: ›Ich esse nur wenig Fleisch‹ oder ›Nur helles Fleisch‹ ...«

Schatzi lacht laut auf und sagt zu Patrick: »Komm, lass uns eine rauchen gehen.«

»Nein, jetzt will ich das aber auch sehen.« Patrick hat angebissen.

Elena stellt den Ton lauter, so dass man trotz unseres Palavers noch etwas hören kann. Ich hoffe, dass die Nachbarn sich nicht beschweren. Nach meinem letzten Fernsehabend haben die mich am nächsten Tag so komisch angesehen. Aber das war Boxen, und wir waren sehr laut, weil wir Wladimir Klitschko angefeuert haben.

»Und das war immer alles vegan?«, fragt Stephie. Sie kann sehr gut kochen und interessiert sich für leckere Rezepte.

»Nee, aber vegetarisch zumindest. Ich kann doch hier nicht immer die Steaks für euch auffahren.«

»Aber Buletten.« Schatzi mag Buletten.

Ich vertiefe die Sache noch mal: »Leute, seit ich diese Abende mache, gibt es immer nur Kartoffelsalat oder Nudelsalat oder Linsensalat. Oder Hummus. Oder Karottensuppe. Nie aufgefallen?«

»Ähm, jetzt, wo du es sagst.«

»Ja, die Karottensuppe ist lecker«, sagt Stephie.

»Finde ich auch«, sagt Schatzi – aber wohl aus anderen Gründen.

Stephie fragt: »Mit Ingwer?«

»Ja, und Orangensaft. Und dann musst du noch ein bisschen Spinat in Chili dünsten.«

»Aah.«

»Ja, aber du musst doch irgendwie satt werden?« Patrick ist ganz blass.

»Sehe ich verhungert aus?«

Endlich springt mir Elena zur Seite. »Ich bin seit über dreißig Jahren Vegetarierin, und mir geht es prima.«

»Echt? Du?« Patrick nutzt die Gelegenheit, um Elena ausgiebig zu mustern. Seine Augen funkeln ein wenig. »Aber da isst man doch immer das Gleiche.«

Lars erzählt: »Die meisten Menschen essen doch immer das Gleiche. Meine Schwiegermutter hat jahrzehntelang einmal pro Woche Gulaschsuppe gemacht oder Buletten mit Bratkartoffeln. Am Samstag immer Pichelsteiner. Ist doch in jeder Familie so. Ein paar Familiengerichte, auf die man sich geeinigt hat. Und die allen schmecken.«

»Ich könnte jeden Tag Rosenkohl essen.«

Das stimmt mit den Gerichten, denke ich. Die meisten Menschen haben so drei bis fünf Gerichte, die sie gut kochen können und die sie gerne essen. Die hat man sich im Laufe seines Lebens angeeignet und da eine gewisse Virtuosität entwickelt, so dass man nicht lange nachdenken muss, wenn Gäste kommen und man weiß: Das kann ich, das schmeckt. Ich habe auch zwei Gerichte, die ich aus dem Effeff kann.

Ich sage: »Während meines Studiums habe ich quasi abwechselnd nur zwei Gerichte gegessen: Spaghetti mit selbstgemachter Tomatensoße. Oder Kartoffelgratin mit Salat oder Spinat.«

»Das klingt gut!«, sagt Elena.

Eigentlich auch vegetarisch, denke ich jetzt. Vielleicht war das bei mir schon latent angelegt, und vielleicht fiel mir deswegen die Umstellung nicht so schwer wie anderen.

»Ja, aber du kannst doch nicht jeden Tag nur Nudeln essen«, sagt Patrick.

»Aber jeden Tag Fleisch, das geht, oder was? Ist ja jetzt auch nicht so die geile Abwechslung.« Elenas Stimme kippt ein bisschen.

Ich glaube, zwischen Patrick und ihr, das wird nichts mehr.

»Komm, lass uns eine rauchen gehen«, sagt Schatzi.

Bevor sie in der Küche verschwinden, gucken sie noch einmal auf den Bildschirm: Eine riesige Halle ist zu sehen, in der sich 30 000 Masthühner drängen. Die Off-Stimme sagt: »In der Realität leben die wenigsten Tiere im Grünen, noch ist ihr Fleisch besonders gesund. Viele Hühner überstehen die kurze Mastzeit in der Massentierhaltung nicht ohne Medikamente ...«

Endlich gelingt es mir, mich zu Elena hinzustrecken. »Nun gib mir bitte die Fernbedienung.«

Elena wehrt mich mit der Schulter ab.

»Mensch, schau dir das an. Die armen Küken.«

Auf dem Bildschirm sieht man Küken, die über Rollbänder transportiert und wie Gegenstände von einer Rampe zur nächsten geschüttet werden – ohne Rücksicht auf ihre zarte Konstitution. Ich frage mich, ob ihnen dabei nicht auch die Knochen gebrochen werden können. Einige purzeln über die Reling des Laufbandes, niemand kümmert sich darum. Was mag wohl aus ihnen werden? Bleiben sie da liegen? Kommen sie wieder aufs Band? An einem der Laufbänder stehen Menschen mit Mundschutz und Gummihandschuhen. Sie inspizieren die Küken und sortieren einige aus, die sie dann vom Band heben und nach unten – wohin, das bleibt verborgen – fallen lassen.

»Jetzt gib mir endlich die Fernbedienung!«

»Ja, ist ja schon gut.«

Ich schalte um. Bei »Germanys Next Topmodel« landen wir mitten in den Livewalks. Anna-Maria und Luisa präsentieren tolle Klamotten und bekommen beide ein Foto – das bedeutet, dass sie eine Runde weiter sind. Von Heidi gibt es Lob und einen Kuss. Ich kann mich ein bisschen entspannen.

Aus der Küche höre ich, wie Patrick lästert. Meine Ohren werden ganz spitz. Das interessiert mich schon, was er zu sagen hat.

»Ich mag keine Veganer. Sie essen meinem Essen das Essen weg.« Dabei lacht er.

Stephie, die mitgegangen ist, obwohl sie nicht raucht, sagt auch was. Ich höre ihre Stimme, kann aber nur ein paar Wortfetzen hören, weil der Fernseher immer noch so laut läuft.

Ich schalte den Ton etwas runter.

»Kann doch jeder machen, wie er will ... Bettina ist okay ... Sie ist total tolerant. Ich habe noch nie erlebt, dass sie etwas sagt ...«

Dann höre ich, wie Patrick Schatzi fragt: »Wie kommst du denn damit so klar? Ich mein, du isst doch auch Fleisch und ...«

»Sie kocht sehr gut.«

Es freut mich, dass Schatzi mich verteidigt. Ich bekomme überhaupt nicht mehr mit, was bei GNTM los ist. Meine Ohren werden immer spitzer und länger.

»Ja, aber sie kocht ohne Fleisch. Das ist doch kein richtiges Essen.«

»Ich habe drei Monate lang nicht gemerkt, dass sie vegan geworden ist.«

»Echt nicht? Das muss man doch merken.«

»Na, vielleicht zwei Monate.«

»Ja, aber die schreibt dir doch bestimmt vor, was du zu essen hast oder nicht. Also das würde ich mir ja nie gefallen lassen. Und dann guckt die einen doch bestimmt so schief an, wie so ein Gemüsenazi.«

Das trifft mich jetzt. Woher kommt das nur, dass die Leute so extrem auf mich reagieren?

Ich höre Schatzi sagen: »Hey, hör mal auf! Ich glaub, du

spinnst. Pass mal auf, was du sagst. Du kennst sie doch gar nicht so gut.«

Puh, denke ich. Auf Schatzi kann ich mich verlassen.

Patrick lenkt ein: »Ich meine doch gar nicht Bettina persönlich. Aber Veganer sind doch echt alle immer so extrem.«

»Wie viele Veganer kennst du denn?«

»Weiß nicht ...« Er klingt eingeschüchtert. »Ach egal, kann jeder machen, was er will. Ich auch. Ich will einfach nicht missioniert werden.«

Habe ich jemals etwas gesagt? Ich fühle mich in die falsche Ecke gedrängt. So bin ich doch gar nicht? So ist doch auch keiner der Veganer, die ich in der Zwischenzeit kennengelernt habe. Alle sind sehr vorsichtig. Keiner missioniert – obwohl ich jetzt, allein um mich an Patrick zu rächen, gerne ein wenig missionieren würde. Aber wie macht man das bloß? Was ist missionieren eigentlich?

Ich vertage die Antwort auf diese Frage. Denn wir beschließen, noch den George-Clooney-Film zu gucken, weil wir von GNTM nicht so viel mitbekommen haben und doch alle noch ein bisschen Spaß haben wollen, seit die Unterhaltung durch das »Nie wieder Fleisch«-Versehen eine andere Richtung genommen hat.

Der Clooney-Film spielt in Las Vegas, und man sieht viel Bling-Bling und Automaten und amerikanisches Junkfood, auch wenn Andy Garcia sich grünen Tee servieren lässt, für den das Wasser nicht gekocht werden darf.

Elena fragt: »Hast du eigentlich noch Cola light?«

»Ja, im Kühlschrank, bleib sitzen, ich hole sie dir.«

Patrick sagt: »Iiiihr trinkt Cola light?«

Elena und ich antworten gleichzeitig: »Ja, warum denn nicht?«

Irgendetwas hat er noch nicht richtig verstanden. Aber ich mag ihn trotzdem. Und er scheint lernfähig zu sein. Denn er steht auf und holt uns die Cola.

Dennoch ist die Luft raus. Eigentlich quatschen wir immer durcheinander. Denn es geht ja auch darum, Spaß zu haben, und das, was wir gucken, ist ja auch nicht so weltbewegend, dass wir jedes Wort mitbekommen müssen, damit wir die Handlung verstehen. Aber diesmal glotzen Elena, Stephie, Schatzi, Patrick, Lars, Delia und ich dumpf auf den Bildschirm. Selbst Clooney kann die Stimmung nicht rumreißen. Das liegt aber nicht an ihm.

Irgendwann ist auch dieser Film zu Ende.

»Tschüüüüs, bis zum nächsten Mal.«

»Ja, tschüs.«

»War schön bei dir.«

»Danke. Mit euch auch.«

Wir wahren alle die Haltung. Typisch hanseatisch eben.

Als meine Gäste weg sind, lasse ich den Abwasch sein. Abwaschen ist ohnehin nicht meine Lieblingsbeschäftigung. Stattdessen gucke ich mir »Nie wieder Fleisch« alleine und zu Ende an. Das gibt mir Zeit, nachzudenken.

Jutta Pinzler beschäftigt sich mit der globalisierten Agrarindustrie: Tierfutter aus Südamerika, Produktion in Europa, billige Exporte nach Afrika und zunehmend nach China, wo der Fleischkonsum steigt. Zerstörung der lokalen Märkte in Ghana, wo wir unsere Produkte so billig anbieten, dass es sich für keinen Bauern lohnt, selbst zu produzieren. Die gesundheitlichen Folgen unseres Fleischkonsums: Antibiotika-Resistenzen, Fettleibigkeit, Herzkrankheiten, Diabetes. Durch Gülle verschmutztes Grundwasser und verschmutzte Landschaften in Deutschland und Europa. Die extreme Armut und Verelendung großer Bevölkerungsschichten in Südamerika als Folge der monopolisierten Futterproduktion für den europäischen Markt.

Eine Frau erzählt, wie ihr Sohn an den Folgen des Pflanzenschutzmittels gestorben ist, das unmittelbar in der Nähe ihrer Hütte gespritzt wurde, und dass ihre Klage vor Gericht abgewiesen wurde. Eine andere Familie zeigt ihre Unterkunft: ein Zelt. An einem Balken hängen eine getrocknete Haxe und ein Beutel Maniok, die einzigen Lebensmittel, die sich die Familie leisten kann. Wenige Tage später ist das Zeltlager abgebrannt worden, weil der Boden als Anbaufläche genutzt werden soll. Die Polizei schützt die Agrarbarone.

Ich habe Leute getroffen, die sagen: »Man muss doch Fleisch essen, damit die Bauern in Südamerika nicht verhungern.«

Jutta Pinzler zeigt ein anderes Bild: Die Menschen verhungern, *weil* wir Fleisch essen, zu viel Fleisch.

Ich bin froh, als der Film zu Ende ist. Es ist ein eindringlicher und sehr kluger Film. Eigentlich ein Film, der wie dafür geschaffen ist, ihn in einer Gruppe und nicht alleine zu gucken, eben weil er nachdenklich stimmt und man darüber reden will. Ich jedenfalls habe das Bedürfnis, über das zu reden, was ich gesehen habe, denke aber, dass meine Gäste, die gekommen sind, um »Germanys Next Topmodel« und eine Krimikomödie mit George Clooney zu sehen, nicht die richtigen Ansprechpartner für so einen Film sind.

Ich lasse den Abend Revue passieren und frage mich, warum mit einem Mal alle so schweigsam waren. Bei Patrick war es klar. Er kannte mich nicht so gut, und er ist *BEEF!*-Abonnent. Aber auch die anderen waren so, na ja, wie soll ich es sagen: so verhalten.

Am nächsten Morgen bin ich immer noch nicht klüger. Warum war die Stimmung hinüber, als klar war, dass ich Veganerin bin? Warum hat mich Patrick als Gemüsenazi bezeichnet?

Ich erinnere mich an eine Studie, die ich neulich gelesen habe. Sie heißt »Do-Gooders Derogation. Disparaging Morally Motivated Minorities to Defuse Anticipated Reproach«[11], was

108

ein ziemlich komplizierter Titel ist. Aber das haben Studien so an sich.

Julia Minson von der Universität Pennsylvania und Benoît Monin von der Universität Stanford haben die Untersuchung durchgeführt. Sie wollten wissen, wie Fleischesser auf Vegetarier reagieren und, in einem zweiten Teil, warum sie – wie sich im ersten Teil herausgestellt hat – oft so feindselig gegen Vegetarier sind.

Im ersten Teil geht es nur darum, Vegetariern einfache Eigenschaften zuzuschreiben. Das Ergebnis ist nicht gerade schmeichelhaft. Knapp die Hälfte (47 Prozent) der Befragten haben sich ziemlich ausgetobt. Sie sagen Dinge wie: Vegetarier sind ärgerlich, arrogant, eingebildet, sadistisch, wertend, anmaßend, dumm, verklemmt, fehlerhaft, moralisierend, wählerisch, komisch, Konformisten, selbstgerecht, militant, verrückt, beschränkt, rechthaberisch, streng, radikal ... und – aha!, denke ich – vegan![12]

Vegan ist also ein Schimpfwort.

Dann ist von »do-gooder« die Rede, von »goody-goody« oder »goody-two-shoes«– was in dieser dreifachen Potenzierung so viel heißt wie: Vegetarier sind fürchterlich scheinheilige Gutmenschen, die einem jeglichen Spaß verderben und so aussehen, als ob sie jeden Tag vor der Arbeit noch in die Kirche gehen. Schon allein durch ihre Anwesenheit klagen sie dich an, und wenn sie dich zu einer Party einladen, geh da bloß nicht hin! Du wirst dich so langweilen wie bei einem Gemeindekaffeekränzchen in der Vorstadt, und wenn du doch hingehst, dann werden sie dir das Gefühl geben, dass du alles komplett falsch machst und du ein jämmerlicher, schlechter, gottloser, gieriger Mensch bist, dessen Sünden selbst im hintersten Winkel der Hölle nicht gesühnt werden können.

Ich schlucke. Das ist ziemlich hart, was die über Vegetarier sagen. Und ich bin Veganerin. Also müssen die über mich doch noch viel schlimmer denken. Ich fühle mich nicht mehr wohl in meiner Haut. Bin ich denn plötzlich so säuerlich geworden wie meine Großtante Frieda, die alles schlechtmachte, was uns Freude bereitete?

Ich trinke erst mal einen Kaffee, um das zu verkraften, und denke dabei an Patrick. Ich frage mich, warum ich ihn nicht sofort rausgeschmissen habe.

Wollte ich beweisen, dass ich doch ein guter Mensch bin, der einen Spaß versteht? Wahrscheinlich. Ich habe, seit ich mich als Veganerin geoutet habe, oft das Gefühl, mich rechtfertigen zu müssen und zu beweisen, dass ich immer noch die alte Bettina bin und fröhlich und überhaupt niemandem in sein Leben reinrede. Tue ich ja auch nicht, aber offenbar denken die Menschen so von mir. Selbst meine Freunde.

Ich bin ein wenig geknickt, aber zum Glück gibt mir der zweite Teil der Studie etwas Hoffnung. Da kommt nämlich raus, dass Fleischesser nur so schlecht über Vegetarier denken, weil sie sich verurteilt fühlen. Sie haben ein fürchterlich schlechtes Gewissen, weil sie denken, dass sie als moralisch minderwertig gelten. Ihnen ist nämlich durchaus bewusst, dass für ihre Fleischeslust Tiere mit dem Tod bezahlen müssen, aber sie rationalisieren das weg – was in einer Gesellschaft, in der Fleisch ein Stück Lebenskraft bedeutet, ein Leichtes ist. In Gegenwart von Vegetariern aber bricht dieses tief verdrängte Schuldbewusstsein wieder hervor. Dann müssen sie in einer Art Reflex von vorauseilender Selbstverteidigung den anderen niedermachen. Verstehe. Ist ja Freud für Anfänger. Aber dennoch nicht besonders schön. Für mich.

Ein paar Tage später telefoniere ich mit Stephie. Sie fragt nach dem Rezept für den Linsensalat und danach, wie es mir so geht.

Ich laviere ein bisschen herum, weil ich nicht weiß, wie ich diesen vergeigten Abend ansprechen soll.

Sie kommt mir zu Hilfe: »Was war denn das eigentlich für ein Film?«

»Halt ein Film für meine Recherchen, weißt du doch.«

»Und hast du dir den noch angesehen?«

»Ja, ich fand den nicht so schlimm. Es gibt noch viel krassere Filme. Da wird dir wirklich schlecht.«

»Ach, das mag ich alles gar nicht wissen. Ich kann das nicht sehen.«

»Ja ...«

Klar will man so was nicht wissen, wenn man weiterhin Fleisch essen will. Und daran erinnert zu werden, dass dafür Tiere sterben müssen, bringt einen in moralische Nöte. Ich will aber nicht, dass Stephie sich schlecht fühlt – sie ist meine Freundin! –, und wechsle deshalb das Thema. »Willst du denn noch das Rezept für den Linsensalat?«

»Sehr gerne.«

Eigentlich ist das Rezept sehr einfach. Alle meine Rezepte sind sehr einfach, denn ich verbringe meist nicht mehr als elfeinhalb Minuten am Herd. Aber ich will ein bisschen Zeit schinden, um doch noch über den Abend zu reden, weiß aber immer noch nicht, wie ich das Thema anpacken kann. Aber nachdem ich erzählt habe, dass der Kniff bei dem Linsensalat der ist, ein paar gehackte Walnüsse beizumengen, ist auch bei mir die Luft raus. Ich frage – nicht einfach, sondern mit klopfendem Herzen:

»Was war denn los? Warum wart ihr alle so schweigsam? Sonst quasselt ihr euch doch alle um Kopf und Kragen.«

»Nun ... ja ... ähm ... Ich finde es gut, dass du dich da so engagierst. Das ist wirklich bewundernswert.«

Ein Kompliment, denke ich. Also will sie mir etwas sagen, was ihr unangenehm ist und will erst einmal an Terrain gewinnen.

»Ja, danke …«

»Ja, also ich könnte das nicht. Mir schmeckt Fleisch, und ich werde nie zum Veganer werden.«

Ich bin erleichtert, dass sie das sagt, weil es mir die Gelegenheit gibt, einzulenken: »Das musst du doch auch gar nicht. Essen ist doch etwas total Individuelles. Das muss jeder halten, wie er will und wie er kann.«

»Ich weiß, dass du niemandem reinredest. Ich muss ja auch nicht immer Fleisch essen. Ich esse sehr gerne Gemüse. Aber mein Mann, der kann sich eine Mahlzeit ohne Fleisch nicht vorstellen. Für den ist das dann kein richtiges Essen.«

»Ist, glaube ich, bei vielen Männern so.«

»Aber ich würde schon mehr Gemüse essen …«

»Nicht wegen mir!«

»Ach«, sagt sie dann, »ich hab einfach so ein fürchterlich schlechtes Gewissen.«

»Wirklich?«

»Ja, total.«

»Aber ich sag doch gar nichts.«

»Ja, tust du nicht. Du bist total tolerant. Wirklich. Das sage ich jetzt nicht nur so aus Scheiß. Aber irgendwie hat man einfach in deiner Gegenwart ein schlechtes Gewissen.«

Wir reden noch ein bisschen, und als ich auflege, denke ich: Meine Fernsehabende sind entstanden, weil ich eine Zone schaffen wollte, wo das schlechte Gewissen keinen Platz hat. Es hatte Hausverbot. Nun ist es hinterrücks eingezogen.

Es macht sich auf dem Sofa breit und grinst mich an.

Ich fürchte, das war der letzte meiner beliebten Fernsehabende. Das macht mich ein wenig traurig.

Nebenbei die Welt retten

Es gibt einen Anti-Veganer-Witz, den sich eigentlich die Fleischesser erzählen, über den aber alle Veganer, die ich kenne, auch lachen. Er geht so:

»Woran erkennt man einen Veganer?«

»Er wird es dir schon erzählen!«

Ja, Veganer erzählen unglaublich gerne, dass sie Veganer sind, und das immer und überall, und ich muss zugeben, dass das mittlerweile auch auf mich zutrifft, obwohl ich die Erfahrung gemacht habe, dass es eigentlich reicht, zu sagen, dass man vegan ist, damit die Unterhaltung in Gang kommt.

Es gibt viele Gründe, warum man es erzählt. Wenn man ausgeht, möchte man sicherstellen, dass man etwas zu essen oder zu trinken bekommt, was keine tierischen Produkte enthält. Wenn man einkaufen geht, möchte man sicherstellen, dass man etwas zu essen oder zu trinken bekommt, was keine tierischen Produkte enthält. Wenn man shoppen geht, möchte man sicherstellen, dass man …

Ach, Sie wissen schon.

Es gibt aber auch noch einen anderen Grund: Man möchte sich verbünden und zusammen die Welt aus den Angeln heben. Alle Veganer sind irgendwo und irgendwie aktiv. Warum das so ist? Ich habe die Theorie, dass die alle nicht wissen, wohin mit ihrer Energie. Das mag an der rein pflanzlichen Ernährung liegen und den vielen Vitalstoffen, die da drin sind und die einen richtigen Kraftschub geben – was nicht nur sogenannten Gesundheitsveganern auffällt, sondern auch den Ethikern, denen es ja eigentlich nicht auf die Gesundheit, sondern vielmehr auf die Vermeidung von Tierleid ankommt. Aber von der hinzugewonnenen Energie profitieren natürlich auch sie.

Sitzen zwei Veganer zusammen, versuchen sie etwas auf die Beine zu stellen und zu organisieren. So uneinig sich die Szene (meines Erachtens vorwiegend im Netz, nicht im persönlichen Gegenüber) ist, so einig ist man sich doch darin, dass noch viel getan werden muss, und so finden sich schnell Leute zusammen, um Flyer zu drucken und zu verteilen, in Fußgängerzonen Info-Stände aufzubauen, Info-Abende zu organisieren, wo man sich Filme ansieht oder Vorträge hört oder Rezepte austauscht. Man trifft sich zu Mahnwachen oder Demonstrationen. Man schließt sich in Vereinigungen und Verbänden zusammen, in Ortsgruppen oder Nachbarschaftskooperativen und macht halt etwas. Und wenn es nur ein gemeinsamer Kochabend ist, bei dem man dann freilich die liebevoll arrangierten Teller fotografiert, die sofort in alle sozialen Netzwerke eingestellt werden, um anderen zu zeigen, wie lecker, bunt, schön, fröhlich, appetitlich und lustvoll veganes Essen sein kann, damit auch Fleischesser Lust bekommen: »Vegan Food Porn«. – Wollen wir doch mal sehen, ob wir die anderen nicht anturnen können? Irgendwas macht man immer, nur so rumsitzen, das macht keiner.

Auch ich habe mittlerweile das Gefühl, ich müsste mich irgendwo engagieren. Das ist wohl der nächste Level in meinem persönlichen Veganisierungsprozess, und ich kann ein wenig verstehen, wenn die Hardcore-Aktivisten sauer sind auf die sogenannten Gesundheitsveganer, denen sie unterstellen, nichts zu tun.

Andererseits: Ich kann auch die Gesundheitsveganer verstehen, die keinen Sinn darin sehen, auf die Straße zu gehen, aber durch ihre Konsum- und Kaufentscheidungen die Bewegung durchaus vorantreiben – vielleicht sogar hin bis in die Mitte der Gesellschaft.

Vielleicht bin ich einfach aus dem Alter heraus, in dem ich die Faust balle und auf die Straße gehe und Parolen skandiere. Ich habe nicht mehr den Zorn in mir, den ich vor vielen Jahren hatte. Damals war es wichtiger Bestandteil des Charakters, »für« irgendetwas zu sein. Oder besser »dagegen«. Startbahn West. Pershing. Atomkraft? Nein, danke. Heute sehe ich die Dinge etwas gelassener. Ich habe gemerkt, dass die Wut nichts bringt. Außer Bauchschmerzen. Die Leute erschreckt das. Sie halten einen nicht für verhandlungsfähig, und es mag sein, dass das früher in der Regel auch gestimmt hat. Ich hätte einigen Leuten durchaus ins Gesicht springen können. Aber wer will das schon mit sich machen lassen?

Ich habe aber auch gemerkt, dass eher der stete Tropfen als die geballte Faust hilft und dass Gottes Mühlen zwar langsam mahlen, aber dass sie mahlen. Deutschland wiedervereinigt? Hätte doch in den siebziger Jahren keiner dran gedacht. Atomausstieg? Vor zehn Jahren noch undenkbar.

Vielleicht bin ich nicht alt, sondern einfach nur realistisch geworden. Die Leute sind halt, wie sie sind – was kann man da schon machen? Andererseits gab es da die Wutbürger von Stuttgart 21. Viele von denen waren deutlich älter als ich und reckten immer noch die Faust in die Höhe.

Ich rege mich halt nicht mehr auf, wenn die Leute essen, was sie essen. Einerseits. Andererseits bin ich total genervt von meiner Freundin Charlotte, die die ganze Zeit wegen ihrer 40 Kilo Übergewicht jammert und erzählt, dass sie mal eine hübsche Frau war (was sie immer noch ist!) und die Männer total hinter ihr her waren (was sie immer noch sind!), und die steif und fest behauptet, sie würde ja schon so wenig essen, dass man kaum weniger essen könnte. Und nur Gemüse, so wie ich das tue, zu essen, das käme für sie nicht in Frage, und das Einzige, worauf sie nicht verzichten möchte, sei Jagdwurst (Industriejagdwurst aus der Plastikfolie wohl bemerkt) zum Frühstück, zwei Scheiben, und abends die Flasche Rotwein.

Ich denke, soll doch jeder anziehen, was er will. Einerseits. Andererseits verstehe ich nicht, warum Leute immer noch Pelz tragen müssen, und das noch nicht einmal, um sich zu wärmen, wofür ich bei sibirischen Verhältnissen und wenn wir vor 200 Jahren gelebt hätten, ein gewisses Maß an Verständnis aufgebracht hätte – sondern einfach nur, weil er die Kragen ihrer Parkas ziert und man damit dann ein wenig so pompös und glamourös aussieht wie Elisabeth I. von England.

Ich denke, soll doch jeder kaufen, was er will. Einerseits. Andererseits bringt es mich innerlich auf die Palme, wenn meine Nachbarinnen sich das billigste Billigfleisch aus der Kühltheke angeln, aber gleichzeitig Autos fahren, die im Stop-and-go des Großstadtverkehrs (und da nehmen sich Berlin und Hamburg nicht viel) sportliche 20 Liter pro 100 Kilometer verbrauchen.

Ich denke, soll doch jeder denken, was er will. Einerseits. Andererseits macht es mich wütend, wenn mein Kollege sich über die Armutsflüchtlinge hier mokiert und selbst noch nie so etwas gespürt hat wie Hunger oder Durst und die Angst, den nächsten Tag nicht zu erleben. Und es ihm gutgeht, gemessen an den Verhältnissen dieser Flüchtlinge, und er ja auch jeden Tag sein Schnitzel bekommt, wenn er will, ihm also nichts fehlt, was er für sein Leben als notwendig betrachtet.

Ach Mist, denke ich. Ich muss etwas tun. Das kann man doch nicht einfach alles so stehenlassen.

Am 1. November ist Weltvegantag. An diesem Tag ist viel los in der veganen Szene, so viel, dass ich mich nicht recht entscheiden kann, was ich machen will.

Eine Demo? So weit bin ich noch nicht. Wie gesagt: Die geballte Faust und skandierte Parolen – das ist etwas her und muss auch nicht so schnell wiederkommen.

Einen Infostand? Nur wo und was und mit wem? Eine Antitierversuchsdemo am Flughafen? Puh. Das Anliegen ist redlich. Ich spüre auch die Wut hochkochen. Aber da geht es mir wie mit den Demos. Skandieren und Parolen rausschreien – entweder ist die Zeit dafür wirklich vorbei, oder ich muss erst den nächsten Veganisierungslevel erreichen.

Was dann? Ich entscheide mich für einen Flashmob am Berliner Alexanderplatz, auf den ich über eine vegane Aktionsseite im Netz aufmerksam werde und für den ich extra aus Hamburg anreisen muss. Aber was tut man nicht alles für die gute Sache?

Ich habe eine Sympathie für Flashmobs, obwohl ich noch nie bei einem war. Aber sie erscheinen mir amüsant. Aus dem Nichts passiert etwas, und alle Leute gucken zu und sind mächtig überrascht. Und so schnell sich da etwas formiert hat, so schnell gehen alle wieder auseinander. Diese Form des Protests entspricht eher meinem Veganisierungslevel – und auch meinem Charakter.

Marén, die den Flashmob organisiert, ist erst seit anderthalb Jahren Veganerin, hat aber vorher schon zwei Jahre lang kein Fleisch gegessen. Ihre Entscheidung wurde auch von Jonathan Safran Foer beflügelt. Aber bei ihr war es nicht das Mitleid mit den Seepferdchen, sondern es ging um die Verantwortung, die ein Mensch tragen kann und trägt. Sie hat bei Foer etwas gelesen wie: »Wir können nicht erwarten, dass jemand anderes unsere ethischen Entscheidungen trifft. Das müssen wir schon selbst machen. Die Lebensmittelindustrie nimmt uns diese Entscheidung nicht ab. Sie will profitieren.« Daraufhin sei sie ins Grübeln gekommen und sehr schnell Vegetarierin, dann aber Veganerin geworden. Sie wollte nicht verantwortlich sein für den Tod von so vielen Tieren.

Ich bin beschämt, weil sie so jung ist und sich schon so reife Gedanken macht. Sie sagt, sie sei gar nicht so jung, sondern schon Mitte dreißig. Ich hätte sie locker zehn Jahre jünger geschätzt. Aber das ist typisch für Veganer. Sie sehen alle so viel jünger aus, dass man denken könnte, es sei eine Jugendbewegung.

Marén ist von Beruf Informatikerin und hat in diversen veganen Organisationen und Tierschutzvereinen mitgemischt. Nun will sie selbst etwas auf die Beine stellen. Da muss sie sich mit keinem absprechen.

»Ich fand, irgendetwas muss man doch machen«, sagt sie. Ihr Plan ist einfach: Wir schreiben alle auf ein Schild, warum wir vegan sind, also: »Vegan, weil ...« Dann sollen wir auf ein Tonsignal hin alle das Schild hochhalten und fünf Minuten starr verharren. Das klingt praktikabel.

Doch es ist gar nicht so einfach, zu sagen, warum ich vegan bin. Weil es mir schmeckt? Darüber bin ich schon hinaus. Weil es gesund ist? Das ist schön, trifft es aber nicht. Ich halte es tatsächlich in der Zwischenzeit nicht nur für eine außerordentlich gesunde, sondern auch für eine außerordentlich gute Sache. Doch warum? Was ist es, was mich persönlich, also in diesem Moment dazu bewegt? Was würde ich jemandem sagen, wenn er mich fragen würde, warum ich vegan bin – was natürlich keiner tut, denn wen auf dem Alex interessiert es schon, ob da ein paar Veganer stehen und ein Schild hochhalten – oder vielleicht doch? Um das herauszufinden, fahre ich ja hin.

Es muss auf jeden Fall etwas Großes sein, denn wir feiern ja nicht den städtischen Vegantag oder den Kreisvegantag, sondern nichts Geringeres als den Weltvegantag, also muss ich mein Anliegen schon etwas globaler fassen. Doch was schreibe ich bloß?

Da fällt mir ein: Vor zwei Wochen sind wieder über hundert afrikanische Flüchtlinge vor der Mittelmeerinsel Lampedusa ertrunken. Das hat mich sehr berührt. Wieso müssen Menschen überhaupt aus ihrer Heimat fliehen? Weil Krieg ist? Weil sie keine Zukunft haben? Weil sie nichts zu essen haben?

Ich denke wieder an Jutta Pinzlers Film über die Agrarindustrie. Es ging darum, dass das Futter für die Tiere billig aus Entwicklungsländern importiert wird und wir das Fleisch dann wieder exportieren. Es ging darum, wie die Europäische Union mit diesen Agrarexporten die Märkte in Afrika kaputtmacht und die Bauern dort nicht mehr das erwirtschaften können, was sie brauchen, um ihre Familien zu ernähren, und letztlich verarmen. Es ging um riesige Fischtrawler, die vor der Küste Senegals ihre Beutezüge machen – 200 Tonnen Fisch täglich, der vorwiegend zu Fischmehl verarbeitet wird, das an Tiere verfüttert wird, die wir in Europa essen. Ein senegalesischer Fischer bräuchte für einen Fang dieser Größe fünfzig Jahre. Es ging darum, dass wir hier in Europa nur die weiße, zarte Hähnchenbrust essen und die ganzen schrumpeligen Hähnchenflügel und schrumpeligen Hähnchenfüße dorthin exportiert werden, wo man nicht ganz so wählerisch sein kann.

Ach, es ging um so vieles, und es ging um Hunger. Es wurde auch eine Studie erwähnt, in der es um das Verhältnis von Getreide und Fleisch geht. Später suche ich sie und erfahre, dass man, um ein Kilogramm Fleisch herzustellen (ich mag diesen Begriff nicht, weil ich finde, dass »herstellen« und »Tiere« nicht zusammenpassen, aber so steht es überall), man je nach Tierart bis zu 16[13] Kilogramm Getreide benötigt. Das heißt: Würden wir alle gleich das essen, was angebaut wird, also Gemüse und Ge-

119

treide, wo die Kalorienbilanz 1:1 ist, und es nicht, wie es heißt, vorher zu Fleisch »veredeln«, könnten alle Menschen satt werden. Die Tiere der Reichen (vorwiegend in der nördlichen Hemisphäre) essen den Armen (vorwiegend in der südlichen Hemisphäre) das Essen weg.

Das sollte genug sein für den Weltvegantag, aber mir fällt noch mehr ein. Mir fällt ein, dass es laut Weltkatastrophenbericht des Internationalen Komitees vom Roten Kreuz seit 2011 mehr Übergewichtige auf dieser Welt gibt als Hungernde.[14] Und diese Übergewichtigen leben hier in den Industriestaaten der Nordhalbkugel. Mir fällt auf, dass meine Entscheidung, vegan zu leben, eben auch genau mit dieser Ungerechtigkeit zu tun hat: dass ich es nicht mehr rechtfertigen kann, hier auf mein tägliches Stück Fleisch zu bestehen, wenn daran so eine Verschwendung, so viel Ungerechtigkeit, ja und auch Ignoranz und so viel Unbarmherzigkeit hängt.

Ich schreibe beherzt in meine Tastatur: »Vegan, weil alle Menschen satt werden sollen.« Das soll auf meinem Schild stehen.

Während ich den Satz auf mich wirken lasse, fällt mir noch etwas ein: Hunger war ein großes Thema in unserer Familie, obwohl ich ihn nie persönlich erleben musste, worüber ich sehr froh bin. Aber meine Mutter war ein Kriegskind, und sie hat oft davon erzählt, dass sie als Kind nichts zu essen hatte und sie viel geweint hat, weil sie hungrig zu Bett gehen musste und noch viel hungriger wieder aufgewacht ist. Davon hat sie öfter erzählt als von den Bombenangriffen, die sie sogar während der Kinderverschickung (ausgerechnet vom zerbombten Hamburg ins dann zerbombte Hagen) erlebt hatte.

Obwohl meine Mutter oft über den Hunger sprach, war er in Wirklichkeit kein Thema mehr. Denn unser Kühlschrank und unsere Vorratsschränke waren immer so voll, dass wir damit über Wochen hätten auskommen können. Für alle Fälle, man weiß ja nie. Und als Truppen des Warschauer Paktes im August 1968 den Prager Frühling niederschlugen, füllte meine Mutter noch einmal auf. »Der Russe kommt.«

Kurzum: Alles, was wir wollten und uns schmeckte, war jederzeit und im Übermaß verfügbar. An Lebensmitteln wurde nie gespart.

Ich bin keine Ärztin und keine Psychologin, aber ich würde wagen zu behaupten, dass das Erlebnis, hungern zu müssen, meine Mutter traumatisiert hat. Sie hat immer mehr gegessen, als notwendig war, und so, als ob morgen die Welt untergehen würde, was ihrer Kriegskinderseele durchaus realistisch erschien. Heute wiegt sie rund 140 Kilo. Das ist so viel, dass es sogar über die Norm der Krankenhausbetten hinausgeht. Als meine Mutter krank wurde, stellten wir fest, dass sie für maximal 130 Kilo konstruiert sind.

Man könnte also meinen, dass das eine Lehre war und 140 Kilo genug sind, aber es ist nicht genug, es ist nie genug – meine Mutter langt noch immer zu, sooft und soviel sie kann. Es beschämt mich, zu sehen, wie sie die Teller, wenn sie zum Büfett geht, so voll häuft, dass die Lebensmittel ungeordnet übereinanderliegen und über den Rand zu fallen drohen – anstatt sich ein hübsches Mahl zu arrangieren. Es beschämt mich, dass sie sich nicht beherrschen kann und sie auch auf mein Zureden nicht reagiert hat. (Also damals, als ich noch zur Schule ging und bei ihr wohnte und sie immer auf Diät setzen wollte.) Es beschämt mich, dass sie so außer Kontrolle ist, aber ich weiß auch, dass sie nichts dafür kann.

Es ist eben nicht der individuelle Hunger meiner Mutter, der mich beschämt, sondern der kollektive Hunger einer ganzen Generation. Diese Generation füllt ihre Kühlschränke bis zum Bersten, hat einen übervollen Vorratskeller und räumt die Büfetts leer, so dass Gastronomen geschickt kalkulieren müssen, um einen guten Schnitt zu machen. Das hat mir ein Kollege, dessen Eltern ein Hotel in Kärnten führten, einmal bestätigt. Er sagte: »Diese Generation frisst und frisst und frisst, als ob es kein Morgen gäbe.«

Was mich an diesem Hungertrauma so traurig macht, ist, dass es statt Mitleid ganz offensichtlich eine Gier provoziert und einen Tunnelblick auf die eigenen, eigentlich längst überwundenen Nöte. Diese Kriegskindergeneration ist die, denke ich, die glaubt, es ohne Fleisch nicht aushalten zu können. Es ist die Generation der Milchseen und Butterberge und der übervollen Kühlschränke und der Lebensmittel, die im Müll landen, und der Müllberge. Der dicken Autos und der Pelzmäntel. Der Gedanke, achtsam zu sein, erfährt sie als ein Sich-einschränken-Müssen, es aktiviert das Trauma offenbar von neuem. Und sie gibt so diese Gier weiter, die sich aus dem Gefühl des Zu-kurz-gekommen-Seins – im Wortsinne – speist. Obwohl es doch offensichtlich ist, dass es so, wie es ist, nicht weitergehen kann: mit den leergefischten Meeren und den übervollen Tierställen und den brandgerodeten Wäldern, dass wir umdenken müssen, wenn wir vermeiden wollen, dass wir alle an den Schäden, die dieser Konsumterror mit sich bringt, leiden und vielleicht auch untergehen.

Aber was ist mit den anderen? Denen, die jetzt Hunger leiden? Was kann man tun? Es könnte doch alles so einfach sein, denke ich: »Vegan, weil alle Menschen satt werden sollen.«

Ich finde meinen Spruch gut. Er enthält viel mehr, als ich auf den ersten Blick dachte. Er spricht globale Probleme an: den Welthunger, Armut, Umweltverschmutzung, Klimawandel und Kriege um Ressourcen. Das passt – zum Weltvegantag.

Am nächsten Tag gehe ich in den Copyshop, um meinen Vegan-Satz auf eine passable und gut sichtbare Größe kopieren zu

lassen. Mein Satz soll strahlen – über den ganzen Alexanderplatz.

Ich komme mit dem Highspeed-Copymonster, vor dem ich
stehe, nicht zurecht und bitte einen jungen Mann um Hilfe.

Er fragt: »Was willst du?«

»Vergrößern. Ist für 'ne Demo.«

Natürlich schaut er auf das Plakat. »Ey, vegan.« Er dreht sich
zu mir und mustert mich. »Bist duuu vegan?«

Puh, denke ich. »Ja, das bin ich.«

»Haha, vegan, haha, das heißt doch auf Indianisch: zu faul
zum Jagen. Haha.«

Ich sage nichts, während er auf den Knöpfen herumdrückt
und die Einstellungen justiert.

»Wenn man mit dir ausgeht, darf man dann keinen Burger
essen, oder was?«

Ich sage immer noch nichts und denke: Mit dem Typen würde
ich bestimmt nicht ausgehen.

»Was guckste denn so böse. Hab ich was gesagt? So typisch,
gehst wohl zum Lachen in den Keller? So sind sie alle, diese
Veganer. Alles Spaßbremsen.«

Er dehnt das »a« in »Veganer«. Ich frage mich, wie er darauf
kommt und ob er noch andere Veganer kennt, aber ich traue
mich nicht, ihn das zu fragen. Er ist so anti.

»Bist du fertig mit den Einstellungen?«

»Ja.«

Bssst, bssst. Das Copymonster macht ordentlich Lärm. Der
Mann geht davon und redet mit seinem Kumpel. Ich habe den
Eindruck, sie lästern über mich und gucken mich an, und ich
bin froh, dass ich ein hübsches Kleid anhabe und hohe Schuhe,
für die ich kurz zuvor noch ein Kompliment bekommen habe.
Ha, die können mich mal, denke ich, aber dann höre ich, dass die
sich so richtig festgebissen haben an dem Thema. Ich höre Sätze

fallen wie »Ja, immer diese Gemüsefaschisten«, diese »Ökoterroristen«, und einer der beiden sagt sogar »Gemüsehitler«. Ich glaube, dass sie extra so laut sprechen, damit ich auch höre, was sie denken.

Ich merke, wie das Blut in mir hochkocht. Jetzt erst recht, denke ich, die ich eigentlich immer dachte: Ach, sollen die Leute doch machen, was sie wollen. Nun aber bin ich bereit für meinen ersten, wenn auch sehr kleinen Sabotageakt – und hoffe, dass er funktioniert: Ich lasse das Original meines Vegan-Posters im Drucker liegen und stelle auf 200 Kopien ein.

Zum Glück zahle ich bei einer jungen Frau, die von allem nichts mitbekommen hat und der die beiden Kerle die Arbeit überlassen, während sie weiter lästern.

»Vergrößern, vier Kopien?«, fragt die junge Frau, als sie auf einen Zähler guckt. »Macht 16 Cent. Wollen Sie es noch zuschneiden?«

»Nein, danke.«

Vorm Verlassen des Shops gehe ich noch einmal an meinem Highspeed-Copymonster vorbei und drücke auf den grünen Knopf. Bssst, bssst, bssst, bssst, bssst ...

Gutes Gerät, denke ich! Schafft richtig was weg.

Alexanderplatz, 18:20 Uhr. Wir treffen uns bei der Weltzeituhr. Wir sollen uns nicht zu erkennen geben und erst, wenn das Signal aus der Tröte kommt, unsere Schilder hochhalten. Ich gehe hin und her und versuche herauszufinden, wer noch dabei ist. Von meinen »Chaostheorie«-Freundinnen ist keine dabei, auch niemand aus dem »Vego«-Clübchen. Zwei Frauen erkenne ich wieder, aber nur weil sie mir gesagt haben, dass sie ihre beiden Hunde mitnehmen. Wir dürfen aber nicht miteinander sprechen – so ist die Regel. Der Flashmob soll ja überraschen. Also schlendere ich weiter auf dem Platz auf und ab. Mein Plakat liegt geschickt gefaltet in einer Papiertüte von »Budapester Schuhe«, die ich mit Bedacht ausgewählt habe, weil dort Lederschuhe verkauft werden und das dann sehr unvegan wirkt, wenn ich so eine Tüte in der Hand habe.

Es ist schon dunkel, überall brennen die Lampen. Unter der Weltzeituhr spielt einer Lieder mit deutschen Texten auf der Gitarre. Ich höre ein wenig zu, solange es noch nicht losgeht. Er singt tatsächlich über das harmonische Miteinander von Gottes Kreaturen und die Schöpfung und das Paradies. O Gott. Ist der bestellt? Wenn ja, was für ein fürchterlicher, kitschiger Blödsinn, und spielen kann der auch nicht! Da sind mir die »Fuckin' Faces« ja noch lieber – auch wenn die auch nicht singen können und das auf seine Weise auch sehr kitschig ist, was sie machen. Aber es hat wenigstens Tempo.

Aber nein, der Straßenmusiker gehört nicht zu uns. Er packt seine Gitarre in den Koffer und sammelt seine Plakate und das Geld ein, das er von den Passanten bekommen hat. Morgen habe er ein Konzert, er würde sich freuen, wenn man dahin käme. Jetzt tut es mir leid, dass ich so schlecht über ihn gedacht habe.

18.35 Uhr. Immer noch kein Signal. Jemand spricht mich an und sagt, ich solle noch bleiben. Marén käme später, irgendwas hätte nicht geklappt. Verdammt, denke ich, woran hat sie erkannt, dass ich Veganerin bin? Ist meine Transformation so schnell vonstattengegangen? Wachsen mir grüne Blätter aus dem Kopf? Ich schaue an mir runter, finde aber nichts, was mich ausweisen könnte.

Ich gehe weiter auf dem Platz herum, und endlich sehe ich eine blonde Frau mit einem Megaphon. Auch meine Mitstreiter sehen sie, denn sie formieren sich alle so wie abgesprochen. Die Stimme der blonden Frau dröhnt durch das Megaphon: »Freeze!«

Wir halten alle unsere Schilder hoch und verharren so.

»Vegan, weil alle Menschen satt werden sollen«.

Wow! Da stehe ich nun und trage meine Frohe Botschaft hinaus in die Welt. Ich kann nicht sehen, was die anderen geschrieben haben, weil wir alle in eine Richtung gucken. Deshalb fange ich an zu zählen, wie viele wir sind. Eins, zwei ... knapp fünfzig Leute. Immerhin, das ist doch nicht schlecht für meine erste vegane Aktion.

Die anderen freilebenden Veganer, die ich nun ungeniert mustern kann, sehen alle recht unterschiedlich aus, so dass ich immer mehr zu der Erkenntnis komme: Den Klischee-Veganer, von dem alle immer reden, den gibt es gar nicht.

Da steht eine schmale junge Frau im gelben Twinset, die ein wenig aussieht wie eine englische Austauschschülerin aus den Fünfzigern. Ein kräftiger junger Mann mit schwarzen Hosen und schwarzem Sweatshirt und dickem Parka und viel Blech im Gesicht. Eine Frau mit grauen Haaren, aber völlig faltenfreiem Gesicht. Ein paar Freundinnen, Typ Versicherungssachbearbeiterin, praktischer Kurzhaarschnitt und Konfektionsgröße 42. Dann einige vom Typ »Studenten« und »Wehrdienstverweigerer«. Die blonde Frau mit dem Megaphon ist die einzige, die wirklich exzentrisch aussieht: platinblondes Haar, roter Minirock, schwarze Boots. Aber vegan? Ich sehe keine Ökos, ich sehe keine Extremisten, ich sehe ganz normale, nette Menschen. Es ist ein bunter Haufen, dessen einziger gemeinsamer Nenner ist, dass sie sich vegan ernähren und, wie ich, am Weltvegantag etwas tun wollen.

Ja, was tun. Da waren wir stehen geblieben. Wir sehen auf diesem weitläufigen Platz zwischen Weltzeituhr und Saturn etwas verloren aus – etwa so wie ein ziemlich ausgedünnter Wald mit Bäumen, die keine Blätter mehr haben. Bäume im November – das passt doch. Es ist auch nicht so, dass die Passanten jetzt unbedingt stehen bleiben und gucken. Viele gehen vorbei, sie haben es eilig. Schnell zur U-Bahn, schnell zur Tram. Schnell noch zur Sparkasse, die hinter uns ist. Ich habe den Eindruck, dass da einige sind, die sich fremdschämen, als sie uns sehen, aber vielleicht gehen die auch immer so geduckt. Ich will das jetzt nicht auf mich und uns beziehen. Nicht am Weltvegantag.

Ich schäme mich nicht. Ich bin nicht der Typ, der sich schnell schämt. Mir ist fast nichts peinlich. Ich weiß schon, dass ich zu laut und zu viel rede und nicht immer nur Kluges von mir gebe. Oft verspreche ich mich. Es gibt Leute, die das zum Anlass nehmen, sich über mich lustig zu machen. Besonders laut und zu viel rede ich, wenn ich ein Glas Wein getrunken habe – aber so was ist mir egal, denn andere tun das auch, und das ist ja auch der Sinn des gemeinsamen Trinkens, dass man etwas lockerer wird. Wenn es ein richtig guter Abend war, dann ist es am nächsten Tag doch sowieso vergessen. Und wenn man sich an den Abend erinnern kann, war es kein guter Abend – so einfach ist das. Gut trainieren kann man das im Karneval, wenn man mit albernen Kostümen loszieht und mit fremden Menschen komische Lieder mit komischen Texten singt. Danach kann so ziemlich nichts mehr passieren, was einen beschämt.

Und hier trete ich für eine sehr gute Sache ein, finde ich. Da muss mir erst recht nichts peinlich sein.

»Vegan, weil alle Menschen satt werden sollen«.

Ich finde: Ich habe alles richtig gemacht. Wenn ich nur lesen könnte, was die anderen für Sprüche hochhalten. Meine Arme tun langsam weh, das Blut läuft heraus. Ich sehe, dass auch die anderen ihre starre Haltung etwas auflösen. Bei der Bundeswehr würde man sagen: »Stehen Sie bequem.« Aber ganz bequem geht nicht, wir haben noch etwas durchzuhalten. Fünf Minuten! Das sollten wir für die gute Sache schon schaffen.

Ich starre geradeaus in Richtung C&A und Kaufhof und bin kein bisschen entmutigt, obwohl es den Leuten wirklich egal ist, ob wir hier stehen oder nicht. Nur einmal gibt es etwas Unruhe, als zwei junge Männer mit dickem Döner in der Hand quer durch unsere Formation laufen. Sie lachen und sagen Dinge wie: »Ich mag Fleisch, weil es gut schmeckt. Haha«, und: »Wenn Gott nicht wollte, dass wir Tiere essen, warum hat er sie dann aus Fleisch gemacht. Haha.«

»Tröööttt!« Unsere Aktion ist zu Ende, und wie es sich für einen Flashmob gehört, gehen alle in verschiedene Richtungen auseinander und tun so, als ob wir uns nicht kennen – was ja für mich durchaus zutrifft.

Ich stehe an der Bahn und denke über unsere Aktion nach. Also, der Weltfriedenskongress war es jetzt nicht gerade, und Picasso wird uns auch keine Taube malen, und das liegt nicht nur daran, dass Picasso tot ist. Uns wird auch kein anderer eine Taube malen, auch nicht der Straßenmaler, der vor dem Bahnhof mehr oder minder erkennbare Porträts von Madonna, Michael Jackson, Robbie Williams und Nelson Mandela (Was hat der bloß in dieser Gesellschaft zu suchen? Aber vielleicht passt Mandela einfach immer) mit Kreide auf die Straße gebannt hat. Und das liegt auch nicht daran, dass er nur Porträts von weltweit bekannten Persönlichkeiten malt.

Dennoch denke ich: Vegan scheint doch sehr provokant zu sein, wenn die beiden Dönertypen gleich so zynisch werden mussten. Es scheint sie doch gejuckt zu haben, sonst hätten sie nicht solche Sprüche losgelassen. Auch die Copyshop-Jungs waren ganz angefasst. Die können es zumindest nicht einfach so unkommentiert stehenlassen.

Ich denke: Wir Veganer müssen einfach viel, viel mehr werden und viel, viel präsenter sein, dann klappt das schon. Ich hoffe, dass ich mir das alles nicht nur einrede, weil ich mir nicht eingestehen will, dass der Flashmob jetzt nicht so die große Sache war. Der Mensch neigt ja dazu, sich die Dinge schönzureden.

Als ich die Fahrkarte ziehen will und mit dem Automaten etwas überfordert bin, höre ich dem Gespräch eines jungen Pärchens (sie dick, er dick, beide dunkelblaue Windjacken) zu.

Der Mann sagt: »Haste die gesehen? Diese Vegan-Spinner mit ihren Plakaten? Da waren doch echt heftige Bilder dabei. Von den Tieren da. Im Käfig. Die haben mir echt den Appetit auf so ein Grillwürstchen verdorben.«

»Das ist doch nicht dein Ernst«, sagt sie, »dass du so ein Würstchen von diesen Bauchläden essen willst? Ekelhaft ist das.«

»Doch, wollte ich, aber jetzt nicht mehr.«

Wow, denke ich: Das ist ein Anfang. Aber auch: Es ist noch viel zu tun. Denn das Wort »Vegan-Spinner« sitzt natürlich schon. Hey, wir haben Weltvegantag! Das ist unser Tag. Da kann man ja wohl ein bisschen netter sein.

Aber dann kommt meine Bahn. Ich fahre rüber in den Westen zu Jean-Christian Jury ins »La Mano Verde«, dem einzigen veganen Restaurant auf Sterneniveau. Es ist im Hinterhof des Kempinski-Hotels am Ku'damm gelegen. Als wir aus dem Bahnhof Friedrichstraße herausfahren, sehe ich auf der rechten Seite den Schiffbauerdamm und das Berliner Ensemble und denke: Bertolt Brecht. Hat er nicht gesagt: »Es ist so viel gewonnen, wenn auch nur einer aufsteht und nein sagt«? Wir waren immerhin fünfzig, die nein gesagt haben!

Im (komplett ausgebuchten, was mich freut) »Mano Verde« bestelle ich das Festtagsmenü zum Weltvegantag (Birnen-Walnuss-Suppe, Pilz-Risotto mit Trüffel und Kerbelpesto und den berühmten Triple Chocolate Fudge, einen Schokokuchen mit Schokofüllung und Schokosoße, nach dem man einen seligen Schokotod stirbt) und eine Flasche Wein.

Es ist mein erster Weltvegantag, meine erste vegane Aktion und mein erstes gerettetes Grillwürstchen – man muss die Feste feiern, wie sie fallen.

Ich habe es satt und gehe auf die Straße

Am nächsten Tag stellt Marén die Bilder von unserem Flashmob ins Netz. Nun sehe ich, was die anderen so geschrieben haben:

»Vegan, weil ich kein Tierleid mehr unterstützen will.«

»Vegan, weil Tiere ein Recht auf Leben haben.«

»Vegan, weil Tiere fühlen.«

»Vegan, weil kein Gaumenkitzel Tierquälerei rechtfertigt.«

»Vegan, weil es nicht Wurst ist.«

Dazu Fotos von niedlichen Schweinen, Kühen, Hühnern und Hunden. Das mit den Hunden soll darauf hinweisen, dass es keinen Unterschied gibt, auch wenn wir die einen Tiere essen und die anderen (zumindest in Europa) nicht. Alle Tiere sind gleich zu behandeln. Mehr noch: Alle Lebewesen sind gleich zu behandeln.

Und dann gibt es Bilder von in Käfigen eingezwängten Tieren, verdreckten Tieren, Tieren mit offenen Wunden, Tieren mit Geschwüren. Tieren, die leiden und einen mit großen Augen ansehen, als ob sie sagen wollten: »Helft mir!« Jedes Hündchen, das einen so ansieht, würde man auf den Schoß nehmen und streicheln. Aber ein mit Kot verdrecktes Schwein? Ein gerupftes und krankes Huhn?

Mir wird schlecht. Das werden wohl die Bilder gewesen sein,

die auch dem Mann in der U-Bahn den Appetit auf das Grill-würstchen von einem dieser Bauchladenverkäufer verdorben haben, die am Alexanderplatz herumschwirren und ihre Ware für einen schlappen Euro verkaufen. Der Mann hat einen Zusammenhang gesehen zwischen den billigen Würstchen und den kranken Tieren. Das kommt nicht oft vor, aber hier hat es gewirkt. Zum Glück.

Es ist mir ein wenig unangenehm, dass ich die Einzige bin, die sich mit ihrem Spruch nicht auf die Tiere bezogen hat, sondern auf den Hunger in der Welt. Vielleicht war es doch ein bisschen zu abstrakt für die Passanten. Ich habe auch keine Bilder auf mein Plakat geklebt, so wie meine Mitstreiter. Was hätte ich denn auch für Bilder nehmen sollen? Hungernde Kinder im Südsudan oder Somalia?

Ich habe schon im Konfirmandenunterricht, wo wir Broschü-ren für »Brot für die Welt« verteilt haben, gelernt, dass die Menschen eigentlich davon nichts wissen wollen. Ach, lass mich doch damit in Ruhe. Ich bin mit meinem christlich verordnetem Anliegen genauso abgeblitzt wie Karlheinz Böhm, der 1981 in einer »Wetten, dass…?«-Sendung erfolgreich darauf wettete, dass nicht einmal jeder dritte Zuschauer bereit sei, auch nur eine D-Mark für die hungernden Menschen in der Sahelzone zu spenden. Und Böhm war immerhin der Kaiser.

Ach, es ist so viel Elend in der Welt. Immer dieses schlechte Gewissen, weil es einem gutgeht. Dann dürfte man ja gar nichts mehr machen. Wo soll man denn da anfangen?

Ich schaue mir die Flashmob-Fotos noch einmal an. Viele Tiere. Bin ich eigentlich tierlieb? Das kann ich so nicht sagen. Ich mag Tiere. Allerdings kann ich auch nicht sagen, dass ich einen besonderen Bezug zu Tieren habe. Ich hatte nie ein Haustier. Ich habe viermal die Schule gewechselt und bin bislang achtmal umgezogen seit meinem Auszug von zu Hause. Ich habe immer in der Großstadt gewohnt und immer unterm Dach. Meist ohne Aufzug. Das ist schon für einen Menschen sehr unbeständig, aber einem Tier, das seinen festen Rahmen braucht (oder müssen die das gar nicht haben? Ich weiß es eben nicht), ist das nicht zuzumuten.

Wahrscheinlich war es das Beste und Tierliebste überhaupt, gar kein Tier zu besitzen bei so einem wechselhaften Lebenswandel.

Das einzige Tier, das ich jemals besessen habe, war ein Frosch. Ich war neun Jahre alt, glaube ich, und der Schulweg führte an einem Mühlbach vorbei, wo ich im Frühjahr Froschlaich herausholte, der mich an die mit Sago angedickte Suppe erinnerte, die wir in dem pädagogischen Reformprojekt oft zu Mittag bekamen. Der Laich war wabbelig und schwabbelig, und ich bewahrte ihn in einem riesigen Einweckglas auf und beobachtete, was geschah. Aus dem Laich wurden kleine schwarze Punkte und aus den Punkten Striche und aus den Strichen dickere Striche, die zappelten und sich bewegten wie kleine Fische. Ich habe diese Striche, es waren nicht viele, mit dem Fischfutter gefüttert, das wir vor dem Schwimmbad aus einem roten Automaten herausdrehten wie aus einem Kaugummiautomaten. Unter der Brücke, die zum Schwimmbad führte, war nämlich ein künstlicher Teich gelegen, und deshalb war der Automat da. Man streute Futter in den Teich, und sofort wurde es unruhig unter der Wasseroberfläche. Von oben konnte man beobachten, wie es schäumte und brodelte und sich tummelte. Das Orange der Fische schien durch die Wasseroberfläche hindurch. Zehn Pfennige kostete das Schauspiel, und das war es uns Kindern wert, auch wenn wir unser Geld lieber in den Pommes-Automaten steckten, der an der Kreuzung zur Post stand. Aber das kostete eine Mark.

Dieses Futter kaufte ich nun für meine schwarzen Striche und ließ es in mein Einweckglas fallen. Die dicken schwarzen Striche wurden noch dicker. Ab und an wechselte ich das Wasser, wenn es grünlich und moosig wurde. Mit einem Eimer holte ich frisches Wasser vom Bach. Es gab jedes Mal eine ordentliche Überschwemmung, weil das Glas dann doch sehr schwer war und ich es kaum halten konnte, aber sichergehen wollte, dass keines der schwarzen Fischchen rausfiel. Ich setzte lieber das Bad unter Wasser, als einen meiner Fische auf dem Boden zappeln zu sehen. Natürlich geschah das doch, und so kam es, dass sich letztlich nur ein Frosch aus der Kinderhandvoll Laich entwickelte.

Ich nannte ihn »Quaki«, legte ihm Steine in sein Reich, ein paar Halme zum Herausklettern, wegen der Lungen, die er bekommen sollte oder schon hatte. Ich hatte so etwas in einem, wenn ich mich recht erinnere, »Was ist was?«-Buch gelesen. Ich fütterte ihn weiterhin mit dem Fischfutter und stellte ein offenes Glas Marmelade neben das Glas, so dass Insekten angezogen wurden, von denen ich hoffte, dass sich Quaki die schnappte. Ich weiß nicht, woran es lag, aber als ich eines Tages von der Schule kam, schwamm Quaki tot in seinem Glas. Es tat mir unendlich leid, und ich habe das Glas genommen und ihn am Waldrand feierlich beerdigt. Das Kreuz bastelte ich aus Eisstielen.

Quaki war, auch wenn es das einzige Tier war, das ich jemals besaß, nach ein paar Wochen vergessen. Aber es hat mich Mitleid gelehrt. Ich habe im Laufe meines Lebens viel und auch für unsere Längengerade viel Exotisches gegessen: Qualle, Stierhoden, Lunge, Taube, Hühnerfüße – Froschschenkel nie.

Ansonsten sind meine Tiergeschichten eher oberflächlich. Die einzigen Tiere, mit denen ich jetzt ab und an meine Wohnung teile, sind Exemplare der Hauswinkelspinne, die, wie der Name sagt, in den Winkeln des Hauses ihren natürlichen Lebensraum haben. Da kann ich immerhin von mir sagen, dass ich sie immer, wenn sie in der Badewanne lauern, nicht wegspüle, sondern nach draußen trage. Genau genommen ist das eine Aufgabe für Schatzi, und es kommt schon einmal vor, dass ich einen Tag nicht dusche, weil ich a.) die Spinne nicht wegspülen möchte und b.) mich so davor fürchte, sie selbst nach draußen zu tragen. (Ich bin eben wirklich arachnophob, das ist jetzt nicht nur Tussigetue.)

Ich finde, es ist ein großes Zeichen von Tierliebe, eine Spinne, die sich gegen so einen dicken Wasserstrahl nicht wehren kann, nicht einfach den Abfluss runterzufluten. Tierliebe bei einem Kätzchen mit runden Augen und weichem Fell, das behagliche Geräusche von sich gibt, wenn man es krault, das ist einfach. Spinnen Achtung entgegenzubringen ist da schon eine Stufe weiter. Meine Meinung.

Dann habe ich noch ein Eichhörnchen, das mich auf meinem Balkon besucht und seine Nüsse in meinem Kräutergarten versteckt. Es kommt aber nicht oft, und ich habe ihm noch keinen Namen gegeben. Ich weiß auch nicht, ob es immer dasselbe Eichhörnchen ist. Aber es ist Teil meiner persönlichen Fauna.

Und sonst? Es gab die Tiere meiner Halbschwester, die wesentlich älter ist, weswegen wir nicht zusammen aufgewachsen sind. Sie lebte auf dem Land an der (damals) innerdeutschen Grenze und hatte viele Tiere. Als ich anfing, sie regelmäßig zu besuchen, waren es vier Whippets: Sammy, Davis, Junior und Martin. Dean war gestorben. (Sie sehen schon, welchen Musikgeschmack meine Schwester hatte.) Und dann hatte sie noch acht Katzen, deren Namen ich mir nicht alle merken konnte. Außerdem Hühner, Tauben, eine Ziege und noch ein paar Hunde, größere, die als Wachhunde dienen sollten, weil in dem alten Forsthaus, das sich meine Schwester umgebaut hatte, oft eingebrochen wurde, da es etwas abseits stand.

Was ich an den Hunden mochte, war, dass sie sich wie Perlen an einer Schnur aneinanderkuschelten. So lagen sie stundenlang auf dem Sofa und schliefen. Ansonsten waren sie immer hungrig und sprangen hoch, wenn man etwas zu essen in der Hand hatte. Oder auch so, aus Freude. Das war besonders nach dem Aufstehen unangenehm, weil sie einem mit ihren Krallen die Beine zerkratzten.

Mein Liebling aber war Kater Leo, von dem meine Schwester sagte, dass er eine Kreuzung aus Kater und Ozelot wäre. Ich weiß nicht, ob das überhaupt geht, aber Leo hatte tatsächlich so ein typisches Wildkatzenfell und auch etwas Raubtierhaftes in seinem Charakter. Leo nahm es, was auf dem Land nicht ausblieb, nicht nur mit Mäusen, sondern auch mit Ratten auf. Ich bilde mir ein, dass er mich auch mochte, denn immer, wenn ich meine Schwester besucht habe, kam er zu mir – und nur zu mir – und ließ sich ausgiebig kraulen.

Das war also meine Geschichte mit Tieren. Sie ist nicht besonders lang, und sie ist auch keine Liebesgeschichte. Sie handelt eher von flüchtigen Affären und kurzen Flirts, aber zumindest von solchen, an die man sich erinnert. Das kann man nicht von jeder Affäre sagen.

Dennoch würde ich mich durchaus als tierlieb bezeichnen. Natürlich lässt es mich nicht kalt, wenn ich – wie neulich etwa – die Nachricht lese über einen Schäferhund, dem zwei Jugendliche einen Silvesterböller in die Schnauze gesteckt, die Schnauze mit Paketklebeband zugeklebt und dann den Böller gezündet haben. Oder von einem Tierquäler, der einem Schwan an der Hamburger Alster den Schnabel zugenagelt hat, so dass dieser nicht nur Schmerzen hatte, sondern auch verendet wäre, hätte man ihn nicht rechtzeitig entdeckt. Ich bin aber auch gerührt von der Rettung vierer englischer Baby-Eichhörnchen, die durch den Hurrikan Kate aus dem Baum geweht und von einer Passantin entdeckt und zum Tierarzt gebracht wurden, und nun so quicklebendig sind, wie es sich für Eichhörnchen gehört. Wer würde nicht empört oder gerührt sein, wenn er so etwas sieht oder liest?

Ich denke, ich bin tierlieb im allgemeinen Sinn. Meine eigenen Verdrängungsmechanismen halfen mir dabei, das zu glauben, und auch meine Erinnerungen an das Dorf, in dem ich aufgewachsen bin und wo ich wirklich sogenannte glückliche Tiere gesehen habe. Grunzende Schweine auf der Wiese. Kühe, die grasten. Hühner, die gackerten, und einen Hahn, der einen morgens durch sein Krähen weckte. Das sind die Bilder, die man heute in der Werbung sieht und die mich glauben ließen, es sei immer noch so. Ich hatte – wie die Nachbarin von Peter Singer, die er im Vorwort seines Buches »Die Befreiung der Tiere« schildert – kein Problem damit, mich als tierlieb zu bezeichnen und trotzdem ein Sandwich mit Schinken und Käse zu essen. Mir war der Zusammenhang nicht bewusst.

Die Bilder der Tiere, die meine Flashmob-Mitstreiter gezeigt haben, haben mir diesen Zusammenhang schlagartig wiederhergestellt. Ich fange an nachzudenken über diese Tiere, über die ich mir nie im Detail Gedanken gemacht habe. Und ich fange an nachzulesen, wie es ihnen so geht.

Meine erste Recherche führt mich zu den Hühnern. Ich lese, dass die meisten Hennen, also knapp zwei Drittel von insgesamt mehr als 36,5 Millionen Legehennen in Deutschland[15] nicht mehr in Legebatterien, sondern in Bodenhaltung leben.

Das stimmt mich erst einmal froh, denn die Bilder von zu lebenslanger Bewegungsunfähigkeit verurteilten Tieren waren mehr als beklemmend. Dann aber erfahre ich, dass Bodenhaltung auch nicht viel besser ist. Denn Legehennen leben meistens mit 6000 Tieren zusammen in einer Halle, und sie haben im Schnitt 1111 Quadratzentimeter Platz, was, das rechne ich sofort aus, weniger ist als zwei DIN-A4-Seiten. Ein Gedränge wie bei einem Rockkonzert – ein Leben lang. Also unter Bodenhaltung und glücklichen Hühnern habe ich mir etwas anderes vorgestellt.

Dieses Gedränge führt dazu, dass die Tiere aufeinander losgehen, sich die Federn ausreißen und sich manchmal auch töten. Sie werden halt bekloppt bei der Enge, was ich gut nachvollziehen kann. Um das zu vermeiden, säbeln die Hennenhalter den Küken die Schnabelspitzen mit einem heißen Messer oder einem Laser weg. Das ist sehr schmerzhaft, weil die Schnabelspitzen mit Nervenenden durchzogen sind – so wie unsere Zunge. Eigentlich ist das verboten, aber Ausnahmegenehmigungen sind schon die Regel. Ich lese, dass diese Legehennen so hochgezüchtet sind und mit Hochleistungsfutter so gedopt, dass sie rund 300 Eier pro Jahr legen[16], während Ur-Hühner ursprünglich viermal im Jahr auf ein Gelege von fünf bis zehn Eiern kamen, das sie ausgebrütet haben. Ich lese: Die Käfig-Hühner leiden unter Knochenschwäche, weil ihnen durch die vielen Eier, die sie legen müssen, der Kalk aus dem Skelett entzogen wird und sie oft an Eileiterentzündung leiden – weil sie so viele Eier legen. Sie sterben deswegen oft einen frühen Tod, aber sie werden ohnehin nicht alt, weil sie nach über einem Jahr so ausgezehrt sind, dass sie geschlachtet werden. Ich lese, dass ein Huhn normalerweise über 20 Jahre alt werden kann. Sie sterben also alle als ausgezehrte Jungtiere.

Nun will ich unbedingt Stephie anrufen und ihr davon erzählen. Aber ich will sie ja auch nicht nerven mit meinen neuen Erkenntnissen. Während ich so hin- und hergerissen bin, fällt mir auf, dass alle circa 36,5 Millionen Legehennen natürlich Weibchen sind, und ich frage mich: Was passiert mit den Männchen? Werden sie gemästet und landen dann als Broiler auf dem Grillspieß? Sind die Legehennen die Suppenhühner und die

Gockel dann für die Mast bestimmt? Die Bilder, die wir von den Legehennen zu sehen bekommen, zeigen meist Hennen und keine Hähne, denn die haben einen roten Kamm, so viel weiß selbst ich, und ich habe von Tieren, wie gesagt, jetzt nicht wirklich viel Ahnung.

Was passiert also mit den Männchen? Ich finde, das ist eine Frage für meine Veganforen. Ich logge mich – immer noch unter Blanche de Milo – in eines der Foren ein, wo sich besonders viele Tieraktivisten tummeln, und stelle meine Frage: »Was passiert eigentlich mit den männlichen Hühnern? Werden die gemästet?«

Es dauert keine Minute, bis ich einen der schlimmsten Clips zu sehen bekomme, die ich jemals gesehen habe. Der Forumskollege, der mir einfach mit diesem Video auf meine Frage antwortet, warnt mich noch: »ACHTUNG, BLUT!«

Ich frage ihn noch, was da passiert und was das soll, aber da ich neugierig bin, klicke ich den Film an: Ich sehe ein Bild mit vielen piepsenden flauschig-gelben Küken, wie man sie aus der Werbung kennt, die in einer, ich kann es nicht genau erkennen, Art Karton aus Stahl sitzen und einen mit runden Augen angucken. Dann sieht man eine Hand, die auf einen Knopf drückt. Und dann sieht man blutigen Brei. Der Film dauert sechs Sekunden. Es dauert ebenfalls Sekunden, bis ich realisiere, was ich da gesehen habe: Die Küken werden bei lebendigem Leib in einen Mixer geworfen. Ich starre fassungslos auf den Bildschirm.

Es gibt einen Cartoon, der im Netz kursiert, und er zeigt einen Mixer, in dem ein Frosch schwimmt. Auf der niedrigen Stufe gibt sich der Frosch noch zuversichtlich, aber je höher die Umdrehungen sind, desto mehr bettelt er um sein Leben. Auf der höchsten Stufe ist er Froschsaft. Ich fand den Clip nicht lustig, obwohl er lustig gemeint ist. Aber ich finde, man macht mit so was keine Scherze, und das sage ich nicht nur, weil ich eine besondere Beziehung zu Fröschen habe. (Quaki in memoriam.)

Aber das, was ich gerade gesehen habe, ist noch nicht einmal ein Cartoon. Es ist echt. Es sind echte Küken, die einfach in einen überdimensionalen Mixer geworfen und zu Brei gemacht werden. Mir schießen die Tränen in die Augen, weil ich das so furchtbar finde, und ich starre weiter auf den Bildschirm, weil ich gelähmt bin vor Schreck.

Der Aktivist, der mir den Clip geschickt hat, muss es geahnt haben, denn er schreibt mich sofort an und versucht mich zu beruhigen. Ich sage ihm, dass ich noch nie so etwas Schlimmes gesehen habe und nun hier vor dem Rechner sitze und heule. Er versucht mich zu trösten und sagt, dass er ein paar Petitionen initiiert hat, um das zu stoppen. Ja, was eigentlich stoppen? Er erzählt, dass allein in Deutschland bei der Eierproduktion um die 50 Millionen männliche Eintagsküken geschreddert werden, weil man sie nicht braucht. Sie setzen kein Fleisch an, deshalb mästet man sie nicht.

Wie nicht braucht? Was nicht braucht? Man kann doch Tiere nicht so behandeln wie einen kaputten Stuhl!

Doch, sagt er. Genau das passiert.

Wir chatten noch hin und her, weil ich ganz aus der Fassung bin und einfach jemanden zum Reden brauche und sage ihm, dass ich total schockiert bin und mich frage, wer sich solche Maschinen ausdenkt und wer sie konstruiert. Er schickt mir daraufhin Bilder von Katalogen, wo die Vorzüge dieser Maschinen angepriesen werden. Sie heißen in der Fachsprache »Homogenisatoren«, in der Umgangssprache, so sagt er, heißen sie »Muser«, weil die Tiere zu Mus gemacht werden. Kükenmus. Mir ist schlecht.

Ich verabschiede mich und rufe Schatzi an, der sich bislang wegen meiner zunehmenden Veganisierung keine Sorgen gemacht hat, auch wenn er jetzt nicht mehr die Gerichte vorgesetzt bekommt, die er von seiner Mutter kennt. Nun hat er das erste Mal Angst, dass ich mir zu viel zumute mit meinen Recherchen.

»Du musst dir solche Filme doch nicht ansehen!«

»Es waren nur sechs Sekunden, ich habe es gar nicht gerafft und währenddessen gechattet.« Ich mache eine Pause. »Ich muss das tun. Beim Vegansein geht es doch auch um Tiere«, sage ich. »Ich muss das doch wissen!«

Ich heule immer noch.

»Aber du musst dir das nicht ansehen. Versprich mir das!«

»Ja«, sage ich und weiß, dass ich lüge. Denn ich hatte mir schon vorgenommen, einige Filme anzusehen, die zum veganen Pflichtprogramm gehören. Zum einen »Earthlings«, der dokumentiert, wie Tiere als Lieferant von Fleisch und Kleidung behandelt und ausgebeutet werden. Joaquín Phoenix, immerhin einmal römischer Kaiser und in dieser Rolle verantwortlich für das gigantische Abschlachten von Tigern, Löwen und Geparden im Kolosseum, spricht den Off-Text, und Moby hat die Musik dazu gemacht. Beide für lau, weil sie das Thema so bedeutend fanden. Der andere Film ist von Sir Paul McCartney und heißt »Wände aus Glas«. Aus dem Film stammt die Wendung: »Wenn Schlachthäuser Glashäuser wären, würden alle Menschen Vegetarier sein.«

Ich gehe zu Bett und liege noch lange wach. Wieso weiß das keiner? Wieso redet keiner darüber? Weil ich nicht schlafen kann, beschließe ich zu lesen. Auf meinem Nachttisch liegt Melanie Joys Buch »Warum wir Hunde lieben, Schweine essen und Kühe anziehen«. Gudrun hat es mir geliehen. Das Cover zeigt ein Wiener Schnitzel, was als Kind und eigentlich bis vor kurzem mein Lieblingsessen war. Es ist das erste Mal, dass ich keinen Appetit auf ein Wiener Schnitzel habe. Die Pommes daneben reizen mich schon.

Melanie Joy schreibt ziemlich philosophisch, und ich verstehe nicht alles, was sie sagt. Aber eins schon: Sie sagt, dass, wenn sich unsere Wertvorstellungen (zum Beispiel Tierliebe) nicht mit unserem Handeln (Tiere essen) decken, wir zwei Möglichkeiten haben, mit diesem Konflikt umzugehen. Ich lese mal vor: »Wir können unser Verhalten so ändern, dass es zu unseren Wertvorstellungen passt. Oder wir können unsere Wahrnehmung des eigenen Verhaltens so verändern, dass dieses scheinbar zu unseren Wertvorstellungen passt.«[17]

Hm, denke ich, immer noch aufgewühlt. Da ist was dran. Wir lügen uns in die eigene Tasche und biegen uns die Wahrheit zurecht, und da alle es tun, denken wir, es sei normal. Sie bezeichnet dieses System der Wahrnehmungsverschiebung, wenn es ums Fleischessen geht, als »Karnismus«. So wie man Vegetarier und Veganer nicht nur als Menschen bezeichnen könne, die es ablehnen, Fleisch oder sämtliche Tierprodukte zu essen, sondern als Menschen betrachten müsse, die ein politisches und ethisches Anliegen haben (O Gott, ich auch? Ist es schon so weit?), so stecke hinter dem Essen von Fleisch und dem Befürworten von Fleischkonsum auch eine ethische Haltung: eine Haltung, die Gewalt an Tieren für normal und notwendig erklärt. Es sei eine Ideologie.

Ich lese das Argument noch mal, denn es ist nicht einfach, und ich bin, wenn auch aufgeregt, so doch auch sehr müde.

Karnismus sei eine Ideologie und die Norm, so wie etwa das Patriarchat im Verhältnis zum Feminismus Ideologie und Norm war.

Nun kann ich wieder folgen. Die bedeutendste Eigenschaft von normverstärkenden Ideologien aber sei, dass sie unsichtbar sind. Denn wenn etwas unsichtbar bleibt, kann es nicht benannt werden, es kann auch nicht darüber gesprochen werden und kann damit nicht hinterfragt, nicht kritisiert und auch nur schwer abgeschafft werden. Die Unsichtbarkeit wirkt selbststabilisierend.

Das habe ich gerade selbst erfahren: Das karnistische System sorgt dafür, dass die Wahrheit nicht ans Licht kommt. Deshalb wissen wir nichts über die Küken, die geschreddert werden, und so vieles andere auch nicht. Und weil wir es nicht wissen, erheben wir uns nicht dagegen und kritisieren es nicht und machen einfach nicht den Mund auf.

Es ist doch jetzt wirklich total egal, denke ich schon recht müde, ob ich tierlieb bin oder nicht, weil ich nie ein Tier besessen habe und mich deswegen nicht traue, mich als tierlieb zu bezeichnen. Ich muss etwas tun. Ich muss endlich meine Stimme erheben, ich muss auf die Straße.

Am nächsten Morgen ändere ich erst einmal meinen Nickname. Ich heiße jetzt auch im Forum Bettina Hennig. Dann unterschreibe ich einige Petitionen, und nicht nur die gegen das Schreddern von männlichen Küken bei lebendigem Leibe, mit Dr. Bettina Hennig. Das klingt ein wenig gewichtiger.

Einige Tage später erfahre ich, dass in Berlin eine riesige Demo gegen die Agrarindustrie geplant ist. Direkt zum Auftakt der Grünen Woche in Berlin. »Wir haben es satt!« ist das Motto, und das scheint mir angesichts der industriellen Ausbeutung von Tieren, über die ich mich – vom Kükenschock halbwegs erholt – weiter informiert habe, genau das Richtige zu sein. Nun bin ich auf dem richtigen Veganisierungslevel für Demonstrationen. Wenn ich schon nicht die Wut spüre, die mich früher auf Demos getrieben hat, so doch das blanke Entsetzen und den unbedingten Willen, etwas zu tun.

Die Demo hat 46 Trägerorganisationen, 14 Förderer und diverse Medienpartner. Das ist ein paar Nummern größer als der Flashmob auf dem Alex, obwohl ich dessen Wirkung durchaus nicht geringschätzen möchte. Initiatorin der Demo ist die Kam-

pagne »Meine Landwirtschaft«. Sie sitzt in der Berliner Marien-
straße, drei Gehminuten vom Berliner Ensemble entfernt. Schon
wieder Brecht, denke ich, als ich nach dem Weg frage. Das ist
ein gutes Omen. Als ich vor dem Gebäude ankomme, muss ich
lachen. Ich glaube, es ist das Gebäude mit der größten Gutmen-
schendichte, die ich jemals gesehen habe. Alles, was in der NGO-
Szene Rang und Namen hat, hat hier sein Büro: Greenpeace,
Terre des hommes, Klima-Allianz, Global Press News, um nur
ein paar zu nennen. Und Lichtblick.

Über eine Holztreppe gelange ich in den zweiten Stock, wo das
Orga-Büro von »Meine Landwirtschaft« liegt. Die Räume sind
fast entvölkert. Eine der Mitarbeiterinnen, die für die Mobilisie-
rung verantwortlich ist, macht mir einen Tee. Sie schließt eine
Versicherung für die »Schnippeldisko« ab, wo später an einem
anderen Ort über eine Tonne Gemüse, das nicht den EU-Nor-
men entspricht und eigentlich weggeworfen worden wäre, zu
Suppe für die Demohelfer verarbeitet werden soll. Als sie davon
erzählt, denke ich: eine gute Idee, vielleicht brauchen sie ja
noch Hilfe. Ich schreibe mir die Adresse auf. An der Wand hängt
ein Zeitplan auf einer Plane aus Packpapier – mit vielen Auf-
gaben.

Iris, die sich um die Presse- und Öffentlichkeitsarbeit kümmert und die ich eigentlich sprechen möchte, holt sich gerade
um die Ecke etwas zu essen.

Als sie wiederkommt, denke ich, es ist vielleicht doch nicht der
richtige Moment, mir das jetzt alles erklären zu lassen. Denn
wenn sie den ganzen Tag zu tun hatte und jetzt erst dazu kommt,
etwas zu essen, möchte sie vielleicht ihre Ruhe haben. Denn
essen und organisieren und mit mir reden ist vielleicht doch etwas zu viel auf einmal. Aber Iris sagt, es sei in Ordnung. Sie ist
wohl erprobt in Multitasking, denke ich und bin beeindruckt.
Ich bekomme ja noch nicht einmal meinen Schreibtisch auf-

geräumt und Panik, wenn ich zwei Termine am Tag koordinieren muss.

Iris hat Biologie studiert, mit Schwerpunkt Botanik, und eine Promotion über ein Naturschutzthema angefangen, aber dann gemerkt, dass sie sich eher für Agrarwirtschaft interessiert. Sie hat sich dann hier auf eine Stelle beworben, sie bekommen und ist dabeigeblieben. Das ist kurz zusammengefasst, ein Leben dauert natürlich länger.

Aber dass die Entscheidung richtig war, merkt man sofort. Sie glüht für ihr Thema und erzählt von der Demo, ihrem Anliegen, dem, was sie vorhaben und bewirken wollen. Und vielleicht ist dieses Glühen auch der Grund, warum sie keinen Stress hat, das alles auf einmal zu bewältigen, was andere durchaus aus der Koordinationskurve geworfen hätte.

»In der EU wurde gerade wieder eine neue GAP-Reform verabschiedet.«

GAP habe ich schon einmal gehört. »Gemeinsame Agrarpolitik der EU!«

»Genau. Da geht es um die Zukunft der Bauern und der Landwirtschaft. Über 40 Prozent des EU-Etats werden dafür ausgegeben. Das sind 55 Milliarden Euro. Aber die wenigsten wissen, wie diese Reform unsere Landwirtschaft tagtäglich beeinflussen wird und welche Lebensmittel wir dann bekommen. Welche Landwirtschaft wird mit diesen Subventionen gefördert? Welche ist in Gefahr? Wir sehen diese Kampagne als Infoplattform, ›Wir haben es satt!‹ ist unser Aktionszweig. Wir wollen darüber aufklären, was mit unseren Steuergeldern beschlossen wird, und auch Einfluss darauf nehmen, was damit gefördert wird. Es ist wichtig, die Bürger aufzuklären, denn wir haben alle ein Recht auf günstiges *und* gesundes Essen.«

Ja, denke ich, recht hat sie: Fleisch ist im Verhältnis zu Gemüse so billig, weil es hoch subventioniert wird. Ich frage mich:

Wenn die »Deutsche Gesellschaft für Ernährung« empfiehlt, fünf Portionen Gemüse oder Obst am Tag zu essen, warum wird das dann nicht gefördert?

Iris reißt mich aus meinen Gedanken und erzählt eine Geschichte: »Ein Freund hat sich neulich einen Döner gekauft. Das war exemplarisch, was da passiert ist. Der Verkäufer fragte: ›Willst du noch ein bisschen mehr Fleisch drauf?‹ Mein Freund antwortete: ›Nein, danke, lieber noch ein wenig mehr Salat.‹ Daraufhin der Verkäufer: ›Hey, 'nen Döner für zwei Euro fünfzig kaufen, aber mehr Salat haben wollen?‹ Das finde ich bezeichnend«, sagt Iris. »Gemüse ist teurer als Fleisch. Das geht nur durch hochsubventionierte Fleischproduktion. Da läuft was schief.«

Ich nicke. Hab ich doch gerade gesagt. Ähm, nein, gedacht.

»Die in der Tiermast eingesetzten Antibiotika bedrohen unsere Gesundheit. Sie bewirken Resistenzen. Das führt schon heute zu massiven Problemen. Auch den Tieren geht es nicht gut. Sie werden der Industrie angepasst und nicht umgekehrt.«

Ich denke an die Schnabelkürzungen.

»Dacian Ciolos hat viele Vorschläge für eine Strukturreform der EU-Agrarpolitik eingereicht.«

»Da-wer?«

»Der EU-Agrarkommissar.«

Ich schreibe mir den Namen in Lautschrift auf und beschließe, ihn später im Netz zu suchen. Hab ich noch nie gehört.

»Er will mehr Umweltschutz, Nachhaltigkeit, gerechtere Subventionen, mehr Verbraucherschutz ... Er will die bäuerliche Landwirtschaft fördern, das heißt mehr Geld für kleinere Betriebe statt für die Agrarindustrie ... Einige Forderungen hat er durchbekommen, viele wurden kassiert. Jetzt geht es um die nationale Umsetzung der GAP, die ist noch nicht beschlossen. Die würden wir gerne beeinflussen, aber ob wir das können, steht leider auf einem anderen Blatt ... Die Dominanz der multinationalen Unternehmen muss eingeschränkt werden, und wir müssen wieder zu einer bäuerlichen, regionalen Agrarwirtschaft gelangen. Das ist auch von globalem Interesse. Knapp 900 Millionen Menschen hungern weltweit.«

Ha, denke ich. Es geht also doch um Hunger und nicht nur um Tiere und Bauern. Ich spüre ein wenig Genugtuung, obwohl niemand, außer mir selbst, meine Flashmob-Parole in Frage gestellt hat.

»Multinationale Unternehmen kontrollieren über 50 Prozent des Saatguthandels. Die Artenvielfalt geht verloren. Monokulturen haben einen erhöhten Einsatz von Pestiziden zur Folge. Das muss eingeschränkt werden. Jedes Jahr stirbt ein Drittel der Bienenvölker in Europa und den USA. Das Transatlantikabkommen ...«

Ein Drittel der Bienen? Jedes Jahr? Ich rechne nach: Das sind im ersten Jahr 33,3 Prozent der Bienen, bleiben – Moment! – 66,6 Prozent übrig. Im zweiten Jahr sterben davon wieder ein Drittel. Das sind 22,2 Prozent, bleiben 44,4 Prozent. So geht das immer weiter. In dem Bienen-Film »More Than Honey« wurde das auch schon gesagt. Aber dass es so dramatisch ist, hätte ich nicht gedacht. Mir schwirrt der Kopf. Wie bekommt Iris das nur geregelt, diese ganzen Zusammenhänge zu verstehen? Ich gucke sie an. Ich verstehe, was sie mit jedem einzelnen Punkt meint, und bin auch total damit einverstanden. Aber was meint sie im Großen und Ganzen? Wo ist der Fokus? Worum geht es hier eigentlich?

»Worum geht es hier eigentlich?«

»Wir haben es satt, Bettina! Wir haben die Agrarindustrie satt!«

Okay, das verstehe ich. Habe ich auch. »Aber was ist mit den Tieren?«

»Wir müssen weg von der industriellen Massentierhaltung und bäuerliche Landwirtschaft profitabel machen.«

Ich denke an die grasenden Kühe aus meiner Kindheit. Ich habe die grunzenden Schweine vor Augen, die grünen Wiesen, den krähenden Hahn.

Ich verabschiede mich, denn Iris und ihre Mitstreiter müssen noch eine Meldung für die Presse rausschicken. Auf dem Weg nach draußen sehe ich auf einem Tisch Kartoffeln liegen und Äpfel und ein paar Kohlköpfe.

»Was ist das?«, frage ich.

»Unser ›Solidarische Landwirtschaft‹-Gemüse!«

Aha, Genossenschafts-Gemüse. Das kenne ich. Man zahlt den Bauern einen festen Betrag für ihr Gemüse, also wie so eine Art Abo, wodurch sie Einkommenssicherheit und damit Stabilität in ihrer Produktion haben, und man selbst bekommt pro Woche einen festen Anteil Gemüse und Obst geliefert. Man kauft den Bauern sozusagen die Ernte im Voraus ab.

Das ist gut, denke ich. Sehr gut. Wie alles hier im Haus.

Als ich am nächsten Morgen auf dem Weg zur Demo bin, denke ich über das Gespräch mit Iris nach: Würde ich wieder Fleisch und Eier essen und Milch trinken, wenn die Bauern gut mir ihren Tieren umgehen würden? Wenn alles von glücklichen Kühen, Schweinen, Hennen stammen würde? Nein. Fleisch kann ich mir gar nicht mehr vorstellen, Milch und alle Sachen, die man daraus macht, auch nicht. Eier manchmal. Aber noch bin ich nicht rückfällig geworden.

Mich beschäftigt noch ein anderes Problem. Wo laufe ich mit? Bei den Bauern und Bäuerinnen, die hier schon mit den Traktoren warten? Nein. Da gehöre ich einfach nicht hin, und ich vermute, dass die mich auch nicht mögen werden, wenn sie erfahren, dass ich Veganerin bin. Bei den *Grünen*? Ich gehöre keiner Partei an, auch hier nicht. Bei den Imkern, die ordentlich Dampf machen mit ihren Heupfeifen? Mit denen habe ich ja nun gar nichts zu tun, obwohl ich Bienen mag. Bei Slow Food fühle ich mich auch nicht zugehörig. Sie essen gut, aber sie essen eben auch Fleisch.

In dem Moment läuft eine Gruppe an mir vorbei, die T-Shirts mit der Aufschrift »Hamburg vegan« trägt. Meine Leute, denke ich und folge ihnen wie eine Graugans Konrad Lorenz. Wir gehen an Menschen vorbei mit Transparenten in allen Farben. Orange, Gelb und natürlich viel Grün. Einige Leute haben sich als Kühe, Schweine oder Bienen verkleidet, andere, wie die Imker, sind in ihrer Tracht gekommen. Meine Leute gehen zur Albert-Schweitzer-Stiftung. Perfekt. Ich bin sowieso mit denen nach der Demo zu einem Brunch im »MioMatto« von Björn Moschinski verabredet. Außerdem habe ich vor ein paar Tagen mit einem Konstantinos aus der Wissenschaftsabteilung der Stiftung korrespondiert, der mir bei meiner Seepferdchenrecherche sehr behilflich war.

Bei der Stiftung bekomme ich Broschüren in die Hand gedrückt, die ich verteilen soll. Hm. Was ist denn das? Auch ohne meine Brille erkenne ich: »Vegan. Die gesündeste Ernährungsweise«. Das unterschreibe ich sofort und verteile es auch gerne. Auf der anderen Broschüre steht: »Selbst, wenn Sie Fleisch mögen …«

Das ist geschickt. Das ist nicht gleich so vorverurteilend, denn schließlich sind wir ja alle nicht als Veganer geboren und haben alle mal Fleisch gegessen, außer man hat Hippie-Eltern gehabt, die Vollvegetarier waren, aber da wird man das wohl schon aus Protest spätestens in der Pubertät konträr gemacht haben. Alle fühlen sich ja gleich so schuldig in der Gegenwart von Veganern, das muss nicht sein.

Ich verteile kräftig meine Broschüren, die die vielen Passanten am Leipziger Platz auch tatsächlich gerne entgegennehmen. Das macht mir Mut. Nur ein Bauer, der an seinem Traktor lehnt, guckt mich grimmig an. Aber das hatte ich ja schon vermutet, dass Bauern und Veganer jetzt nicht so die dicke Interessengemeinschaft sind, auch wenn wir beide Teil einer großen Demo sind. Vielleicht hätte ich ihm die »Selbst wenn Sie Fleisch mögen«-Broschüre anbieten sollen. Ich lasse es sein, der Drops ist gelutscht.

Ich skandiere mit: »Wir haben es satt!« Und auch: »Tiere fühlen, Tiere leiden – jetzt für Mitgefühl entscheiden!«

Na bitte, denke ich. Geht doch noch, auch wenn es eine Weile her ist, als ich das letzte Mal auf einer Demo war.

Als wir in die Wilhelmstraße einbiegen, kommen meine Rufe schon wie aus einem Mund mit den anderen. Vor der Hausnummer 54, dem Berliner Dienstsitz des Bundesministeriums für Ernährung, Landwirtschaft und Verbraucherschutz, halten wir an. Lobbyministerin Ilse Aigner, die große Freundin der Agrarindustrie und noch viel größere Freundin der Agrochemiekonzerne wie BASF und Bayer, ist vor einer Weile hier ausgezogen. Ich bin unsicher, ob jetzt Heiko Maas, der neben der Justiz auch für Verbraucherschutz zuständig ist, oder Hans-Peter Friedrich, der nun für Ernährung und Landwirtschaft zuständig ist, Aigner beerbt hat. Aber egal, wer hier jetzt sitzt, wir wollen ihm gleich mal zeigen, wo es langgeht, und brüllen aus vollen Kehlen:

»Tiere fühlen, Tiere leiden – jetzt für Mitgefühl entscheiden!«

»Tiere fühlen, Tiere leiden – jetzt für Mitgefühl entscheiden!«

»Tiere fühlen, Tiere leiden – jetzt für Mitgefühl entscheiden!«

Und für den Fall, dass das aus bestimmten Gründen missverständlich sein sollte, legen wir noch mit folgendem Spruch nach:

»Achtung statt Schlachtung!«

»Achtung statt Schlachtung!«

»Achtung statt Schlachtung!«

Ich brülle aus voller Kehle mit, und mir ist das nicht peinlich. Ob Maas oder wer auch immer da oben steht und zuguckt, wie wir hier mit unseren Transparenten und Tierkostümen und Veganbroschüren und dem dicken Laster herumstehen, auf dem steht: »Wen essen? Wen streicheln?« Ich schaue hoch, um zu sehen, ob jemand uns zuguckt, kann aber niemanden erkennen. Bevor wir weiterziehen, lege ich einige meiner Broschüren vor den Eingang. Wird schon richtig sein, selbst wenn sie nur der Hausmeister findet.

»Tiere fühlen, Tiere leiden – jetzt für Mitgefühl entscheiden!«

Wir kommen an einem Supermarkt vorbei, der seine Fleischschnäppchen auf gelben Schildern anbietet: Premium-Hähnchen, 1 kg, 3,99 Euro, Freiland-Hähnchenkeulen, 1 kg, 7,99 Euro. Ein Verkäufer im Kittel guckt uns zu.

»Achtung statt Schlachtung! Achtung statt Schlachtung!«

So geht es weiter nach rechts in die Hannah-Arendt-Straße, nach links in die Glinkastraße und irgendwann in die Dorotheenstraße in Richtung Kanzleramt, wobei wir eine ausgeklügelte Technik entwickelt haben, um in einer Reihe und mit Transparent um die Kurve zu kommen. Die, die innen gehen, treten auf der Stelle oder machen nur ganz kleine Schritte und die, die außen gehen, große. Es klappt, als ob wir es lange geübt hätten, dabei kennen wir uns alle gar nicht.

»Tiere fühlen, Tiere leiden – jetzt für Mitgefühl entscheiden!«

Als wir beim Kanzleramt ankommen, bin ich platt und total heiser. Laufen macht mir nichts aus, ich laufe gerne, aber das Gebrülle hat mir die Stimme kaputtgemacht. Ich beschließe, die Abschlusskundgebung zu schwänzen und gleich zum »Mio-Matto« zu fahren, das mich auch unabhängig von der Verabredung interessiert, weil ich die Kochbücher von Björn Moschinski mag.

Dort angekommen, bin ich alleine. Das macht mich nervös, denn ich hatte gehofft, diesmal das nachzuholen, was mir nach dem Flashmob nicht vergönnt war, und mich mit anderen Mitstreitern über unseren großartigen Erfolg auszutauschen. Denn dass es, gemessen an dem, was wir mit dem Flashmob erreicht haben, ein viel größerer Erfolg war, steht außer Frage. Ich gucke in meine Tagesschau-App, aber Zahlen gibt es noch nicht. Die Abschlusskundgebung läuft ja noch. Das wird also noch dauern.

Die Bedienung bringt mir einen Ingwertee, der meine Stimmbänder beruhigt. Ich blättere in der Vegan-Broschüre, die ich verteilt habe, und überlege, ob ich hierbleibe und andere Leute suche, mit denen ich über die Demo sprechen kann. Wo mögen die Veganer aus Hamburg sein?

Plötzlich kommt Leben in die Bude. Eine Gruppe Männer rückt die Tische neben mir zusammen und unterhält sich darüber, wie jetzt was zu machen ist. Es ist laut, es ist geschäftig. Sind das Veganer? Die sehen alle so unterschiedlich aus. Der eine wirkt wie ein BWL-Student, in weißem Hemd und Jeans und Schnürschuhen, der andere wie ein Bodybuilder, er trägt ein knallenges T-Shirt, was er sich durchaus erlauben kann, ein Nächster wirkt wie der Gitarrist einer Hillbilly-Band mit Tolle und Koteletten und Tattoos, einer wie ein griechischer Folksänger. Eine Frau ist auch dabei. Sie kann ich so gar nicht einschätzen.

Ich muss wohl etwas zu auffällig geglotzt haben, denn der BWLer winkt mir zu. Ich drehe mich um, aber da ist niemand. Er meint wohl mich. Gut, setze ich mich dazu, warum nicht? Was habe ich zu verlieren? Alleine Ingwertee trinken ist jetzt nicht gerade eine geile Alternative.

»Ich bin Mahi, wir sind von der Albert-Schweitzer-Stiftung.«

»Was?«, sage ich und denke: Ich habe mir euch ganz anders vorgestellt. Diesmal spreche ich nicht aus, was ich denke, sondern frage: »Ach ihr seid das?! Ich bin mit euch verabredet! Wer ist Konstantinos?«

Der griechische Folksänger meldet sich, und wir reden etwas über Garnelen und Fischfang und Schleppnetze und so, hören aber auch bald damit auf. Denn das Büfett ist eröffnet. Nun sitzen wir alle über unseren Tellern. Wie immer braucht es nicht lange, bis ich erfahre, dass alle vegan sind. Das passt, denke ich und erzähle den einzigen Veganer-Witz, den ich kenne:

»Wisst ihr, woran man einen Veganer erkennt?«

Alle antworten: »Er wird es dir schon erzählen.«

Wir lachen. Mahi kennt noch einen Veganer-Witz: »Sieben Bier sind auch ein Schnitzel.«

Der gefällt mir, und ich bestelle gleich ein Bier, wenn auch alkoholfrei. Meine Stimme ist immer noch ziemlich hinüber, und trinken tut gut.

Ich frage Mahi, wie er Veganer geworden ist, und er erzählt eine Geschichte von Mahatma Gandhi, der sehr krank war und dem seine britischen Ärzte sagten, er würde sterben, wenn er keine Hühnersuppe trinken würde. Er aber hat das abgelehnt. Lieber sterbe er, als dass ein Tier für ihn stirbt. Mahi erzählt, dass er sich, als er diese Geschichte gehört hat, dachte: »Gandhi wäre lieber gestorben, als für den Tod eines Tieres verantwortlich zu sein. Und ich lasse Tiere aus Bequemlichkeit für mich töten. Da stimmt etwas nicht.«

Das ist eine starke Haltung. Und ein starkes Vorbild. Ma-hat-ma Gandhi. Puh, da kann ich mit Attila Hildmann, Jonathan Safran Foer und dem dicken Mann, dessen Namen ich aus Rücksicht auf seine schlechten Tischmanieren nicht nennen möchte, nicht so viel reißen.

Aber der Bodybuilder erzählt, dass er auch über Attila drauf gekommen ist, und da bin ich ganz froh. Er heißt Markus und wohnt sogar in meiner Nachbarschaft. Wie ich ist er extra für die Demo angereist. Dieser Aktionismus. Super. Typisch Veganer.

Ich frage, wie sie mit der Bauernsache auf der Demo umgegangen sind und der Tatsache, dass die zwar für öko und so demonstriert haben, aber letztlich doch auch die Tiere schlachten.

Mahi erzählt, dass er für die Stiftung mit vielen Bauern gesprochen hat und dass die das alles gar nicht so grundsätzlich und dogmatisch sehen, wie man so annimmt.

Der Bauer, der meine Vegan-Broschüre abgelehnt hat, gehörte wohl nicht dazu.

»Die wollen auch nur ihren Schnitt machen, und einer sagte sogar: ›Wenn die Leute kein Fleisch mehr essen, dann baue ich eben Salat an.‹ Also sollten wir dafür sorgen, dass die Nachfrage nach Fleisch sinkt, um die Bauern zum Umstellen zu motivieren.«

Mahi erzählt dann etwas Kompliziertes über bio-vegane Landwirtschaft, wo keine Gülle zum Einsatz kommt, sondern nur Pflanzendünger, wie etwa Brennesseljauche, und wie er mit den Leuten verhandelt und dass man sie beim Geld packen muss und sie Planungssicherheit brauchen, und jetzt erst begreife ich, dass er der Chef der Albert-Schweitzer-Stiftung ist.

Ich denke: Wahnsinn. Wie packt er das nur neben seinem Studium?

Ich frage: »Wahnsinn, wie packst du das nur neben deinem Studium?«

Er lacht. »Danke, aber ich bin schon längst fertig.«

»Echt?«

»Seit zehn Jahren.«

Dann muss er Mitte dreißig sein, denke ich.

»Ich bin 34.«

Unfassbar, denke ich. Aber wie hätte es anders sein können? Veganer sehen ja immer jünger aus. Daran habe ich mich offenbar noch immer nicht gewöhnt.

»Was haste denn studiert?«

»BWL.«

Puh, wenigstens in diesem Punkt lag ich richtig.

Mahi hat in seiner Studienzeit eine Aktion gegen die Verwendung von Käfigeiern in der Mensa gestartet und damit großen Erfolg gehabt. Das hat ihn gelehrt: Da geht was, und dann hat er andere Studenten davon überzeugt, das auch an ihren Unis durchzusetzen.

Ich erzähle, dass die Sache mit den Eiern und den geschredderten Küken der Auslöser für mich war, zur Demo zu fahren, und ich mich frage, warum bio nicht doch ganz gut ist und erzähle von dem Hof aus meiner Kindheit und meine, dass die Bauern, die mit uns demonstriert haben, es ja auch nicht leicht haben.

»Bio ist doch genauso schlimm.«

Markus erzählt, dass Biobauern vor dem gleichen Problem stünden, weil die ja auch Hybridhühner hätten.

»Hybridhühner?«

»Na, hochgezüchtete Turbohühner, die sozusagen spezialisiert darauf sind, Eier zu legen. Es gibt auch Zuchtlinien, die auf Mast spezialisiert sind.«

Aha. »Ist das wie mit dem Hybridsaatgut?«

Hybridsaatgut kenne ich aus dem Film »We Feed the World«. Der Saatgut-Multi »Pioneer Hi-Bred International« pflanzt dem Saatgut ein Gen ein, damit es sich nicht vermehren kann und man weiterhin dort sein Saatgut kaufen muss. Oder beim Rivalen Monsanto, der den Markt noch mehr beherrscht.

»Nein, bei den Hühnern ist das anders. Hybrid heißt nur, dass da bestimmte Eigenschaften herausgezüchtet wurden. Die werden aber weitervererbt. Da gibt es kein Terminatorgen, wenn du das meinst. Dass die Bauern aber nicht züchten, liegt an der Arbeitsteilung in der Eierproduktion. Es gibt Betriebe, die züchten, es gibt Betriebe, in denen gemästet wird, und welche, in denen Eier gelegt werden. Der bekannteste Züchter in Deutschland ist Lohmann, die beliefern fast die ganze Welt. Die Tiere heißen alle nach dem Züchter: Lohmann Brown Classic, Lohmann Brown Lite, Lohmann Tradition, Warran, Tetra. Bio ist nur die Haltung, nicht die Züchtung. Und da bei allen die Männchen keine Eier legen können, werden diese vergast und getötet.«

Ich denke an ein Kinderlied: Au, weia, au weia, der Hahn legt keine Eier. Das ist aber jetzt genau das Problem und wirklich mehr als nur Au weia, wenn man das so hört. Ich denke weiter an die schrecklichen sechs Sekunden Küken-Splatterfilm und wundere mich, dass wir trotz des harten Themas alle mit Wonne und Appetit essen.

Das war mir so noch nie bewusst geworden, aber es fällt wirklich auf, dass niemals etwas kommt wie: »Oh, hör jetzt auf!« oder »Verdirb mir jetzt nicht den Appetit« oder »Das will ich alles gar nicht wissen«. Aber es ist auch logisch: Die die Fleisch essen, wissen nicht so genau um die Dinge, und die Veganer essen dieses Essen nicht, eben weil sie genau um die Dinge wissen. Sie haben keinen Ekel und müssen auch keine Abwehr produzieren.

»Die versuchen jetzt Zweitnutzungshühner zu züchten. Aber da stecken die noch in den Anfängen. Ein Bauer, der das probiert hat, ist pleitegegangen. Was wieder zeigt, dass die Bauern durchaus daran interessiert sind, etwas zu ändern, aber dann auch alles andere stimmen muss.«

Lite, Classic, Warran, Tetra. Brown. Und nun auch noch Zweitnutzungshühner. Geht's noch? Mir fällt die Technisierung des Vokabulars auf. Damals, bei den Züchtern oder Schauen, wo meine Schwester ihre Hühner gekauft hat, hatten die noch Namen wie »Sundheimer«, »Italiener«, oder »Altenglischer Kämpfer«.

Ich erzähle die Geschichte von einem Sonntagnachmittag, an dem meine Schwester ihre steifen Hanseatentöchterfreundinnen zum Tee im Garten eingeladen hatte. Sie hatten alle Namen wie Helga und Silvia und trugen blonde Strähnchen und dunkelblaue Kaschmirpullover und Seidentücher. Der Hahn ließ sich von dem Besuch nicht irritieren und trat unter lautem Flügelschlagen die Hühner, die eifrig mit ihrem Bürzel wedelten, und sie machten dann das, was man, tja, vielleicht: vögeln nennt. Die Damen senkten den Blick und rührten schmallippig in ihren Tassen, und ich war dankbar für diese Szene, die ich nie vergessen habe.

Alle lachen.

»Das war ein stolzer Hahn. Der taugte noch zum Wappentier. Aber wenn ich das schon höre, Tetra, Classic, Light, da bleibt nicht mehr viel davon übrig. Das ist krass.«

»Außerdem neigen viele Bio-Hühner noch viel mehr zu Kannibalismus und Federnpicken und zerhacken sich förmlich. Das liegt daran, dass den Bio-Hennen im Gegensatz zu konventionellen Hennen die Schnabelspitzen nicht amputiert werden. Deshalb führen die in fast allen Haltungsformen üblichen Verhaltensstörungen hier zu noch schlimmeren Verletzungen.«

»Ich dachte immer, die Biohühner hätten wenigstens eine Wiese zum Picken.« Mein Satz klingt nach einer Frage.

»Haben sie auch. Aber das Problem ist, dass die Wiese nicht richtig genutzt wird, weil Hühner sich nur nach draußen trauen, wenn sie vor Greifvögeln sicher sind. Sie halten sich am liebsten im Schatten von Bäumen auf, da fühlen sie sich sicher. Aber auf den Wiesen stehen meist keine Bäume.«

Die armen Tiere, denke ich. Sehen die Wiese und trauen sich nicht raus.

Ich sage: »Eier sind das Einzige, was ich manchmal vermisse.«

Alle gucken mich an, als ob ich gesagt hätte: Ich grille mir jeden Tag einen Ochsen auf offenem Feuer. Und ein Spanferkel noch dazu.

Erst jetzt fällt mir auf, dass das ziemlich unpassend war, zumal wir uns ja gerade genau über Eierproduktion unterhalten.

Aber die gucken mich aus einem anderen Grund an, wie sich schnell herausstellt:

»Kennst du Björns Eiersalat nicht?«, fragt Markus.

»Wie Eiersalat? Ich denk, das ist hier alles vegan.«

Ich lasse den Löffel mit meiner Créme brûlée fallen, weil ich denke: O Gott, da ist Ei drin. Ich habe mich verlesen. Das ist kein veganes, sondern ein vegetarisches Restaurant.

»Björn kann veganen Eiersalat machen.«

»Das geht doch gar nicht.«

»Doch. Probier doch erst mal, bevor du sagst, dass es nicht geht.«

Wie oft habe ich mir gewünscht, diesen Satz bei meinen Freunden auszusprechen, die immer sagen: Das geht doch gar nicht, vegan essen!

Ich gehe zum Büfett und entdecke tatsächlich etwas, das aussieht wie Eiersalat. Es riecht auch wie Eiersalat, und als ich mich hinsetze und davon probiere, muss ich zugeben: Es schmeckt genau so wie Eiersalat.

»Hammer! Wie geht denn das?«

»Kala-Namak-Salz. Das hat so eine faulige Schwefelnote.«

Veganer! Immer müssen sie ins Detail gehen. Aber genau genommen habe ich den Eiergeschmack ähnlich in Erinnerung. Leicht faulig. Genau so, wie ich Käse als vergoren und säuerlich in Erinnerung habe und mich frage, wie ich das nur jemals habe essen können. Und ich erinnere mich daran, dass auf meinen Asienreisen die Menschen alle der Meinung waren, dass wir Europäer so stinken und dass das an dem Käse und der Milch und dem Joghurt liegen würde.

Ich notiere mir den komischen Salz-Namen in Lautschrift. Meine Eiersehnsucht ist vorerst befriedigt.

»Seid ihr eigentlich alle von der Stiftung?«

»Ja. Wir sind momentan 18 Leute. Wissenschaftsabteilung für die Recherchen, Straßenkampagnen, Unternehmenskampagnen ...«

»Okay. Aber wovon lebt ihr?«

»Von Spenden.«

Mahi erzählt, dass er die Stiftung von seinem Homeoffice aus angeschoben hat und anfangs von Erspartem gelebt hat und wie es ihm gelungen ist, die Kosten für die Administration gering zu halten und Spenden zu akquirieren und sie effektiv zu nutzen. Ein BWLer halt! Sie führen alle kein Luxusleben, aber darum geht es ja auch nicht. Es geht um Engagement und Weitsicht und Nachhaltigkeit und Tierwohl.

Wir reden noch ein bisschen weiter über Veganismus und Eier und Hybride und Zweitnutzungshühner. Ich hole mir noch zweimal veganen Eiersalat, der wirklich – ich schwöre! – genau so schmeckt wie Eiersalat von Hühnereiern, und trinke auch noch ein paar (alkoholfreie) Biere frei nach dem Motto »Sieben Biere sind auch ein Schnitzel«.

Als wir schon im Begriff sind, uns voneinander zu verabschieden, schaue ich noch einmal in meine Tagesschau-App rein, um zu erfahren, wie viele an der Demo teilgenommen haben. Tatsächlich wird über uns berichtet.

»Wir waren 30 000 Leute laut Angaben der Polizei.«

»Das ist viel.«

»Ja, die Polizei rundet ja immer ab. Bei Stuttgart 21 waren es 18 000«, sagt einer mit schwäbischem Akzent.

30 000 Leute. Ich bin ganz stolz und beseelt, auch wenn das ein bisschen peinlich ist. Aber es ist doch schon etwas anderes, als mit 50 Leuten auf dem Alexanderplatz zu stehen und von fast keinem bemerkt zu werden (außer von einem dicken Pärchen in blauen Windjacken), oder eben wie jetzt in der Tages-

schau erwähnt zu werden. Also nicht ich persönlich, sondern wir alle. Ich finde, das kann jetzt nicht einfach so stehengelassen werden, und offenbar hat Markus den gleichen Gedanken.

»Sag mal?«, fragt Markus Mahi. »Gibt es eigentlich in Hamburg auch eine Albert-Schweitzer-Gruppe?«

»Noch nicht«, sagt Mahi.

»Aber jetzt!«

Markus und ich schauen uns an.

Als ich am kommenden Tag im Zug nach Hamburg sitze, liegt überall die Zeitschrift *Meat* aus. Es ist eine Image-Broschüre des Deutschen Bauernverbandes, die schweineteuer gewesen sein muss, denn sie ist auf so dickem Papier gedruckt wie die *Vogue* und ist voller teuer produzierter Bilder. Auf dem Titel steht: »Fleisch gehört dazu!«, und im Editorial heißt es: »Mit rund 61 kg verzehrt der Bundesbürger im Schnitt deutlich weniger Fleisch als beispielsweise Südeuropäer. Gerade die dortige mediterrane Küche gilt als besonders bekömmlich und gesundheitsfördernd, wird gelobt und geschätzt.«[18]

Mannmannmann, denke ich. So kann man sich die Sache auch zurechtbiegen. Die mediterrane Küche ist doch nicht gesund wegen des Fleisches, sondern wegen des vielen Gemüses: grüne, frische Salate, Tomaten, Gurken, Paprika, Kapern, Melone als Vorspeise und Möhren, Pilze, Auberginen, Zucchini, Zwiebeln, Knoblauch, Kräuter und Oliven in Schwarz und Grün, dazu Pfirsiche als Nachspeise. Oder Erdbeeren mit Pfeffer. Das weiß doch jedes Kind, denke ich und fluche, aber so, dass es keiner mitbekommt. Diese blöden *Meat*-Idioten (ich gebe zu, meine Gedanken sind nicht sehr fein) wollen uns jetzt ein X für ein U vormachen – und dann noch im Editorial, an der prominentesten Stelle im Heft. Ich rege mich total auf und denke, was für ein

Blödsinn. Es war gut, gegen die Agrarindustrie auf die Straße zu gehen und zu demonstrieren, wenn der Deutsche Bauernverband nichts Besseres zu tun hat, als hier so eine teure Broschüre auszulegen, anstatt sich um Tierrechte zu kümmern.

Ich gehe ins Bordrestaurant, um einen grünen Tee zu trinken. Das beruhigt mich immer, wenn ich mich ärgere. Als ich warte, lese ich einen Handzettel der Deutschen Bahn. Dort steht, dass ab April 2014 in den Bordrestaurants auch ein veganes Gericht angeboten werden wird.

Ich bekomme sofort wieder gute Laune. Eigentlich ist diese Blödsinnsbroschüre doch das beste Kompliment, das man uns Veganern machen kann. Diese Agrarindustriellen müssen eine Wahnsinnsangst bekommen haben, dass durch unseren Protest noch viel mehr Leute viel weniger Fleisch essen, weniger Milch trinken und weniger Eier aufschlagen. Nun bietet auch noch die Deutsche Bahn vegane Speisen an und brüstet sich damit, dem veganen Trend gerecht zu werden. Das ist ja durchaus ein Werbeeffekt.

Ich bin voller Genugtuung und denke wieder an Brecht. »Es ist so viel gewonnen, wenn auch nur einer aufsteht und nein sagt.«

Wir waren 30 000, die nein gesagt haben – nein zur Agrarindustrie.

30 000 und ich.

In Aktion

Markus und ich haben uns für unseren ersten Einsatz als Albert-Schweitzer-Aktivisten die Hamburger Premiere von Marc Pierschels Film »Live and Let Live« rausgesucht. Der Film dokumentiert die Geschichte der veganen Bewegung und wurde bereits in überregionalen Medien hoch gelobt. Der Regisseur wird auch anwesend sein – schon allein deswegen sollten wir ihm die Ehre erweisen. Aber auch, weil Marc Pierschel viel eigenes Geld in die Realisation des Filmes gesteckt hat und es deswegen gut ist, wenn wir ihn jetzt im Rahmen unserer Möglichkeiten unterstützen.

Markus und ich habe extra Flyer gedruckt und in Hamburg verteilt. Außerdem haben wir in allen sozialen Netzwerken auf den Film aufmerksam gemacht. Wäre doch gelacht, wenn wir den Laden nicht vollbekämen und gleichzeitig viele Leute an unserem ersten Albert-Schweitzer-Infostand vorbeigehen müssen. Eine vegane Win-win-Situation. Als wir unseren Stand vor dem Abaton, einem Programmkino am Uni-Campus, aufbauen, erfahren wir, dass die Vorführung des Films wegen der großen Resonanz vom kleinen in den großen Saal verlegt wurde. Das motiviert uns noch mehr.

Markus und ich haben noch eine Mitstreiterin bekommen. Petra ist Ärztin, was ich ganz hilfreich finde, denn sie kann den

Leuten etwas über den Zusammenhang von Ernährung und Gesundheit erzählen und mir vielleicht später etwas über Vitamin B_{12}.

Wir sind zwar nur zu dritt, aber dafür sehen wir weitaus professioneller aus als beim Flashmob auf dem Alex. Denn wir tragen alle die gleichen T-Shirts mit dem Albert-Schweitzer-Logo und haben einen Tisch aufgebaut mit einem riesigen gedruckten Banner, auf dem steht: »Massentierhaltung abschaffen« und »Machen Sie mit!«. Also nichts mehr mit von Hand gemalten und geklebten Plakaten.

Die Leute sind tatsächlich sehr interessiert, und mit einigen komme ich ins Gespräch. Viele sind eh hier, um sich den Film anzuschauen, und allgemein aufgeschlossen für die Themen Ernährung und Tierschutz. Andere sind normale Passanten.

»Das ist nichts für mich«, sagt einer von ihnen. »Ich esse gerne Fleisch.«

»Aber Sie sind doch gegen Massentierhaltung, oder?«

»Ja, doch, doch.«

»Mögen Sie hier unterschreiben für unseren Newsletter? Dann werden Sie regelmäßig informiert.«

»Wo unterschreiben? Ach, da! Sehr gerne.«

»Und wenn Sie gerne Fleisch essen, dann ist das vielleicht etwas für Sie.« Ich halte ihm die »Selbst-wenn-Sie-Fleisch-mögen«-Broschüre hin. »Nehmen Sie sie ruhig mit und schauen Sie sie sich in Ruhe an.«

Geschenke sind immer gut. Es funktioniert.

Eine andere Passantin sagt: »Ich habe 40 Jahre kein Fleisch gegessen, nun aber wieder.«

»Und warum?«

»Das Alter. Die Nährstoffe.«

Petra, die Ärztin, unterhält sich gerade mit einer anderen Dame. Hätte ich gut gefunden, wenn sie jetzt von kompetenter

Warte aus etwas dazu gesagt hätte, stattdessen zücke ich die Broschüre »Vegan – die gesündeste Ernährung«.

»Aha, verstehe. Dann gebe ich Ihnen gerne diese Broschüre mit, wenn Sie wollen.«

Alle lieben es, wenn es etwas umsonst gibt. Auch wenn sie Fleisch essen.

Aber es gibt auch ein paar, die recht eigenwillig reagieren. Ein älterer Mann mit dickem Bauch und ganz dünnen Armen, was auffällig ist, sagt zu mir: »Der Mensch braucht Fleisch. Der hat schon immer Fleisch gegessen.«

»Das ist nicht ganz wahr. Die Hindus zum Beispiel, die …«

»Ach, lass mich doch mit den Hindus in Ruhe.«

Okay, denke ich und schaue dem Mann ratlos hinterher. Der hatte wohl noch andere Probleme …

Ein anderer sagt: »Vegan? Was ist denn das für ein Blödsinn!«

»Was meinen Sie damit?«

»Ist das eine Sekte oder was? Hare Krishna oder wie?«

»Nein, nein. Es geht um Massentierhaltung.«

»Die Tiere sind doch dafür da, dass man sie isst.«

Ja, und ihr Hund auch?, denke ich, lasse es aber sein. Da hilft auch keine Broschüre.

Da immerhin einige Gespräche erfreulicher verlaufen sind und der Film ganz wunderbar ist, bin ich nicht ganz so frustriert, als ich nach Hause gehe, auch wenn ich weiß: Der große Durchbruch war es jetzt nicht. Aber das ist eben so bei diesen kleinteiligen Aktionen. Da muss man einen langen Atem haben. Und den habe ich.

Auch bei der nächsten Aufführung drei Wochen später läuft es so lala. Es gibt viele Leute, die unterschreiben. Aber es gibt auch viele, die sagen, dass sie nicht missioniert werden wollen, obwohl wir das gar nicht versucht haben.

»Vegan – wovon soll man denn da satt werden?«

Ich erzähle von Obst und Gemüse und Getreide und Kartoffeln und davon, dass man sich mal im Supermarkt in der Gemüseabteilung den Wagen mit allem, auf was man schon immer Appetit hatte, voll machen soll, und dann ein bisschen ausprobieren. Ich ernte einen erstaunten Blick.

Auch der nächste Passant meint: »Der Mensch braucht Fleisch.« Diesmal erzähle ich nichts von Hindus, das kam ja nicht so gut an, ich erzähle von Hormonen und Resistenzen und den Krankheiten, die im Fleisch stecken.

»Ach, das wird doch eh gebraten.«

Ein anderer sagt: »Man muss Fleisch essen. Sonst verarmen die Bauern in Argentinien.«

Bitte? Was soll ich dazu denn noch sagen?

»Markuuuuuuus?«

Aber er ist auch in ein Gespräch verwickelt, das ebenfalls nicht so einfach aussieht.

Ich bin ein bisschen geknickt, weil es so zäh läuft.

Ich schalte mein Mobiltelefon ein, und sofort poppen ein paar Push-up-Meldungen und SMS auf und auch eine Nachricht von meiner News-App. Sie ist überschrieben mit: »Millionenfaches Schreddern von Küken soll aufhören.«

Waaaaaaaas? Ist das jetzt ein Scherz? Ich lese ganz aufgeregt und tatsächlich steht da, dass die Agrarminister von Bund und Ländern beschlossen haben, das Schreddern von männlichen Eintagsküken zu beenden. Schwarz auf weiß. Quelle: dpa. Dann muss es wohl stimmen, und der 1. April ist ja auch schon vorbei.

Ich bin ganz erstaunt, wie schnell das doch ging. Wegen der männlichen Küken habe ich beschlossen, auf die Straße zu gehen, und nun gibt es schon ein Verbot. Der neue Bundesagrarminister Christian Schmidt hat dieses Verbot vorangetrieben – wegen der Verbraucher. Steht da.

»Markus! Petra!«, rufe ich.

Es ist ein guter Tag für uns – und für 50 Millionen männliche Küken jährlich.

Ich bin glücklich
oder
das tägliche Happy End

*E*s gibt noch eine gute Nachricht aus meinem neuen veganen Leben, und dass es sie gibt, ist mir erst bewusst geworden, seit ich mich wegen der Aktionsstände, Demos und Flashmobs öfter draußen aufhalte und nicht immer alles sofort loswerden kann, was ich loswerden möchte.

Ich spiele jetzt nicht auf die vielen entwässernden Gemüse an, die man als Veganerin unweigerlich zu sich nimmt. Es geht um größere Dimensionen. Anders gesagt: Bei mir gibt es jeden Tag ein prächtiges, erlösendes, himmlisches Happy End! Manchmal – wenn Melone oder Spargel im Spiel war, was ja im Frühling üblich ist – sogar zwei. Vegan macht also auch auf dieser Ebene sehr glücklich.

Oder, um es mit meinen beiden veganen Mitstreiterinnen Rory Freedman and Kim Barnouin zu sagen, die in ihrem Buch »Skinny Bitch« (nicht nur aus besagtem Grund) eine vegane Ernährung empfehlen: »Es gibt nichts Befriedigenderes, als einen großen, dampfenden Haufen zu machen.«[19]

Tja, was kann man dem noch hinzufügen? Der Mensch braucht in Wahrheit gar nicht viel, um glücklich zu sein, und vielleicht ist er in dem Punkt so besonders schnell zufriedenzustellen, weil der innerkörperliche Verkehr eben öfter einmal Stau meldet.

Ich muss an eine Szene aus Jeffrey Eugenides' Buch »Middle-sex« denken, in der die griechischstämmige Mutter Tessie ihrer zwölfjährigen Tochter Calliope immer Mittelmeerkost mit – wie diese naserümpfend feststellt – vielen Omega-3-Fettsäuren und drei Gemüsemahlzeiten pro Tag serviert, während sie (zu diesem Zeitpunkt in der Geschichte ist sie noch eine Sie; erst später ein Er) wie alle anderen in der Schule und der Nachbarschaft ganz normal essen will. In einem Roman, der in Detroit spielt, heißt das: Hamburger, Hotdogs, Pommes frites. Und Cola.

Die Szene entspinnt sich am Esstisch, als Calliope gerade einmal wieder am Essen rumnörgelt und Tessie in Tränen aus-bricht, weil sie tödlich beleidigt ist über die Undankbarkeit ihrer Tochter, wo doch sie, als Mutter, nur das Beste für ihr Kind will.

»Aber nun ging Tessie an die Decke. (...) Tessie, die heimlich den Stuhlgang ihrer Kinder überwachte und daher genau wusste, wie das fettige amerikanische Essen die Verdauung durcheinan-derbringen konnte.

›Du kaufst ja nicht ein‹, sagte sie unter Tränen. ›Du siehst nicht, was ich sehe. Wann warst du denn das letzte Mal in einem Drugstore, kleine Miss Normalessen? Weißt du, womit die Regale voll stehen? Abführmittel! Jedes Mal, wenn ich in den Drugstore gehe, kauft der Mensch vor mir Ex-Lax. Und nicht etwa nur eine Schachtel. Die kaufen das im Dutzend.‹

›Aber bloß alte Leute.‹

›Nein, nicht bloß alte Leute. Ich sehe, wie junge Mütter das kaufen. Ich sehe, wie Teenager das kaufen. Willst du die Wahr-heit wissen? Dieses ganze Land kann kein großes Geschäft ma-chen!‹«[20]

Diese Szene spielt Anfang der siebziger Jahre. Aber wenn ich heute einkaufen gehe, sehe ich ähnliche Verhältnisse. Die Re-gale und Apothekenfenster stehen voll mit Laxativen – in Dra-gee-, in Tabletten- und in Tropfenform. Oder es werden in ein-

167

schlägigen Foren Ratschläge ausgetauscht, die weit über die Einnahme von getrockneten Feigen oder Backpflaumen hinausgehen, sondern – im Gegenteil – höchst eindringlich sind (»Mach einen Einlauf!«) und die oftmals so fordernd abgefragt werden, dass man schon den Buchstaben die Verzweiflung ansieht, die dahintersteckt.

Auch wenn ich abends den Fernseher einschalte, komme ich an diesem Thema nicht vorbei. Spätestens vor den Hauptnachrichten wird mir nicht nur ein Medikament mit abführender Wirkung empfohlen, sondern gleich eine ganze Palette. In den Spots sieht man gepeinigte Menschen (meist Frauen übrigens, was mich stutzig macht, denn ich glaube, dass auch Männer betroffen sind), die ihren Bauch reiben. Oder man sieht einen animierten Unterleib, wo der Transport nicht so richtig klappt, was durch die Cartoon-Darstellung etwas verniedlicht wird, aber für jeden, der das kennt, der Horror ist. Und am Schluss gibt es immer ein Heilsversprechen in Form eines Medikamentes. Oder eines probiotischen Joghurts, der mit seinen Laktobazillen ja auch nichts anderes enthält als ein normaler Joghurt – denn Milchsäurebakterien machen Milch ja erst zu Joghurt –, sich aber dreimal so teuer verkaufen lässt.

Ich denke, wo so viel verkauft und so viel geworben wird, muss es einen großen Markt geben. Wer wird es besser wissen, als Darmexpertin Giulia Enders. Tatsächlich stoße ich in ihrem Buch »Darm mit Charme« auf folgenden Satz: »10 bis 20 Prozent der Deutschen haben Verstopfungen.«[21] Unglaublich. Deutschland hat gut 80 Millionen Einwohner.[22] Wir reden also von 8 bis 16 Millionen Menschen. Das ist viel. Mehr als am Sonntag im Schnitt den »Tatort« gucken. Sehr viel, und das tut mir echt leid.

Das bedeutet nämlich, dass 8 bis 16 Millionen Deutsche nur dreimal pro Woche kacken können. Oder nur mit Hilfsmitteln kacken können. Oder nur so kacken, dass sie sich nicht völlig entleert fühlen, also unzufrieden kacken. Es also für Millionen Deutsche eine quälende Prozedur ist, an deren Ende oftmals Frustration und Völlegefühl steht. Vielleicht liegt es also gar nicht an der fehlenden Sonne, dass hier so viele Menschen so wahnsinnig schlecht gelaunt sind? Kann man ja mal in den Raum stellen.

Ich kenne das natürlich auch, und ich bin dann schlecht gelaunt. Und ich kenne das nicht nur aus der Zeit, in der Fleisch, Eier und Käse meine Darmperistaltik lahmgelegt haben, sondern auch heute, wenn ich rumsaue und veganes Junkfood wie Currywurst oder Kekse oder industriell verarbeitetes Zeugs wie Kartoffelchips esse. Oder vegane Hotdogs. Oder Weizenmehlbrötchen zum Sonntagsfrühstück. Aber in der Regel ist das anders.

Die Deutsche Gesellschaft für Ernährung empfiehlt fünf Portionen Gemüse oder Obst am Tag, um den trägen Darm in Schwung zu bringen und auch wegen der vielen Nährstoffe. Eine Portion gilt als eine Handvoll. Das ist nicht viel. Das habe ich meist schon mit dem zweiten Frühstück intus, und ich liebe zweite Frühstücke, weil – um es mit Theodor Fontane zu sagen – sie bedeuten, dass man ein erstes schon hinter sich hat.[23]

Dabei sind es nicht nur Bohnen, die sich verdauungstechnisch lohnen, sondern auch Kichererbsen und Linsen, die den Arsch zum Grinsen bringen – und mich letztlich auch. Mein Speiseplan besteht hauptsächlich aus Gemüse und Obst und Vollkornprodukten. Vor allem liebe ich Äpfel. Ein Tag ohne Apfel ist ein schlechter Tag.

Der Grund, warum das dann alles so flott in die Gänge kommt, wenn man Obst und Gemüse isst, sind die Ballaststoffe. Ballaststoffe klingt ja eigentlich eher belastend als entlastend, aber das stimmt nicht. Ballaststoffe reiben an der Darmwand, sie kitzeln und massieren sie quasi von innen und tun ihre Wirkung besonders gut, wenn man zudem noch viel trinkt, was besonders die wasserunlöslichen Ballaststoffe ihre Wirkung entfalten lässt. In einem Apfel etwa ist die Kombination aus harter (wasserunlöslicher) Ballaststoffschale und weichem (wasserreichem und wasserlöslichem) Ballaststoffmark ideal gewichtet, so dass man nicht noch literweise Wasser trinken muss, um die Sache am Laufen zu halten. Kann ich bestätigen.

Ballaststoffe sorgen außerdem dafür, dass verfaulende Nahrung nicht gärt und bläht und fiese Giftstoffe absondert, die dann ins Blut gehen und böse Dinge machen, sondern sie machen, dass so schnell wie möglich und nötig rausgeräumt wird, was rausmuss.

Es heißt, Ballaststoffe wirkten vorbeugend gegen Blinddarmentzündungen, gegen Candida-Pilze, gegen Reizdarm und Krämpfe und hätten sogar einen positiven Effekt auf die Cholesterin- und Blutzuckerwerte.[24] Sie können sogar Darmkrebs vorbeugen, weil kanzerogene Stoffe gar keine Chance haben, sich lange in den Eingeweiden einzunisten, sondern ganz schnell hinausbefördert werden. Sie stärken das Immunsystem und setzen Stoffe frei, die für gute Laune sorgen. Oder gar Depressionen hemmen.[25]

Bin ich deswegen so glücklich? Auch. Giulia Endres sagt, dass man mit bestimmten Lebensmitteln auch die Laune beeinflussen kann. Weil diese Lebensmittel nämlich nur von den – wie sie sagt – »netten Bakterien« gegessen werden und diese Bakterien so nett sind, ihre gute Laune darüber gleich an das Hirn weiterzugeben. Zu diesen Lebensmitteln gehören Artischocke, Spargel, grüne Banane, Chicorée, Knoblauch, Zwiebel, Pastinake, Schwarzwurzel, Weizenvollkorn, Roggen, Hafer und Lauch.[26]

Es gibt, bei all diesen Vorteilen, die eine vegane Ernährung mit sich bringt, nur einen einzigen Nachteil, mit dem man zu kämpfen hat. Man muss, wenn man unterwegs ist, immer eine Rückzugsmöglichkeit im Blick haben. Denn man weiß ja nie, wann es losgeht. Und es geht ja meist los, wenn man sich bewegt und auch alle anderen Körpersäfte auf Trab sind. Und der Kreislauf auch.

Noch nie ist mir aufgefallen, wie wenige öffentliche Toiletten es gibt! Und findet man endlich eine, dann ist sie nicht unbedingt in einem Zustand, in dem man sie betreten oder gar benutzen möchte. Ich gehe meist in Kaufhäuser oder in Restaurants mit Außenbetrieb. Ideal ist, wenn viel los ist, da tut man einfach so, als ob man eigentlich draußen sitzt, und steuert ganz selbstver- ständlich die Toiletten an, die eigentlich den zahlenden Gästen vorbehalten sind. Hilfreich ist, wenn man die Jacke ausgezogen hat. Wer in voller Montur reingeht, wirkt nicht sehr glaubhaft.

Im Sommer ist das alles also nicht so ein Problem. Ist die Außensaison aber vorbei, muss man schon ein bisschen Gespür für die Sache entwickeln und Charme und Überredungskunst an den Tag legen und auf jeden Fall seinen Schließmuskel trai- nieren. Nicht immer bekommt man Zutritt zu den heiligen Hal- len, und man muss es an der nächsten Station versuchen. Noch nie sonst habe ich so deutlich erlebt, wie sehr man doch vom Wohlwollen der Gastronomen abhängig ist. Ich habe deshalb immer etwas Kleingeld in der Tasche, aber auch das hat mir nicht jedes Mal geholfen.

Einmal, lange schon bevor ich vegan wurde, hatte ich am Abend zuvor zu viel getrunken (was auch schon vorkam, als ich noch nicht vegan war) und dann noch etwas Falsches gegessen (was, seitdem ich vegan bin, gar nicht mehr vorgekommen ist). Ich hatte einen Spaziergang gemacht (frische Luft!) und war gerade auf dem Weg nach Hause. Da merkte ich, dass mir übel wurde und ich ganz schnell eine Toilette brauchte. Ich steuerte ein kleines Café in der Nachbarschaft an, wo meine reichen

Nachbarinnen immer ihren Caffè Latte trinken oder ein portugiesisches Vanilletörtchen essen, die hier sehr beliebt sind. Das Café ist klein, deshalb kann man sich da nicht so zur Toilette vorbeimogeln. Ich fragte also die Wirtin, ob ich mal aufs Klo könne. Mein olivgrüner Teint sprach eigentlich für sich, aber sie sagte: »Nur für Gäste.«

»Ich gebe Ihnen selbstverständlich Geld.« Ich weiß ja, was sich gehört.

»Nur für Gäste.«

»Aber es ist dringend!« Mein Atem war schon ganz flach.

»Nur für Gäste.«

Da war schon keine Zeit mehr für Überredungskünste. Ich schaffte es gerade noch raus, und habe der Dame dann in hohem Bogen vor den Laden gekotzt.

Sie war immerhin so großherzig, mir eine Serviette zu reichen. Und ein Glas Wasser dazu. Ich denke, die Sache war ihr eine Lehre.

Ich möchte jetzt nicht dazu aufrufen, jedem, der einem den Zutritt verweigert, eine Marke vor der Tür zu hinterlassen. Aber vielleicht werde ich mir bei der nächsten Gelegenheit mal die beiden Irish Wolfhounds meiner neureichen Nachbarn ausleihen, die nicht nur bei der Wahl ihrer Autos, ihrer Interieurs, ihres Porzellans und ihrer Klamotten denken, mehr ist mehr, sondern auch bei ihren Hunden. Tatsächlich hat ein Irish Wolfhound wirklich mehr zu bieten. Also auch im besagten Fall. Sie wissen, was ich meine.

Detox? What the fuck is Detox?

Ich lebe in einem Hamburger Stadtteil, in dem viele reiche Leute wohnen, obwohl ich nicht reich bin. (Aber das kann ja noch werden.) Der Stadtteil ist sehr klein, genau genommen ist es der zweitkleinste Hamburgs, und man kennt sich hier, auch wenn man sich nicht unbedingt nach Hause einlädt. (Aber auch das kann ja noch werden.) Man ist nett, aber reserviert, und da wir alle nicht so genau wissen, welchen Beziehungsstatus wir haben, obwohl wir uns fast täglich beim Einkaufen über den Weg laufen, pflegen wir das – wie es so schön heißt – »Hamburger Sie«. Das heißt, wir sprechen uns mit dem Vornamen an, sagen aber doch »Sie«.

Das ist hier gang und gäbe. Leute von außerhalb sind meist ein bisschen irritiert. Deshalb gibt es dazu wohl auch einen eigenen Eintrag bei Wikipedia, damit man die ganze Sache besser einschätzen kann: Das »Hamburger Sie« »(...) stellt einen Mittelweg für Kontakte dar, bei denen man sich einerseits nicht vertraut genug zum Duzen ist, andererseits das Siezen als zu distanziert empfunden wird.« Typisch hanseatisch eben. Freundlich distanziert.

Es gibt aber auch Momente, in denen wir uns duzen. Zum Beispiel wenn wir uns an Sekt mit Mondino festtrinken, einer den Verhältnissen hier entsprechenden Edelvariante von Aperol, von der ich dann leider (wegen meiner Verhältnisse) immer nur ein Glas trinken kann, was aber reicht, da ich nicht viel vertrage. Oder wenn wir uns über die neuen Skandale des europäischen Hochadels oder der deutschen Fernsehprominenz ereifern, von denen einige zu unseren Nachbarn zählen, wobei wir uns alle gegenseitig versichern, dass uns das eigentlich überhaupt nicht interessiert, nur eben in diesem einen, einzigen Fall – ausnahmsweise.

Selbstverständlich ist diese Vertraulichkeit am kommenden Tag komplett vergessen und die ganzen Versprecher und Pannen und blöden Witze, die wir uns mit schwerer Zunge erzählt haben, ebenso. Wolfgang Joop hat mal in einem Interview Folgendes gesagt: »Die wohlhabende Hamburgerin ist ja eine gelungene Mischung aus Pferd und Frau. Ich habe sie kürzlich wieder gesehen, im Ralph-Lauren-Store: Das mehr oder weniger dünne Blondhaar mit einem Tuch zusammengefummelt, frische Gesichtsfarbe, wenig Make-up, viel Zahnfleisch. Dazu eine Steppjacke, Möhrenjeans, Hermès-Gürtel, Lui-Vui-Tasche und Wildlederballerinas von Tod's.«[27]

Meine Nachbarin Steffi hat dieser zugespitzten, aber in Teilen durchaus zutreffenden Beobachtung noch hinzugefügt: »Und sie sieht im neunten Monat schwanger genauso aus wie nicht schwanger, und nach der Entbindung ist sie noch dünner als jemals zuvor.«[28]

Vielleicht könnte es an meinen brünetten Haaren liegen, dass ich hier nicht so voll und ganz integriert bin. Oder daran, dass ich auch ohne Schwangerschaft nicht dünn bin. Aber was nicht ist, kann ja noch werden. Man könnte jetzt behaupten, dass die wohlhabende Hamburgerin einfach gar nichts isst und deshalb so dünn ist. Aber das kann man so nicht sagen. Ab und an habe ich hier schon die eine oder andere essen sehen, so ist es ja nicht, und die Cafés sind auch immer sehr belebt. Wenn auch eher geredet wird als gegessen.

Es ist eher so, dass sich die wohlhabende Hamburgerin außerordentlich umfassend mit dem jeweiligen aktuellen Ernährungs- und Gesundheitstrend, oder besser Krankheitstrend – ja, das gibt es! –, beschäftigt, diesen sofort an sich selbst diagnostiziert und diese Diagnose von ihrem Ernährungsberater, der sich natürlich ebenfalls gleich voll auf diesen neuen Trend eingestellt hat, bestätigt bekommt. Sie verschafft sich dann die entsprechende Lektüre, so dass sie beim nächsten Cafè Latte mit allen anderen so selbstverständlich darüber parlieren kann wie über einen Ausflug in ihr Wochenendhaus. Denn alle anderen sind selbstverständlich auch über diesen neuen Trend umfassend informiert, so selbstverständlich, wie sie alle ein Wochenendhaus haben.

Die Gastronomie und der Einzelhandel stellen sich natürlich sofort auf diesen neuen Trend ein. Und das erklärt wohl, warum es hier so eine hohe Dichte an gut geführten Reformhäusern gibt. (In Bioläden geht die wohlhabende Hamburgerin nicht gerne. Das ist ihr zu grün.) Und Gastronomen, die jeder dieser Possierlichkeiten mit großem Gespür entgegenkommen. Alles andere wäre ja auch schwer geschäftsschädigend. Denn die Damen sind durchaus bereit, eine Menge Geld für ihre Behaglichkeit hinzulegen.

Als ich herzog, war der Candida-Pilz das ganz große Ding. Der Candida-Pilz ist eigentlich ein Hefepilz, der wie so viele andere Pilze und Bakterien in der Darmflora seinen natürlichen Lebensraum hat. Aber 2003 hatte er seinen Lebensraum offenbar stark erweitert, bis in die Cafés. Denn egal, wohin ich kam und welchem Gespräch ich unfreiwillig lauschte, es ging immer um Darmpilze, Völlegefühl, Verstopfungen bis hin zu Lebervergiftung und um Blähungen, was man hier, je nach Stärke, mit »einen festen Bauch haben« oder »einen sehr festen Bauch haben« umschreibt. Hamburgerinnen sind nie so direkt.

Die Candida-Welle hatte zur Folge, dass die Damen allesamt für die Dauer der Therapie keinen Zucker und kein Baguette mehr essen durften, was für mich zur Folge hatte, dass ich a.) jetzt nicht so ganz unbedingt versucht habe, in diesen erlauchten Kreis aufgenommen zu werden, und b.) es überall, wo man hinkam, nur freudlosen Kuchen ohne Zucker und aus handgemahlenem Vollkorn gab, der staubtrocken war. Und wenn man, wie ich am Anfang, als ich mich hier noch nicht auskannte, beherzt nach einer Johannisbeeretorte mit Zucker-Baiser fragte, alle gleich abrückten, als ob man eine ansteckende Krankheit habe. Obwohl ich die Einzige war, die niemanden ansteckte, weil ich die Einzige war, die keinen Candida hatte, und ich es war, die auf der Toilette aufpassen musste, dass ich mir nichts einfing.

Das mit dem Pilz war ja noch zu verstehen. Da ist ein Pilz, und der muss weg. Aber dann kam die Blutgruppendiät von so einem amerikanischen Ernährungsguru, der mal nicht aus dem sonnigen Kalifornien, sondern aus dem regnerischen Seattle kam. Das war ein bisschen komplizierter, und fortan ging es bei den zufälligen Nachbarschaftstreffen in den Cafés darum, dass man nur ganz bestimmte Lebensmittel essen darf, nämlich die, die zur Blutgruppe passen, und dass das mit dem Lebensmittelangebot zu tun hat, das es gab, als die Blutgruppe entstanden ist.

Das war der Punkt, an dem ich mich das erste Mal einmischte. Ich hatte mal beim Blutspenden erfahren, dass ich Blutgruppe 0 habe.

»Oh, alte Blutgruppe.«

»Die älteste Blutgruppe.«

»Altsteinzeit.«

»Was heißt das jetzt?« So alt fühle ich mich jetzt auch nicht.

»Ach, Bettina, das ist ganz einfach: Sie essen die Dinge, die die Jäger und Sammler gegessen haben.«

»Jäger und Sammler? Aha.«

»Ja, viel Fleisch und wenig Getreide.«

»Aber Jäger und Sammler haben doch gar nicht so viel Fleisch gegessen. Das waren doch eher Sammler als Jäger. Die hatten ja noch gar nicht das Zeug zum Jagen und auch noch kein Feuer. Die haben eher gegessen, was sie nach einem Buschbrand oder so gefunden haben. Das habe ich erst neulich in einer Studie ...«

»Ach, Studie, Studie. Was denn für eine Studie? Ach stimmt, Sie studieren ja noch, Bettina.«

Jeder hier, der mich kennt, weiß, dass ich ab und zu an der Uni zu tun habe, da aber keiner weiß, was ich da so genau mache als Dozentin, gelte ich als ewige Studentin.

Eine andere sagt: »Die Diät geht halt so.«

»Und was ist, wenn man sich nicht daran hält?«

»Dann bildet der Körper Antigene, und das schwächt das Immunsystem. Man bekommt allerlei Allergien. Und einen festen Bauch.«

Diesmal waren die Geschäfte voll mit Essener Brot, also Brot, bei dem das Getreide gekeimt war, und die Speisekarten und -tafeln der Cafés und Restaurants und Bistros voll mit Gerichten aus Ziegenkäse, weil Essener Brot und Ziegenkäse wohl das Einzige waren, auf das sich alle Blutgruppen einigen konnten.

Dann kamen die Helicobacter-Bakterien: Übelkeit, Sodbrennen, fester Bauch. In den Läden: exotische Kräutertees.

Dann die Glyx-Diät: viel Fleisch, dunkles Brot, nichts Süßes, sonst droht ein fester Bauch.

Dann folgte das Omega-6/Omega-3-Verhältnis, über das alle wachten, da sonst die Arterien verkalkten und ein Herzinfarkt drohe, aber immerhin kein fester Bauch. Die Reformhäuser boten Leinöl an.

Dann kam Atkins, was aber den Damen meines Viertels dann doch zu fettig war, wegen des vielen Schinkens und Specks, obwohl einige Cafés das sofort anboten. Zumindest kamen die Männer jetzt endlich mal mit.

Ich habe mich bei keinem der Themen voll eingeklinkt, aber immerhin so weit mitgemacht, dass ich nicht als totale Außenseiterin galt. Gegen Kräutertees und Essener Brot ist ja grundsätzlich nichts zu sagen. Außerdem landen wir meist ohnehin beim Sekt mit Mondino, und da sind, wie ich zu beobachten meine, den meisten ihre Possierlichkeiten ohnehin egal. Ich habe mich oft gefragt, warum es nie einen Trend gibt, in dem Prosecco, Weißwein, Aperol Spritz, Light-Zigaretten und Schokolade ausgeschlossen werden. Aber das zählt wohl zu den ewigen Rätseln der Menschheit, und ich bin nicht angetreten, die zu lösen.

Nun ist es so, dass man neuerdings über mich redet. Also, man hat schon immer ein wenig über mich geredet, weil ich nie so ganz dazugehört habe. Aber ich habe mit den anderen ja auch über die geredet, die gerade nicht da waren, deshalb will ich nicht so pingelig sein. Und wenn ich oft in Berlin bin, wo ich auch wohne, dann ist die Gelegenheit für die anderen ja auch sehr günstig. Man redet immer lieber über die, die weg sind, als die, die da sind.

Dennoch hat sich die Sache verstärkt. Und das liegt nicht an dem Unglück, das mir mit der einen Wirtin, die mir den Zutritt zu ihren Toiletten verwehrt hat, passiert ist. Da sind die Hanseaten diskret, und wenn etwas gestern war, dann ist es vergessen, wie das Du, mit dem man sich am Abend zuvor ganz selbstverständlich angeredet hat. Außerdem ist die Sache jetzt nun über zwei Jahre her. Auch die beiden Irish Wolfhounds meiner neureichen Nachbarn, die ich zweimal ausgeführt habe, haben meinen Ruf nicht geschädigt. Es war abends, und keiner dürfte uns gesehen haben.

Ich nehme an, dass das mit einem Gespräch zusammenhängt, in das ich neulich verwickelt worden bin und bei dem ich es mal gewagt habe, mein ganz großes Erstaunen und auch ein wenig Entrüstung zu äußern, was eigentlich nicht meine Art ist. Ich halte eigentlich immer die Klappe, wenn es um Ernährung geht, und bin auch sonst in der Beurteilung der Lebensgewohnheiten anderer eher zurückhaltend, weil Ernährung zum einen eine sehr persönliche Sache ist und ich zum anderen, wenn ich agiere, auf lange Sicht hin agiere. Ich lächele oft. Und denke mir meinen Teil. Ich weiß, dass meine Zeit kommen wird. Aber an diesem Tag konnte ich nicht anders.

Ich saß in einem der Cafés und habe mir, das erste Mal überhaupt in der Öffentlichkeit, einen Kaffee mit Sojamilch bestellt.

»Ich hätte gerne Sojamilch für meinen Kaffee, bitte!«

Die Nachbarin neben mir, die ich schon seit der Candida-Phase kenne und die nun schon zum dritten Mal entbunden hat (sie ist tatsächlich so dünn wie nie zuvor), beugt sich zu mir rüber.

»Ach, hast du jetzt auch eine Laktose-Allergie? Ach, das ist ja so furchtbar.«

Ich erinnere mich an die Laktose-Allergie-Welle, die, glaube ich, nach Atkins kam, aber vor Paleo. Paleo ist so eine Steinzeitdiätwelle, was jetzt der allerneueste Schrei ist, und die empfiehlt viel Fleisch und Obst und Gemüse, weil das in der Altsteinzeit angeblich so üblich war, was aber nicht stimmt, weil wir ja eher Sammler als Jäger waren, was aber hier keinen interessiert. Jedenfalls habe ich die Laktose-Allergie-Welle in Hamburg verpasst. Aber in Berlin, wo ich währenddessen oft war, voll mitgenommen, weil die Damen am Prenzlauer Berg, wo ich wohne, darauf voll eingestiegen sind. Nun holen wir also die Laktose-Allergie-Phase in Hamburg nach.

»Nichts kann man essen«, sagt meine Tischnachbarin. »Ich

hab's ja auch, und Luise Friederike und Friedrich Wilhelm habe ich es wohl vererbt. Schon als die noch Babys waren, haben die damit solche Schwierigkeiten gehabt. Ich sag's dir. Aber pass auf, ich hab da was.«

Das mit dem Du macht mich stutzig, das klingt gefährlich und so, als ob sie jetzt in einen Direktvertrieb von irgendwas eingestiegen ist, was sie mir gleich mit den süßesten Worten verkaufen will. Ich rücke etwas ab.

»Moment, wo ist es denn nur?«

Ich blicke sie von der Seite an und frage mich, ob ihr drittes Kind, ein Junge, ebenfalls einen Namen aus der preußischen Thronfolge hat und welcher Name das wohl sein wird, weil sie ja die beiden populärsten preußischen Namen schon verbrannt hat. Aber da fällt mir Louis Ferdinand ein, preußisch und ein Heldenname noch dazu.

Sie kramt immer noch in ihrer Lui-Vui-Tasche, als ich frage: »Wie heißt eigentlich der Kleine?«

»Louis Ferdinand.«

Ich lächle.

Nun holt sie ein blau-weißes Ding hervor, das aussieht wie ein Spender für Zuckeraustauschstoff.

»Das brauchst du doch jetzt wirklich nicht, so eine tolle Figur, wie du hast.«

In Wahrheit finde ich sie viel zu dünn. Aber ich wollte das jetzt mit dem Du einfach auch einmal ausprobieren, und, siehe da, es hat geklappt.

»Du, das ist aber ganz toll«, sagt sie. »Pass auf. Einfach zwei Tabletten nehmen, und schon kannst du wieder Milch trinken. Probier ruhig mal.«

Also doch Direktvertrieb. »Danke sehr. Aber ich trinke keine Milch, weil …«

»Die helfen wirklich sofort.« Sie winkt nach der Bedienung.

»Ach, Hallo?! Hallo? Ha-lloooo? Ja! Eine große Latte, bitte!« Sie dreht sich wieder zu mir. »So heißen die: Lakto-Ex&Hopp. Tabletten gegen Laktose-Allergie. Super sind die.«

Sie hält sie tatsächlich so hin, als ob hinter mir eine Kamera alles mitschneidet, und lächelt mich dabei an.

»Ja, und die trinkst du jetzt mit der Milch?«, frage ich.

»Aber dazu sind die doch da, dass man problemlos Milch trinken kann?«

»Warum lässt du die Milch nicht einfach weg? Das wäre doch das Sinnvollste bei einer Laktose-Allergie. Du verträgst es doch offensichtlich nicht.«

»Ach, ich kann ja den Kaffee ohne Milch gar nicht trinken, das schmeckt mir einfach nicht.«

Ich wundere mich, dass jemand etwas trinkt, was ihm nicht schmeckt, und mit etwas mischt, was er nicht verträgt, und schaue sie ein bisschen zu lange an, vielleicht schüttele ich auch meinen Kopf. Ich habe das nicht mehr unter Kontrolle, weil ich so fassungslos bin. Endlich kommt ihre Latte.

Sie sieht mich mit zusammengekniffenen Augen an.

»Aber sonst trinkst du doch auch Milch. Du hast doch hier auch schon Cappuccino getrunken. Das habe ich doch gesehen.«

»Ja, stimmt. Mache ich aber nicht mehr.«

»Ja, warum denn nicht?«

Soll ich mich outen? Oder lieber den indirekten Weg gehen? Ich entscheide mich fürs Outing.

»Ich lebe seit ein paar Monaten vegan. Und ich finde Kuhmilch ist nichts für Menschen, es ist für Kälber.«

»Ja, aber die Kühe geben doch sowieso Milch!«

»Nein, sie geben nur Milch, wenn sie gekalbt haben.«

Wir liefern uns ein Duell der Blicke.

Ich überlege, ob ich ihr all das erzählen soll, was ich über die

Milch-Industrie weiß. Ich glaube, sie überlegt auch etwas, nippt aber erst mal an ihrer Latte.

Soll ich ihr erzählen, dass es über vier Millionen Milchkühe gibt, von denen knapp die Hälfte (42 Prozent)[29] niemals die Sonne gesehen hat und fast alle Tiere (99 Prozent) entweder angebunden oder zusammengepfercht gehalten werden, aber immer auf einem kalten Betonboden mit Schlitzen, durch die die Exkremente durchfallen, was sie oft nicht tun, wobei die Kühe dann, wenn sie sich hinlegen, gezwungen sind, in ihrer eigenen Scheiße zu schlafen[30]? Und dass die Kühe einmal im Jahr künstlich geschwängert werden, damit sie kontinuierlich Milch geben, und sie bis zum siebten Monat Milch geben müssen und nur die letzten beiden Monate der Schwangerschaft mal Ruhe haben. Dass die Kühe oft krank sind, weil sie mit Kraftfutter gedopt werden und deshalb statt acht Liter für ein Kälbchen bis zu fünfzig Liter Milch für Menschen geben und davon oft ganz eitrige Euter haben und auch sonst nicht sehr gut drauf sind, weil sie ja nie die Sonne sehen, und dass sie viele Medikamente bekommen. Und dass mit der Geburt der Kälbchen der Horror erst richtig losgeht, weil diese bereits einen Tag nach ihrer Geburt der Mutter entrissen werden und das dann voll dramatisch ist und zu Szenen führt, weil die Kühe eigentlich bis zu einem Jahr stillen und ihr Neugeborenes so vermissen, dass sie sich die Kehle heiser schreien, und dass die Kühe ohnehin nach spätestens fünf Jahren so ausgemergelt sind von den vielen Geburten und dem vielen Milchgeben, dass man sie zum Schlachter bringt. Und dass sie in der Regel zu Hack verarbeitet werden, weil ihr Fleisch nicht so gut ist wie das der Mastrinder oder ihrer Kälbchen, und überhaupt, dass das mit den Kälbchen zwar eine andere Geschichte, aber auch ganz fürchterlich ist, weil die in Einzelhaft in enge Plastikboxen kommen, die Kälberiglus genannt werden, und aussehen wie Dixi-Klos, und dort Milchersatz bekommen statt Milch, was ein Doping ist, damit sie schnell viel Fleisch ansetzen und noch im Kindesalter geschlachtet werden.

Als ob meine Nachbarin meine Gedanken gelesen hat, sagt sie: »Also was du da sagst, mit der Milch, das ist ja wirklich total grausam, das ist ja Tierquälerei. Also, nein wirklich.«

Ich bin ganz erleichtert und meine Gesichtszüge werden ganz milde.

»Ich kann es gar nicht fassen.« Sie rührt ganz aufgeregt in ihrer Latte herum, von der sie kaum getrunken hat und die sie offenbar nur bestellt hat, um sich daran festzuhalten. »Was meinst du, was die leiden, wenn man denen die Milch nicht abpumpt. Die bekommen doch einen Milchstau.«

»Einen Milchstau?«

»Ja, dann vereitern die Drüsen und Kanäle ...«

Ich bin fassungslos und merke jetzt, dass ich wirklich mit dem Kopf schüttele.

»Milchstau? Wie kannst du so was sagen? Hast du dir keine Gedanken darüber gemacht, dass die Milch doch eigentlich für die Kälbchen ist und wo die Kälbchen bleiben?«

Ihr Löffel stößt ans Glas, und meine Stimme wird etwas schriller: »Was würdest du denn sagen, wenn man dir deinen Louis Ferdinand wegnimmt und dir die Milch abpumpt und damit ein anderes Kind füttert?«

»Ach, das ist doch jetzt viel zu theoretisch.«

»Für die Kühe nicht.«

»Ach, du verstehst das einfach nicht. Du hast ja keine Kinder.«

Normalerweise ist das das K.-o.-Argument, das jede Diskussion sofort beendet. Diesmal nicht, denke ich. Diesmal gebe ich mich nicht geschlagen.

Und dann mache ich das erste Mal in meinem Leben die Klappe auf und erzähle alles über enge Boxen, eitrige Euter, den

Beton, die Scheiße, die Medikamente, das Kraftfutter, die fünfzig Milchliter, die ausgemergelten Körper und das Hackfleisch.

Als wir uns verabschieden, sind wir alle wieder beim »Hamburger Sie« – also nicht nur meine laktoseallergene Gesprächspartnerin, die ich seit der Candida-Welle kenne, sondern auch alle anderen Damen, die das Gespräch mit langen Hälsen von den Nachbartischen aus belauscht haben und sich nun mächtig räuspern.

Draußen spüre ich ihre Blicke im Rücken. Wenn ich rauchen würde, würde ich mir jetzt eine Zigarette anstecken und ordentlich Dampf ablassen, aber ich rauche nicht. Ich bin wütend auf mich und ärgere mich, dass ich mich so habe gehenlassen. Warum gehe ich nur wegen so einer Scheißmutti an die Decke? Doof bleibt doof, dagegen helfen keine Antilaktosepillen mehr, aber da muss man doch nicht gleich so in die Luft gehen. Ich ärgere mich auch, dass die mir mit ihrem Scheiß-Mutti-Argument gekommen ist, so als ob das für alles entschuldigt, was man tut, nur weil man Mutter ist. Tut es nicht! Und ich ärgere mich darüber, dass diese blöden Schnepfen jeden noch so lächerlichen Trend mitmachen und sich alles an Zeugs und Mittelchen dafür kaufen, aber den einzigen heißen Trend, der sie von allen Possierlichkeiten befreit, den veganen Trend nämlich, links liegenlassen.

Ich balle meine Hände in der Tasche zu Fäusten und trete nach einem Stein. Selbst der macht keinen hohen Bogen. Ich bin so ohnmächtig vor Wut, dass mir noch nicht einmal ein Racheplan einfällt. Und das ärgert mich jetzt noch mehr.

Als ich das nächste Mal zu meiner Freundin Anke gehe, um mir die Nägel machen zu lassen, hat sich die Milch-Szene schon rumgesprochen. Anke ist die Beauty-Queen im Viertel. Sie hat einen gut geführten Schönheitssalon, in dem sie ein »all over treatment« von Kopf bis Fuß sowie Körper und Seele anbietet. Die Damen nutzen ihr Angebot reichlich und oft und nicht nur, um sich für allerlei Anlässe wie Geburtstage, Firmenjubiläen, Alumnitreffen des Privatgymnasiums oder Internats, das der Ehemann einst besucht hat, Hochzeiten, Todesfälle oder auch Scheidungen zurechtmachen zu lassen, sondern auch um über andere Damen zu reden.

Anders gesagt: Ankes Schönheitssalon ist der Society-Treff unseres reichen Viertels, und wenn die Cafés sozusagen die Peripherie der nachbarschaftlichen Zusammenkünfte bilden, weil sich hier theoretisch jedermann durch das Bestellen eines Glases Wasser oder Filterkaffees Zutritt verschaffen kann, so ist Ankes Schönheitssalon, da es hier etwas exklusiver zugeht, das Epizentrum. Es kann durchaus vorkommen, dass man dort auch die Fernsehprominenz antrifft, über die man in den Cafés spricht und über die etwas in den Klatschmagazinen steht, aber die sind dann meistens in einer Art Séparée, so dass man nicht gaffen kann.

Die Prominenz ist auch der Grund, warum ich, die ich hier nicht so unbedingt reinpasse, Ankes Salon kennengelernt habe. Als ich nämlich bei dem ziemlich jungen und ziemlich hippen Lifestyle-Magazin angefangen habe, hatte ich gleich von Ankes Laden erfahren und gedacht, das wäre doch gar nicht schlecht, mal hierherzugehen, um ein bisschen Societyklatsch abzugreifen, den ich dann für das Magazin nutzen kann. Meist habe ich mich mit einem Minimal-Treatment durchgemogelt.

Die Rechnung mit dem Promiklatsch ist, da hier alle so superdiskret sind, natürlich nicht aufgegangen, was ich mir eigentlich hätte denken können, und so waren meine Investitionen erst mal futsch. Ich bin aber dennoch zur Stammkundin geworden, weil ich gesehen habe, dass Anke veganen Nagellack (»Sparituals«), vegane Gesichts- und Haarpflege (»Neoeva« und »Rahua«) anbietet, was ich, da ich mich in das Thema reingekniet habe, sofort erkannt habe, auch wenn mir das immer noch ein paar Preisklassen zu hoch war. Aber man weiß ja als Normalfrau auch, dass es Chanel-Lippenstifte gibt, auch wenn man sie sich nicht kauft.

Als ich Anke auf ihr veganes Sortiment angesprochen habe, hat sie erzählt, dass sie schon seit über 30 Jahren Vegetarierin ist und nun seit mehreren Jahren vegan lebt, was mich total erstaunt hat. Denn ich hätte wohl überall Veganer vermutet, aber nicht in diesem Viertel. Auch wir haben also sofort, wie es eben so unter Veganern ist, aufeinander eingeredet und Projekte geplant und überlegt, wie wir in unserem bescheidenen Rahmen die Welt retten können.

Ich war diesmal da, um mir etwas Trost zu suchen und über meinen Ärger wegen der Milchkühe und der laktoseallergenen Mama zu sprechen, die mich so aus der Fassung gebracht hat, und mir von Anke einen Rat geben zu lassen, wie ich mit solchen Frauen umgehen soll. Denn das ist ja ihr tägliches Business, was sie mit bewundernswerter Selbstverständlichkeit meistert.

Als ich meine Hände in die Wasserschale tauche, sagt sie: »Na, hast ja die Damen neulich ganz schön aufgemischt.«

Anke und ich duzen uns. In Hamburg. Das will was heißen.

»Was meinst du?« Ich weiß natürlich sofort, worauf sie anspielt, beziehungsweise ich ahne es. Die Irish Wolfhounds sind es nicht.

»Na ja, die Sache mit den Milchkühen.«

Ich werde rot. »Ach, ich habe mich so aufgeregt, weil die mir mit ihrem Mutterding gekommen ist und ich das so dämlich fand, dass die ihre Antilaktosepillen mit Milch herunterschluckt. Stell dir das mal vor! Das ist doch genauso krank wie Minus-L-Milch, wo der Milch die Laktose rausgenommen und die Kuh trotzdem gequält wird. Geht's noch? Warum trinken die nicht einfach Sojamilch?«

Ich flüstere, aber meine S-Laute zischen, weil ich schon wieder wütend werde, wenn ich daran denke.

»Weil die keinem schmeckt und man sich daran erst gewöhnen muss.«

Ich halte einfach mal den Mund. Anke spricht weiter: »Das kannste den Leuten nicht so einfach um die Ohren hauen. Das macht man nicht. Musst dich nicht wundern, wenn alle über dich reden.«

Sie bittet mich, die Finger in der Schale zu lassen, mit denen ich vor Wut angefangen habe herumzuwedeln.

»Aber die hat mich provoziert.«

Wir müssen lachen, weil dieses Argument mindestens genauso dämlich ist, wie »Du hast ja keine Kinder«, was mich so aus der Fassung gebracht hat. Bei Strafrechtsprozessen möchte man »Der hat mich provoziert« ja auch nicht hören.

»Gut, abgehakt. Ich hatte einen schlechten Tag, und die hat mich auf dem falschen Fuß erwischt. Aber was hätte ich denn machen sollen? Ich bekomme da einfach echt Puls. Wie kommst du denn mit diesen Frauen klar? Du hast ja täglich mit ihnen zu tun.«

»Ich finde, die sind alle total entspannt und offen.«

»Bitte?«

Nun drehen sich die anderen Frauen zu mir um, die ohnehin schon ganz neidisch gucken, dass ausgerechnet ich, die hier doch eigentlich gar nicht so richtig hingehört und auch neulich im Café so komische Sachen gesagt hat, von der Chefin persönlich behandelt werde. Sie merken auch, dass Anke und ich uns duzen und gucken mich mit strengem Blick an.

Anke merkt auch, dass das jetzt nicht gut ist, und bittet eine Kollegin zu übernehmen. Sie macht eine Runde von Tisch zu

Tisch und fragt jede der Damen, wie es ihr geht und was sie so macht und ob sie noch einen Tee möchte.

Natürlich wollen alle einen von Ankes berühmten ayurvedischen Tees, denke ich ein wenig verbittert. Ist ja immer gut. Ganz egal, ob die gerade in der Candida-, Helicobacter-, Blutgruppen- oder Laktose-Allergie-Phase sind. Ich hätte übrigens gerne auch einen. Aber keiner bemerkt mich. Jetzt sind die anderen dran. Ich hatte genug Zeit mit der Chefin.

Da ich wegen der Nägel nicht in den Klatschzeitungen blättern kann, höre ich den anderen Gesprächen zu und stelle fest, dass Anke mit allen über Detox redet. Sie reden von Käil oder Zilantro oder Ingwer und von Obst und Gemüse und wie gut das tut. Ich fasse es nicht! Detox! Detox ist also der neue heiße Scheiß. Ich stecke mittendrin in der neuen Welle und wusste bis vor wenigen Sekunden gar nicht, dass es die gab. Detox scheint also auch mit Ankes ayurvedischen Tees zu harmonieren. Denn alle heben, so es ihre Behandlung erlaubt, ihren Tee an und nippen dran.

Gut, dass ich bei Anke bin, sage ich mir, während Ankes Stellvertreterin meine Nägel mit einem speziellen Lack bearbeitet. Da bin ich immer am Puls der Zeit. Auch wenn ich noch nicht ganz verstanden habe, worum es jetzt bei dieser Welle geht und ob sie für etwas ist oder gegen etwas. Also für etwas, wie etwa die Glyxdiät, die dafür war, dass man die Figur hält, oder gegen etwas, wie etwa die Candida-Welle, die gegen Pilze im Darm war.

Detox, denke ich, während eine der Frauen gerade von einem Käil-Smoothie erzählt, den sie sich zum Frühstück gemacht hat, das heißt doch entgiften? Wovon wollen die alle denn entgiften? Einige rauchen, das könnte es sein, aber die sind doch jetzt nicht alle heroinsüchtig, so dass man ganz dringend entgiften muss. Oder vielleicht doch?

Ich versuche, von den Gesprächen noch mehr mitzubekommen, und beobachte Ankes Leichtigkeit im Umgang mit diesen Damen. Sie hat es einfach raus, muss ich anerkennend sagen. Jede bekommt ihre Zeit, jede den Zuspruch, den sie braucht, und sie weiß von jeder, was da gerade so privat los ist, lässt der Tochter Grüße zum Abi ausrichten oder dem Mann Geburtstagsglückwünsche. Aber das alles dominierende Thema ist Detox. What the fuck, denke ich, ist das nur und strecke meinen Hals.

»... also ich habe das mal mit Ingwersirup probiert ...«

»... Wissen Sie, Anke, wofür ich Ihnen noch einmal danken möchte? Für dieses köstliche Möhrensuppenrezept. Neulich war meine Schwester zu Besuch, also die Sylter Schwester, die ich tatsächlich noch seltener sehe als die New Yorker Schwester, und die war auch ganz begeistert ...«

»... Ich esse jetzt zum Frühstück immer einen Dinkelporridge mit Früchten, das kenne ich noch aus Cambridge, wohin ich meinen Mann begleitet habe ...«

Endlich kommt Anke zurück und feilt mir die Nägel.

»Was ist Detox?«

»Kennste noch nicht?« Sie lächelt etwas zu spöttisch.

»Nun sag schon.«

»Das ist *der* neue Trend.«

»Hab ich schon mitbekommen. Aber was ist das?«

»Ich habe hier einmal pro Woche einen Detox-Schnupperabend. Mein Programm heißt Urban Detox Concept. Bald machen wir Wochenenden. Ich habe Experten für Relax, Coaching, Fitness, Yoga. Und ich sage etwas über Food und mache grüne Smoothies, also Smoothies mit Grünkohl ...«

»Ach, jetzt verstehe ich. Kale! Grünkohl. Ich denke die ganze Zeit, was ist bloß Käil?«

»Ja, ganz frisch zubereitet, und dazu gibt es dann Beratung.«

»Du klärst hier über Ernährung auf?«

Die eine Dame am Nebentisch, die gerade ihren (übrigens veganen, ich habe es genau gesehen!) Lack trocknen lässt, fixiert mich. Ich überlege, ob sie bei der Laktose-Szene dabei war oder ob sie gehört hat, dass Anke und ich uns duzen. Ich mache mich auf jeden Fall ein bisschen kleiner und flüstere wieder.

»Ja«, sagt Anke. »Ich spreche über Ernährung.«

»Also darüber, was die essen sollen?« Ich kann es nicht fassen.

»Ja«, sagt sie und lackiert meine Nägel mit einer Farbe, die »Hello, I love you!« heißt und von NCLA und eigentlich himbeerrot ist. Aber »Hello, I love you!« klingt viel schöner. Außerdem ist der Lack vegan – wie Himbeeren.

Was mich irritiert, sind Ankes knappe Antworten. Wir reden – typisch Veganer – sonst eigentlich immer aufeinander ein. Aber nun steht hanseatische Reserviertheit auf dem Programm, und ich frage mich, ob sie mir bald das »Hamburger Sie« anbietet. Ist sie auch sauer auf mich wegen des Milchausfalls?

Ich sehe Anke an, aber sie guckt konzentriert auf meine Fingernägel. Sie will tatsächlich den Blickkontakt vermeiden. Doch warum? Doch die Milchsache? O Gott! Ich würde mich ja jetzt gerne umsehen, ob die anderen mich angucken, und schnappe dabei wieder einen Gesprächsfetzen auf.

»... ja, und das ist alles rein pflanzlich und so gesund, und man kann essen, so viel mal will ...«

Moment, denke ich. Das kenne ich doch, das habe ich doch schon einmal gehört. Das ist doch ...!

»Anke?«

»Ja.« Sie guckt immer noch nach unten.

»Detox ist vegan.«

Jetzt erst merke ich, dass sie die ganze Zeit ihr Lachen unterdrücken musste.

In dem Moment verlässt eine der Damen den Salon und winkt

einer anderen zu: »Brigitte, kommen Sie am Dienstag auch zum Detox-Abend?«

»Natürlich! Bis dann.«

Anke sieht mich an. »Ich sagte dir doch: Ich finde sie alle total entspannt und offen. Vielleicht kommst du einfach auch einmal zu einem meiner Abende.«

Gute Idee, denke ich und sage zu der Dame, die geht: »Bis dann!«

Als ich bei Anke fertig bin, gehe ich noch schnell ins Reformhaus, um mir Brot zu kaufen und ein veganes Nutella, das ich dort entdeckt habe. Ich treffe eine ganz alte Bekannte, die ich lange nicht mehr gesehen habe. Ich wundere mich, sie hier zu treffen, da sie ganz woanders wohnt. Wir reden ein bisschen über alte Zeiten, und sie erzählt mir, dass sie jetzt zwei Kinder hat, worauf ich auch selbst hätte kommen können, denn sie ist dünner als jemals zuvor.

»Was machst du eigentlich hier?«, frage ich.

»Ich kaufe ein.«

»Aber warum hier? Wohnst du jetzt hier?«

»Nein, nein. Ich will noch zu Anke, und da nachher die Geschäfte zu haben, kaufe ich jetzt noch schnell ein. Anke. Kennst du doch, oder?«

Sie mustert mich ein wenig. Aber da ich gerade von Anke komme, fühle ich mich diesen Blicken gewachsen. Mein Nagellack heißt »Hello, I love you!«. Was kann da schon schiefgehen?

Ich lächle milde: »Ja, kenne ich.«

»Nun, ich suche halt ein paar Sachen für meine grünen Smoothies heute Abend. Ich mache nämlich jetzt seit zwei Wochen voll konsequent Detox. Das ist toll, und man fühlt sich so leicht und ganz wunderbar. Solltest du auch machen! Da isst man nur

Gemüse und etwas Vollkornreis und -nudeln. Man kann so viel essen, wie man will. Es ist alles ganz leicht zu machen, und man fühlt sich total fit.«

Das ist ja großartig: Jetzt werde *ich* schon zum Veganismus überredet!

Ach, da mache ich doch gerne mit.

Die Müllschlucker und ich

Maik wohnt mit Gudruns Tochter und noch vier anderen Leuten in einer WG und versorgt alle sechs Leute mit Lebensmitteln, die er aus dem Müll holt. Maik ist Containerer oder Freeganer. Containern bedeutet, dass man noch verwertbare Lebensmittel aus den Mülleimern der Supermärkte rettet. »Freeganer« meint das Gleiche. Es setzt sich zusammen aus »free« im Sinne von gratis, und der Endung »-ganer« eben von Veganer. Der Begriff kommt aus Amerika, wo die Bewegung schon ganz groß ist und insbesondere von jungen Leuten aus dem linken Milieu getragen wird.

Maik ist auch eher links, und auch er holt das, was noch essbar ist, aus den Tonnen heraus. Seine Motivation ist nicht nur chronischer Geldmangel, was bei einem Studenten ja normal ist, sondern er begreift seine Aktion auch als Kritik an Verschwendung und systematischer Überproduktion in der Lebensmittelindustrie. Nur ist er eher ein Containerer als ein Freeganer, sagt Gudrun. Denn Maik ist ganz heiß auf die Joghurts und Quarkspeisen, die besonders häufig im Müll landen. Veganer sind das ja eher nicht.

Ich hatte Gudrun gebeten, den Kontakt zu ihm herzustellen. Aus zwei Gründen:

1.) Ich bin kürzlich in einem der dritten Programme kurz vor

Mitternacht in die Doku »Taste the Waste« von Valentin Thurn reingeraten und hängengeblieben. Thurn zeigt, wie nachlässig und gleichgültig wir in den reichen Industrienationen mit Lebensmitteln umgehen und wie viele Nahrungsmittel wir verschwenden. Der Film endet mit dem Satz: »Allein mit den Lebensmitteln, die in Europa und Nordamerika weggeworfen werden, könnten alle Hungernden der Welt dreimal satt werden.« Hunger, denke ich, ist halt immer noch mein Thema.

2.) Ich wohne in einem reichen Stadtteil und sehe, was hier so alles in den Auslagen der Supermärkte und Feinkostläden liegt und wie schweineteuer das alles ist, und ich frage mich oft, wer das alles kauft und was damit passiert, wenn es liegenbleibt, was hier bestimmt oft vorkommt. Denn die meisten kaufen nicht in den Feinkost- oder Bioläden ein, sondern in den Discountern, wo es 300 Gramm Schweinemedaillons für 2,29 Euro gibt oder 1 Kilo Chicken-Wings für 3,39 Euro. Oder Pferdefleischlasagne für 1,99 Euro. Die legen sie dann auf einen High-End-Luxusgrill für tausend Euro und behaupten, dass sie das bei einem der topprämierten Fleischer im Viertel gekauft haben.

Gudrun kennt »Taste the Waste« nicht, aber sie sagt, das sei überall so. In ganz Deutschland.

»Im Schnitt schmeißt jeder 82 Kilo noch brauchbarer Lebensmittel weg. Also, im Jahr.«

»Wer sagt das?«

»Die Aigner.«[31]

»Ich finde, das ist schwer zu kalkulieren«, sage ich. »Man kann ja nicht immer auf den Punkt kochen, und ich hab keine Schweine wie du, die das dann fressen können. Komposthaufen geht auch nicht in meinem feinen Viertel. Da werden sich die Nachbarn beschweren. Die Einzige, die auch auf so was achtet, ist Stephie. Die kennt das. Wenn ich wegmuss, bekommt sie das Gemüse aus meinem Kühlschrank. Und umgekehrt.«

Aber Gudrun hört nicht so richtig zu und sagt: »Elf Millionen Tonnen im Jahr sind das.«

»Was meinst du?«

»Na ja, insgesamt von allen Leuten.«

Das ist viel, denke ich. Sehr viel.

»Das sind 440 000 vollbeladene Sattelzüge. Stell dir vor: Wenn man die Stange an Stange reiht, würde die Kolonne von Berlin bis nach Neu-Delhi reichen. Oder bis nach Sibirien.«

Gudrun muss sich wohl schon öfter über Lebensmittelverschwendung unterhalten haben. Denn so schnell kann sie diese Zahlen jetzt nicht parat haben, denke ich. Auch wenn sie gut im Rechnen ist. Immerhin hat sie BWL studiert. Aber irgendwie finde ich, sie hat geschummelt.

Ich versuche, mich ein wenig herauszureden, weil ich halt ohne Schweine und Komposthaufen auch nicht weiß, was ich mit den Resten machen soll.

»Über eine Tonne Gemüse habe ich zumindest vor der Vernichtung bewahrt.«

»Wie das denn? Hast du die ganze Nachbarschaft eingeladen?«

Ich erzähle von der »Wir haben es satt«-Demo in Berlin und davon, dass die am Vorabend eine »Schnippeldisko« veranstaltet haben, bei der für die 1000 Helfer eine Suppe gekocht wurde.

»›Slow Food Youth‹ hat das organisiert. Die haben bei den Bauern im Umland Gemüse eingesammelt, das nicht der EU-Norm entspricht und das auf den Feldern vergammelt wäre.«

»In meinem Supermarkt haben sie jetzt hässliches Gemüse, also Gemüse, das nicht in die Norm passt, im Sortiment.«

»Finde ich ziemlich verlogen, das der EU in die Schuhe zu schieben«, sage ich. »Denn die großen Handelsketten waren es doch, die den ganzen Mist mit den Krümmungsgraden und so durchgesetzt haben, damit die besser verpackt werden können. Da haben die ziemlich viel Lobbyarbeit geleistet in Brüssel und Straßburg. Das war der Handel, nicht die EU.«

Das weiß ich aus dem Film »Taste the Waste« und erzähle Gudrun davon. Sie will sich die DVD bestellen.

»Nein, schenke ich dir. Dafür darf ich bei dir auf den Hof.«

»Du darfst immer kommen ... Aber was war das mit der Schnippeldisko?«

»Ach, die von Slow Food haben ein Zelt gemietet und 300 Leute zusammengetrommelt, die das Gemüse dann kleingeschnippelt haben. Wir mussten nur Sparschäler und ein Messer mitbringen. Anschließend hat das jemand in einem 300-Liter-Topf zu einer Suppe zusammengerührt.«

Gudrun sagt nichts.

»Aber das Allertollste: Ich habe mit drei jungen Studenten zusammengesessen. So Hipster, die an der Warschauer Straße wohnen. Und stell dir vor: Die waren alle um die 25 und haben mich nicht gesiezt.«

Ich finde, ob man gesiezt oder geduzt wird, ist ein guter Indikator dafür, ob man noch als Frau wahrgenommen wird oder eben als alte Frau. Seit ich vegan lebe, werde ich tatsächlich öfter geduzt als gesiezt. Das hebt meine Laune natürlich enorm.

»Na ja, junges Gemüse hält eben jung.«

Wir lachen. Sie weiß, wovon sie spricht. Ihr Mann ist jünger als sie.

Dann erzähle ich, dass sogar Carlo Petrini da war, der Slow Food gegründet hat, und dass er eine halbstündige Rede gehalten hat, die keiner verstanden hat, weil er italienisch sprach und das mit Inbrunst und raumgreifender Gestik.

»Als er etwas sagte wie ›politici bla bla bla‹ haben alle geklatscht. Das ist wohl international. Ja, und gegen die Verschwendung tut er halt auch viel, oder eben seine Bewegung. 1,2 Tonnen Gemüse haben wir kleingemacht. Die waren völlig in Ordnung. Musst du dir mal vorstellen. Das wäre alles im Müll gelandet.«

Dann erzählt mir Gudrun von Maik, und ich werde ganz neugierig. Ich frage spontan, ob ich ihn nicht einmal kennenlernen und vielleicht sogar begleiten könnte, und Gudrun verspricht, da etwas zu arrangieren.

Nach ein paar Wochen meldet sich Gudrun und sagt mir, dass das nichts wird mit Maik, weil er nach Kapstadt geflogen sei, um dort eine Tafel zu organisieren. Er holt Lebensmittel, die nicht verkauft wurden, aus Geschäften, Restaurants oder Kantinen ab und verteilt sie an Bedürftige. Gerettete Lebensmittel sind Maiks Passion.

»Wie komme ich denn jetzt an einen Freeganer heran?«

»Ich höre mich mal um. Im Netz wird das schwierig.«

»Wieso?«

»Na ja, Containern ist semilegal.«

»Wie, semilegal? Es kann doch nicht verboten sein, Müll mitzunehmen. Es ist ja jetzt kein Diebstahl oder so.«

»Ist aber so. Semilegal. Die Container stehen ja auf Privatgelände.«

»Okay, danke für die Warnung.«

Ich gehe also ein wenig vorsichtiger vor als sonst, wo ich in den Foren immer freiheraus alles frage, was ich wissen will, auch auf die Gefahr hin, einen Serverabsturz zu riskieren, und frage in meinen diversen veganen Communities nach, was sie so mit dem Essen machen, das bei ihnen übrig bleibt.

Es dauert nicht lange, bis das Wort »Lebensmittelretten« fällt. Es ist alles zum Glück gar nicht so heikel, wie ich gedacht hatte, und ich überlege, ob Gudrun ein wenig zu vorsichtig war, weil

Maik ein Freund ihrer Tochter ist. Aber ich stelle fest, dass Lebensmittelretten etwas anderes ist als das, was Maik macht.

Alles ist ganz offiziell. Die Lebensmittelretter haben sogar eine eigene Website, wo man sich eintragen und mitmachen kann. Sie heißt Foodsharing, und ich brauche mehr als eine Stunde, um alles, was ich wissen will, in Erfahrung zu bringen. Man bekommt Infos, welche Lebensmittel fürs Foodsharing geeignet und welche sogar verboten sind. Fleisch, Fisch, Hack, Eierspeisen, also alles, was ein Verbrauchsdatum hat, darf nicht geteilt oder nur dann geteilt werden, wenn das Verbrauchsdatum noch nicht erreicht ist und man darüber hinaus nachweisen kann, dass die Kühlkette nicht unterbrochen wurde. Man bekommt Tipps, wie man die Restaurants und Märkte für das Projekt gewinnt und wie man sich lokal am effektivsten organisiert.

Auf der Website gibt es auch ein Forum. Dort lerne ich Jule kennen. Sie erklärt mir, wie Foodsharing funktioniert: Man klappert Läden, Restaurants, Tankstellen oder Hotels ab, am besten in der eigenen Nachbarschaft, und fragt nach den Lebensmitteln, die eigentlich für die Tonne bestimmt sind, und ob man die mitnehmen darf.

»Ja, aber machen das nicht die Tafeln?«, sage ich. »Ich sehe, wenn ich zu meinem Freund nach St. Pauli fahre, immer einen Bulli, aus dem Lebensmittel für die Obdachlosenmission ausgeladen werden. Die stehen da Schlange bis um die Ecke.«

»Die Tafeln ziehen das groß auf. Holen ganze Paletten ab. Foodsharing ist ein paar Nummern drunter. Eine Packung Nudeln, zwei Brote, eine halbe Kiste Kohl, eine Tüte Äpfel.«

»Aha. Das ist aber ein Riesenakt, das alles zu koordinieren.«

»Besser als wegschmeißen.«

Ich merke, ich muss noch ein wenig an meiner Einstellung arbeiten. Da kommt wohl immer noch das Wirtschaftswundermutter-Kind durch, obwohl ich ja auch durch das pädagogische Projekt, in dem ich war, eine Öko-Internat-Mentalität habe.

Jule erklärt weiter: Wenn man als Foodsharer verantwortlich ist, steht man in engem Kontakt zu ein, zwei Läden, und dann muss man die Lebensmittel dort täglich zu einem verbindlich vereinbarten Zeitpunkt abholen. Und dann muss man auch verbindlich Abnehmer für die geretteten Lebensmittel finden. Wenn man in einer WG wohnt, ergibt das Sinn, auch wenn man eine große Familie hat. Ansonsten muss man jeden Tag einen Treffpunkt mit Abnehmern vereinbaren, und wenn man mal nicht kann, was ja vorkommen kann, dann muss man für Ersatz sorgen. Das ist viel ehrenamtliche Arbeit, aber in ganz Deutschland machen immerhin schon 3000 Leute mit. Meist sind es Studierende oder Senioren. Das Ganze gibt es seit 2012.

Ich denke, puh, das ist mir aber zu stressig, mich jeden Tag da irgendwo zu melden und Leute zusammenzutrommeln, an die ich das Essen verteile, zumal ich erstens sehr eingebunden bin und zweitens nie weiß, ob ich gerade in Berlin oder Hamburg wohne. Jule sagt, wenn ich da keinen verbindlichen Modus finde, dann solle ich es lieber gleich lassen. Jetzt ahne ich, warum meist Studenten oder Senioren sich hierbei engagieren. Sie können sich ihre Zeit einfach besser einteilen.

»Was passiert eigentlich mit den Lebensmitteln, die doch im Müll landen?«

Ich ahne es schon. Die schnappen sich die Containerer, wenn alles gutgeht. Aber ich frage trotzdem, um mich bei Jule etwas vorzutasten und sie auszuhorchen, ob sie Kontakte zur Containererszene hat.

»Na ja«, sagt sie. »Die fischen wir dann raus.«

»Wie? Du containerst?«

»Hey, klar. Ich bin Studentin. BAföG.«

»Wie viel bekommst du denn?«

»670 Euro. Davon zahle ich 233 Euro Miete und etwa 80 Euro für die Krankenkasse.«

»Das ist ja fast Hartz-IV-Satz. Ganz schön knapp.«

»Ach, es gibt viele Menschen, die haben noch weniger als ich. Dagegen lebe ich doch im Luxus. Auch wenn es manchmal nicht leicht ist. Aber ich kann mir das Essen ja aus dem Müll holen, wenn unvorhergesehene Ausgaben kommen. Ich hab da gerade eine Zahnarztrechnung.«

Auch mich knebeln gerade meine Zahnarztrechnungen – umso mehr imponiert mir, wie dankbar und lebensbejahend Jule ist. Viele in ihrer Lage würden jammern und auf den Staat schimpfen. Sie packt die Sache an.

»Willst du mal mitkommen?«, fragt sie.

Wir treffen uns an einer U-Bahn-Station eines Nachbarviertels, wo ebenfalls viele reiche Leute wohnen. Es ist halb 11 Uhr abends. Ich erkenne Jule daran, dass sie einen großen, leeren Rucksack trägt und einen Skistock in der Hand hält. Das sind so typische Containerer-Utensilien, denke ich. Auch sie erkennt mich sofort. Auch wenn ich weder Rucksack noch Skistock dabeihabe. Aber sie hat mir empfohlen, mich möglichst in Schwarz zu kleiden, um nicht so schnell erkannt zu werden.

Sie ist kleiner, als ich gedacht habe, wirkt sportlich, und ihre Dreadlocks hat sie zu einem Turm aufgebaut, damit sie ihr beim Abtauchen nicht ins Gesicht fallen.

Wir haben unsere Fahrräder mitgenommen, und sie erklärt mir, während wir sie durch die Straßen schieben, welche Route wir nehmen und bei welchem Supermarkt sie gute und wo sie schlechte Erfahrungen gemacht hat, und dann ziehen wir los.

Das Viertel ist wie leergefegt, selbst die Hundehalter haben ihre Gassigänge schon hinter sich. Wir biegen in einen Hinterhof ab. Neben einem Parkplatz steht eine Reihe großer, grauer Container und davor eine Reihe kleiner grüner Tonnen. Sie stehen frei herum und sind für jedermann zugänglich, was mich beruhigt. Mir ist dennoch ein wenig bange.

»Hast du von den Studenten aus Hessen gehört?«, frage ich. Ich hatte mitbekommen, dass im hessischen Witzenhausen drei »Studierende«, wie es in den Meldungen politisch korrekt heißt, angeklagt wurden, weil sie Lebensmittel aus dem Müll gerettet hatten. Die Kette, der die Lebensmittel weggenommen wurden, hat sie wegen Einbruchdiebstahl angezeigt und die Staatsanwaltschaft für 4500 Euro Strafe oder drei Monate Knast plädiert. Das war das Letzte, was ich mitbekommen habe.

»O ja. Bekannte von mir haben sogar vor dem Gericht gestanden und demonstriert. ›Wir sind keine Schwerverbrecher, sondern Lebensmittelrächer.‹«

»Superspruch.« Ich muss lachen und an die »Wir haben es satt«-Demo denken und die Sprüche, die wir da skandiert haben.

»Wie ging es aus?«, frage ich.

»Die Leute sind freigesprochen worden.«

»Puh.«

Unfassbar, denke ich, jemanden, der Müll geklaut hat, so hoch belangen zu wollen. Schließlich hat man ja, indem man die Sachen wegschmeißt, seine Eigentumsrechte aufgegeben. Aber juristisch ist das wohl nicht so einfach. Zumal, wenn ein Zaun um die Container herumgebaut wurde. Ich weiß immer noch nicht, wie man das jetzt einordnet, was wir hier machen.

»Und das jetzt, ist das auch Einbruchdiebstahl?«

»Nein, ist ja kein Zaun drum herum.«

»Einbruch.«

»Wir brechen ja nirgendwo ein.«

»Hausfriedensbruch?« Ich werde langsam nervös.

»Ja, möglich. Aber hier vielleicht nicht, weil die Tonnen frei herumstehen«, sagt sie. »Aber wir sollten uns trotzdem nicht erwischen lassen.«

Jule dreht sich um, niemand ist zu sehen. Nur in einer Dachkammer brennt noch Licht. Es ist still, und man hört nur Jules Dynamo surren, mit dem sie ihre Taschenlampe auflädt. Auch in diesem Punkt achtet Jule also auf das Geld und die Umwelt.

Wir nähern uns der ersten Mülltonne und öffnen den Deckel. Leer. Die nächste auch, die übernächste auch. Immerhin sind sie alle blitzblank ausgewaschen.

»Klassischer Vorführreffekt«, sagt Jule. »Sonst habe ich hier immer meine größte Beute. Da habe ich schon ganze Wochenbestände rausgeholt und mein Wohnheim versorgt. Na ja. Wir haben noch andere Supermärkte hier in der Nähe.«

Mich beruhigt, dass die Tonnen ausgewaschen sind. Dann ist es nicht ganz so eklig, wenn man etwas findet.

»Machen die das immer so mit dem Auswaschen?«

»Ja, wegen des Geruchs und der Bakterien.«

Das Thema berührt bei mir einen empfindlichen Punkt. Ich fühle mich nicht so ganz wohl dabei, Lebensmittel aus einem Container herauszufischen und sie dann zu essen, auch wenn die Tonne gar nicht stinkig ist, wie ich gedacht habe. Auf dem Weg zum nächsten Supermarkt frage ich deshalb Jule nach Hygienesachen aus.

»Man muss aufpassen. Es ist Müll. Am besten ist es, wenn die Lebensmittel noch verpackt sind. Also das Gemüse noch in einer Folie steckt. Das schützt sie.«

»Ist es dir nicht unangenehm, Müll zu essen? Ich finde das immer noch komisch.«

»Nein, nicht mehr. Aber du musst aufpassen. Iss es lieber nicht, wenn du ein ungutes Gefühl hast. Es sind zwar gerettete Lebensmittel. Aber es ist eben auch Müll. Du darfst es ruhig wegschmeißen, wenn du skeptisch bist. Das ist in diesem Fall in Ordnung.«

»Danke«, sage ich und bin ganz erleichtert, dass die Gesundheit vor Konsumkritik geht.

Die Mülltonnen des nächsten Supermarktes sind nicht so frei zugänglich. Wir müssen durch eine enge Einfahrt und dann um das Gebäude herumgehen, wo die Menschen, die im benachbarten Häuserblock wohnen, direkt auf die Tonnen schauen können. Aber zum Glück schlafen sie hier auch schon. Außerdem gibt es keinen Fluchtweg. Der Weg, den wir gekommen sind, den müssen wir auch zurückgehen. Wenn den jemand versperrt, sind wir eingekesselt. Wir stellen unsere Fahrräder so hin, dass wir nur aufspringen müssen, und schleichen uns an dem Gebäude entlang. Ich bin froh, dass es keinen Bewegungsmelder gibt. Als wir am Hinterausgang angelangt sind, sehen wir, dass hinter den Supermarktfenstern noch Licht ist und sich ein Schatten auf die Tür zubewegt, der von einer sehr gebeugten Person herrühren muss.

Nosferatu, denke ich, »Symphonie des Grauens«. Ich habe mich in meinem Studium mit den deutschen Filmen der zwanziger Jahre beschäftigt und weiß, wie das ausgehen kann, und das ist nicht gut. Im Nu sind wir wieder vorne auf der Straße. Aus der Kneipe gegenüber klingt trunkenes Gegröle.

»Der Vorführeffekt«, sagt Jule über die Schulter hinweg ein paar Straßen weiter, während wir zu einem anderen Supermarkt fahren, der, wie sie mir gesagt hat, mindestens eine Viertelstunde mit dem Fahrrad entfernt liegt. »Sonst klappt das immer so gut dort.«

»Ich bringe wohl kein Glück.«

»Sieht so aus«, sagt sie, und ich bin froh, dass ich es nicht persönlich nehme.

»Aber vielleicht liegt es auch einfach an der Uhrzeit. Wir sind etwas früher dran als sonst.«

Der dritte Supermarkt, den wir ansteuern, liegt in einer typischen Hamburger Genossenschaftssiedlung. Weniger reich, ziemlich solide. Zwanziger Jahre, Klinkerbau, Laubengang, Bauhaus. Kleinbürgerliche Mitte. Leute mit Jobs. Auch hier ist alles ruhig. Wir müssen, um zu den Tonnen zu gelangen, über einen Platz gehen, der zu einem Ärztezentrum führt.

»Hier ist manchmal Notdienst«, sagt Jule. »Kann sein, dass da jemand ist.«

Tatsächlich hören wir Geräusche, die wir aber nicht ganz einordnen können. Ich biete mich an, die Lage auszukundschaften. Auf dem Weg zum Ärztezentrum verstärken sich die Geräusche. Ich versuche durch die Fenster zu sehen, aber da ist niemand.

Als ich zurückgehe, schaue ich kurz in die Nische, in der die Tonnen stehen sollen. Drei kräftige Männer sortieren da gerade Lebensmittel, die sie aus dem Müll gerettet haben. Sie sind ungefähr Mitte dreißig und sehen ganz passabel gekleidet aus. Also nicht so bedürftig, wie man sich Containerer vorstellt. Sie müssen richtig Beute gemacht haben, denn als ich zu Jule gehe, überholt mich einer der Männer. Er trägt zwei randvolle Tüten mit Lebensmitteln.

»Zu spät«, sagt Jule. »Da ist nichts mehr zu holen.«

Auch die anderen beiden Männer schleppen jeder zwei dicke Tüten weg.

»Wollen wir es nicht doch probieren?«

»Sechs volle Tüten. Da wird nur noch Müll drin sein«, sagt sie.

»Was denn sonst?«

Sie lacht. Jule ist etwas frustriert, weil sie mir so gar nichts bieten kann. Sie hat sich das anders vorgestellt und entschuldigt sich bei mir. Aber mir ist das insgeheim eigentlich gar nicht so unrecht. Ich bin mir nämlich immer noch unsicher, ob ich die Lebensmittel, die ich retten würde, auch essen könnte. Mir reicht es bislang, zu sehen, wie das alles so abläuft. Mit den Rucksäcken, den Sticks und den Absicherungen.

Aber Jule hat Ehrgeiz. »Komm, lass uns noch mal zu dem zweiten Supermarkt fahren. Da müsste jetzt auch keiner mehr da sein. Wir waren früh dran.«

»Meinetwegen.«

Wir radeln die Viertelstunde zurück, und die wenigen Lichter, die auf dem Hinweg noch gebrannt haben, sind nun auch aus. Die Straßen sind wie ausgestorben, auch die Kneipe gegenüber dem Supermarkt, von dem wir geflohen sind, ist bereits geschlossen. Dennoch stellen wir die Fahrräder wieder so hin, dass wir gleich aufspringen können, falls uns jemand entdecken sollte. Wieder geht es an der Mauer entlang, wieder hören wir Geräusche. Aber diesmal ist es kein Mitarbeiter, wie wir feststellen, als wir uns den Tonnen nähern, diesmal ist es ein anderer Containerer. Auch er ist jung und recht sportlich, und auch er hat zwei Einkaufstüten voller Lebensmittel, die er an uns vorbei wegträgt.

»Diesmal sollten wir zumindest gucken«, sage ich.

Wir stehen anderthalb Meter von den Containern entfernt, und die Nachbarn schlafen. Ich will jetzt einfach mal schauen, was da so abfällt. Julie nickt. Sie kramt in ihrem Rucksack und zieht dann einen weiteren Rucksack heraus.

»Der ist für dich.«

»Danke«, sage ich und bin gerührt von ihrer Großzügigkeit, weil sie Studentin ist und doch eigentlich weniger Geld zur Verfügung hat als ich, und will schon ablehnen. Aber ich habe den Eindruck, dass sie sich etwas schuldig fühlt. Es scheint ihr, das sehe ich, wichtig zu sein, und deshalb nehme ich den Rucksack an.

»Du brauchst ihn wirklich nicht?«

»Nein, ich habe doch einen.«

»Aber wenn der kaputtgeht?«

»Dann hole ich mir einen neuen.«

Plötzlich steht eine junge Frau mit Hut und rotem Mantel neben uns und wünscht uns einen guten Abend.

»Guten Abend«, sagen wir wie aus einem Munde und ziemlich erschrocken. Über unser Gespräch hinweg haben wir die Deckung fallen lassen und gar nicht aufgepasst, ob wir gesehen werden könnten.

»Habt ihr schon geguckt oder nicht?«

Was? Die containert auch? Das hätte ich niemals gedacht. Sie sieht aus, als ob sie gerade von einer Theaterpremiere kommt. So richtig fein zurechtgemacht und dann noch der knallrote Mantel. Und hohe Schuhe trägt sie auch. So geht doch keiner den Müll durchwühlen. Aber offenbar doch. Denn sie steuert auf den Container zu.

»Na, wenn ihr nicht wollt, dann gucke ich mal.«

Sie zieht eine richtig professionelle Müllzange aus ihrer Tasche, also so eine, mit der auch die Müllleute im Park die Sachen aufheben, schiebt den Containerdeckel zurück und stochert mit der Zange darin herum.

Jule und ich springen ihr bei, als ob es unsere letzte Chance wäre. Aber das Feld ist ziemlich abgegrast.

Schimmlige Paprika, dunkelbraune Bananen, viele Tüten, Joghurt, der aus kaputten Behältern raussickert. Jetzt nicht gerade einladend, denke ich. Aber es stinkt nicht, was mich beruhigt. Ich sehe zwei Netze mit Mandarinen und denke, die schaue ich mir mal genauer an. Denn das kennt man ja, pro Netz ist immer eine Mandarine oder Orange oder Zitrone angeschlagen und die steckt dann alle anderen an. Tatsächlich sind nur zwei Mandarinen verdorben und der Rest noch völlig in Ordnung. Ich reihe meinen Fund neben dem Container auf.

»Die sind okay! Nehmt euch, wenn ihr wollt!«

Die anderen haben gerade Kresse gesichtet, nach der sie angeln, und ich sehe, dass da noch Brot ist, das zum Glück verpackt ist. Auch das ist völlig in Ordnung. Es muss am Morgen gebacken worden sein. Was für eine Verschwendung, denke ich und stecke es in meinen Rucksack.

Jule und die junge Frau in dem roten Mantel holen ein paar Joghurts heraus, an denen ich kein Interesse habe.

»Nein, danke. Ich bin Veganerin.«

»Ach so.«

Sie teilen sich die Joghurts auf. Ich bekomme die Kresse, die beide noch für gut befunden haben, und einen Spitzkohl, der zum Glück auch noch eingepackt ist.

Auf dem Weg zur Straße frage ich die junge Frau in dem roten Mantel, warum sie so aussieht, wie sie aussieht, und ob das jetzt eine besonders geschickte Tarnung sei. Aber sie erzählt, dass sie Kunst studiert und gerade von einer Vernissage ihrer Kommilitonin komme und eben noch einmal hatte gucken wollen, ob sie etwas zu essen findet, weil ihr Kühlschrank leer sei.

»Machst du das öfter, also containern?«, frage ich.

»Klar«, sagt sie. »Sonst käme ich niemals über die Runden.«

Als ich nach Hause fahre, zähle ich: Jule, die Frau mit dem roten Mantel, die drei Männer beim Supermarkt am Ärztezentrum und der eine Mann beim Nosferatu-Supermarkt – das sind sechs Leute. Und ich. Also sieben Leute, die heute Nacht in diesem kleinen Stadtteil im Müll nach Lebensmitteln gewühlt haben, und vier davon haben richtig viel davongetragen. Ihre Tüten waren so voll wie bei einem Wochenendeinkauf.

Wie viele Menschen werden wohl in ganz Hamburg heute Nacht um die Mülltonnen der Supermärkte schleichen und nach verwertbaren Lebensmitteln suchen? Wie viele werden es in ganz Deutschland sein? Wenn man das, was ich gesehen habe, hochrechnet, müssten es Tausende sein. Tausende, die Tausende von Tragetaschen unverdorbener Lebensmittel nach Hause tragen und davon einen Teil ihres Bedarfs decken.

Armes Deutschland, denke ich, während ich durch mein Viertel fahre. Ich nehme einen Umweg an den großen Supermärkten vorbei und suche nach den Tonnen. Sie sind alle hinter Holzverschlägen eingeschlossen und verriegelt. Das wäre jetzt also Einbruchdiebstahl, denke ich und frage mich, warum die Armut hier quasi kriminalisiert wird. Da sollten die Aigner und ihr Nachfolger doch eigentlich froh sein, dass da Leute noch was draus machen aus dem Müll, weil sie damit ja auch den Schnitt von 82 Kilo verschwendeter Lebensmittel senken.

Als ich noch zur Schule ging, war das Mundraub, wenn wir aus dem Nachbarsgarten Pflaumen oder Äpfel geklaut haben. Und »Mundraub ist erlaubt«, hieß es.

Heute bin ich mir da nicht so sicher, wenn ich an den Prozess der Witzenhausener Studenten, ähm Studierenden, denke.

Am nächsten Morgen schaue ich mir meine geretteten Lebensmittel an. Sie sind immer noch unverdorben, und ich kann nicht verstehen, warum die im Müll gelandet sind. Das Brot toaste ich, und aus den Mandarinen und dem Spitzkohl mache ich mir einen grünen Smoothie. Ich arrangiere es wie ein Festmahl mit dem Silberbesteck, das ich von meiner Großmutter geerbt habe und von dem tatsächlich nach zig Umzügen noch ein paar Teile übrig sind, und dem guten Porzellan. Dann fange ich an zu essen.

»Taste the Waste«, denke ich. Und es schmeckt. Ich mache ein Container-Food-Porn-Foto und schicke es an Gudrun.

Sie schickt mir das Daumen-hoch-Zeichen.

Als ich fertig bin, weiß ich endlich, was ich mit den blöden Nordic-Walking-Sticks machen kann, die ich mal mit großen

Ambitionen bei Tchibo gekauft und die ich nie benutzt habe, weil ich finde, dass man damit gleich zwanzig Jahre älter aussieht.

Ich werde einen behalten, und den anderen gebe ich Jule.

Was für ein Bullshit!

Schon nach meinem ersten (unfreiwillig) veganen TV-Abend habe ich gemerkt, dass das Verhältnis von Fleischessern zu mir sich geändert hat, wobei ich ja gar nicht mehr Fleischesser sage, sondern Omnis. Auch in meinem Alltag habe ich in diesem Punkt neue Erfahrungen sammeln können, was mich sehr wundert, denn seit ich der Aufsicht meiner Eltern entwachsen bin, hat sich niemand dafür interessiert, was ich esse.

Das ist nun anders. Ich werde beobachtet, beargwöhnt und auch ein wenig belehrt. Und ich bekomme ständig Post. Eine Freundin etwa, von der ich seit Jahren nichts mehr gehört habe, schickt mir plötzlich einen Link zu einem Blog-Eintrag, in dem unter einer polemischen Überschrift gefragt wird, ob Veganer mehr Blutvergießen verursachen als Fleischesser[32] (was mit Ja beantwortet wird), und schreibt darunter den Kommentar: »Immer schön ausgewogen bleiben.«

Dieser Blog-Eintrag wurde mir übrigens noch neunmal an diesem Tag zugespielt, und immer hieß es: »Siehst du!« oder »Schau mal!« oder »Veganismus ist auch nicht so ohne«.

Aha, denke ich. Was soll mir das sagen? Und betrachte das Foto zu diesem Artikel, auf dem eine blutende Banane zu sehen ist, in der ein Messer steckt. Ganz schön reißerisch, denke ich und frage mich, was meine Freunde, die mich sonst immer schelten, dass ich eher im Boulevard zu Hause bin, an so einem Artikel finden. Ich werde es noch herausfinden.

Eine andere Freundin erzählt mir gleich bei drei aufeinanderfolgenden Treffen, dass veganes Essen viel fettiger und salziger sei als unveganes Essen, und sagt mir, dass ich unbedingt darüber nachdenken sollte, wenn ich jetzt auch vegan lebe. Diese Erkenntnis hat sie wohl in einer Verbraucherstudie gelesen, die von allen großen bürgerlichen Premiummedien[33] zitiert wurde. Auch diese Artikel wurden mir am Tag ihrer Veröffentlichung mehrfach zugespielt. Zwölfmal, genau genommen.

Ich habe ja nichts dagegen, wenn Freunde sich um mich sorgen. So sind Freunde nun einmal, es ist vielleicht sogar ihre ureigene Aufgabe, sich um einen zu sorgen, und es ist gut, wenn sie diese Aufgabe ernst nehmen. Aber was ich dann doch auffällig finde, ist, dass sie mir nie positive Artikel über Veganismus schicken. Es sind immer nur die Artikel, die den Veganismus kritisch sehen, die ich bekomme, mehr noch: Es sind Artikel, in denen der Veganismus richtig schlecht wegkommt. Mal ist er ungesünder, mal unökonomischer, mal inhumaner, mal dies, mal das.

Es enttäuscht mich schon ein wenig, dass meine klugen Freunde nicht auch ins Nachdenken darüber kommen, wieso es mit einem Mal eine mediale Antistimmung gegen den Veganismus gibt, und diese Artikel so unreflektiert an mich weiterreichen. Es enttäuscht mich noch mehr, wenn meine Freunde die Artikel gar nicht genau lesen und sich von einer reißerischen Schlagzeile einnehmen lassen.

Ich habe mir die Studie, auf die die Artikel verweisen, natürlich genau angesehen, und ich bin schockiert, wie schlampig zitiert wird und wie unkritisch dieses falsch Zitierte dann weitergegeben wird. Keiner meiner Freunde hat sich nämlich den Originaltest[34] mal angesehen. (Und die Journalisten offenbar auch nicht oder nicht richtig.)

Dann wären sie nämlich zu einem ganz anderen Schluss gekommen: Es handelt sich zum einen nicht um vegane Lebensmittel generell, sondern um 18 ausgewählte Produkte wie Vürste, Chicken Nuggets, leberwurstartiger Aufstrich, Sahne-Ersatz und so anderes Convenience-Zeugs. Zum anderen enthalten 16 dieser 18 Produkte weniger Fett als das vergleichbare tierische Erzeugnis. Hier wird also Leberwurst mit Leberwurst verglichen und nicht Äpfel mit Birnen, und da schneiden die veganen Lebensmittel viel, viel besser ab.

Wie ungesund und fettig müssen denn die Originale sein, wenn schon die veganen Alternativen eine rote Ampel bekommen? Die Tierprodukte hätten dann wahrscheinlich eine blutrote Ampel bekommen. Und wieso wird das von keinem bemerkt, und wieso wird das so unreflektiert weitergeplappert?

Das macht mich nachdenklich. Macht es meine Freunde nervös, dass ich vegan bin? Fühlen sie sich von mir gestresst?

Zum Glück bin ich mit solchen Erfahrungen nicht mehr allein und kann meine neuen Vreunde fragen, was sie so für Erlebnisse mit den Omnis in ihrem Freundes- und Bekanntenkreis haben oder in ihrer Familie.

»Ja, klar. Kenn ich«, sagt Mira, die ich seit unserem Absturz Vira nenne. »Seit ich vegan lebe, stehe ich unter Beobachtung.«

Virsten meint: »Ich bin der Feind bei Familienfesten.«

Vernd sagt: »Sobald ich nach Hause komme, brät meine Mutter ein Schnitzel.«

Und ich erzähle, dass sich meine Kollegen früher mit mir immer gerne die Spätschicht geteilt haben, weil ich eben Langschläferin bin und abends besser drauf, aber die Kollegen mir gegenüber sehr zurückhaltend sind, seitdem ich vegan bin, und ich mir vorkomme wie damals im Sportunterricht in der Schule, wo nach und nach die Besten ins Team gewählt wurden und man selbst x-beinig quasi als Ausschuss dastand.

»Die haben einfach alle Angst vor mir, weil die denken, die können sich nicht einfach eine Salami-Schinken-Pizza bestellen, wenn ich dabei bin«, sage ich.

»Geht mir auch so«, sagt Virsten. »Dabei sage ich nie etwas.«

»Ich auch nicht. Ich rede den anderen nie rein. Im Gegenteil. Mich nervt es, darüber zu sprechen«, sage ich.

»Kommt mir bekannt vor.« Vira, die auch schauspielerisches Talent hat, erzählt von einem Cartoon, der im Netz kursiert, und spricht ihn in verteilten Rollen nach.

Sagt der Omni: »Du bist echt vegan?« Vira ahmt eine tiefe Stimme nach.

»Ja«, fiept Vira. (Wir lachen.)

»Kein Fleisch?«

»Nein.«

»Auch kein Fisch?«

»Nein.«

»Milch und Eier auch nicht?«

»Nein.«

»Aber du trägst doch Lederschuhe!«

»Die sind noch aus der Zeit, in der ich nicht vegan war. Die trage ich auf.«

»Und was ist mit einer Currywurst oder Pommes. Nicht mal Lust drauf?«

»Auf die Pommes schon.«

»Ja, und warum machst du das eigentlich?«

»Ach, weil ich gegen die Massentierhaltung …«

»Nicht dein Ernst? Jetzt komm mir nicht mit so Sachen wie ›diese armen Tiere‹ und so. Das ist doch echt nervig jetzt.«

»…«

»Weißt du, was mich an euch Veganern total nervt? Dass ihr einen immer zuquatschen müsst und nicht einfach mal akzeptieren könnt, dass jemand Fleisch isst.«

Wir lachen.

»Solche Gespräche habe ich schon zigmal geführt«, sagt Vernd. Voliver nickt

»Ich auch.«

»Ich auch.«

»Ja, man wird zugelabert, dabei sagt man gar nichts.«

Ich freue mich, dass ich nicht alleine bin und alle das auch kennen, und schlage vor, dass wir uns aus der Sache einen Spaß machen.

»Ich habe eine Idee«, sage ich. »Wir machen jetzt ein Bullshit-Bingo aus all den Kommentaren, die wir bekommen.«

»Bullshit-Bingo?« Vernd liest wohl keine Frauenzeitschriften. Ich erkläre, dass man beim Bullshit-Bingo statt Zahlen Wörter oder Phrasen ausstreichen muss und dass man das gut auf Gespräche anwenden kann, die total vorhersehbar sind, und dass man eigentlich nicht ausstreicht, sondern einfach nur die Phrasen aufschreibt, um zu zeigen, wie absurd eine Situation ist.

»Germanys Next Topmodel«, sagt Virsten.

Und Vira ergänzt: »Überrasch uns! Heute ist wieder Entscheidungstag. Wow, New York!«

»Du bekommst heute kein Foto von uns«, sagt Voliver, und ich denke: Aha, GNTM guckt er also, und erinnere mich daran, dass er mich auch damals wegen des Burlesque-Namens so komisch angesehen hat.

Ich rücke ein wenig ab.

Wir sammeln also typische Omnitexte und stellen sie zu einem Omni-Bullshitbingo zusammen.

Was kann man denn da noch essen?	Hat man da nicht totale Mangelerscheinungen?	Woher bekommst du deine Proteine?
Das Gehirn des Menschen hat sich nur deshalb so gut entwickelt, weil er angefangen hat, Fleisch zu essen.	Der Mensch hat schon immer Fleisch gegessen.	Du trägst doch auch Lederschuhe!
Ich esse nur selten Fleisch. Zweimal pro Woche.	Pflanzen haben auch Gefühle.	Lass dich nicht mit einer Currywurst erwischen!
Wenn alle Menschen vegan wären, was passiert denn dann mit den Tieren?	Die Tiere sterben doch sowieso.	Die Natur ist eben grausam. Der Löwe frisst ja auch andere Tiere.
Der Mensch braucht Fleisch.	Ich kaufe nur bio.	Der Mensch hat Reißzähne.
Mir schmeckt Fleisch einfach.	Hitler war auch Vegetarier.	Vegan ist so extrem. Und alles Extreme ist nicht gut.

Das hat so viel Freude gemacht, dass es schon reichlich spät geworden ist. Zu Hause mache ich mir den Spaß, Entgegnungen auf die Phrasen zu formulieren.

Was kann man denn da noch essen?

Och, was ich so esse? Ich fange mal bei A an: Artischocken, Äpfel, Avocados, Ananas, Auberginen, Amarant, Birnen, Butterkürbisse, Blaubeeren, Brokkoli, Blumenkohl, Brombeeren, Braunhirse, Basilikum, Bananen, Bohnen jedweder Art, Champignons, Chicoreesalat, Cashew-Kerne, Dinkel, Erbsen, Erdbeeren, Erdnüsse, Endiviensalat, Erdmandeln, Fenchel, Feldsalat, Gurken, Grüner Salat, Gerste, Haferflocken, Hokkaidokürbisse, Himbeeren, Hanfsamen, Haselnüsse, Ingwer, Kohl, Kohlrabi, Kichererbsen, Karotten, Kartoffeln, Kakao, Knollensellerie, Lauch, Linsen, Limetten, Mangold, Mangos, Melonen, Mais, Mandeln, Okra, Orangen, Oliven, Paprikas, Papayas, Portobellos, Pistazien, Pastinaken, Postelein, Pfifferlinge, Preiselbeeren, Petersilie, Porree, Quinoa, Reis, Rote Bete, Radieschen, Rüben, Rotkohl, Rosenkohl, Rübenkraut, Rettich, Rohrzucker, Spinat, Süßkartoffeln, Spargel, Stangensellerie, Schnittlauch, Tomaten, Trauben, Vollkornnudeln, -brot und -reis, Walnüsse, Weizen, weiße Bohnen, Zwiebeln, Zwetschgen und noch viele andere frische Lebensmittel, die ich hier auf dem Markt bekomme, wo ich die, die sich um mich sorgen, so selten sehe.

Dazu kommt noch die S-Klasse der veganen Ernährung: Soja und Seitan. Also, keine Sorge, ich werde schon satt.

Hat man da nicht totale Mangelerscheinungen?

Die vielen Vitaminpräparate, die es in Supermärkten und Drogerien gibt, werden ihr Millionengeschäft bestimmt nicht mit den paar Veganern hierzulande machen – auch wenn deren Zahl stetig steigt. Insofern kommt die Frage von den Falschen. Das einzige Vitamin, was wirklich supplementiert werden muss, ist Vitamin B$_{12}$. Alle anderen Vitamine und Spurenelemente sind in einer ausgewogenen veganen Ernährung ausreichend vorhanden. Aber ausgewogen sollte sie schon sein. (Veganes Junkfood zählt nicht.) Eine gezielte rein pflanzliche Ernährung zählt zu den gesündesten Ernährungsweisen, die es gibt, und wenn sie zudem noch fettfrei ist, ist es sogar die gesündeste von allen.[35] (Zweifel räumt ein großes Blutbild aus.)

Woher bekommst du deine Proteine?

Nun, woher bekommt ein Elefant seine Proteine? Woher die Kühe, Schweine und Hühnchen, die wir essen? Oder woher bekommen die Schimpansen und Menschenaffen – um mal bei unseren nächsten Verwandten nachzufragen – ihre Proteine? Sie bekommen sie alle aus den Pflanzen, die sie essen. Dem Gras, den Blättern, den Früchten, den Nüssen und so weiter. Nicht zu glauben? Dann schauen Sie sich mal die dicken Muskelpakete eines in der Wildnis lebenden Gorillamännchens an! Der hat noch nie ein Steak gegessen, und Protein-Shakes kennt er auch nicht.

Der Mensch hat schon immer Fleisch gegessen.

Nein. Der Mensch hat erst in der Altsteinzeit angefangen, Fleisch zu essen. Da erst hatte er Werkzeuge für die Jagd und hat das Feuer gezähmt, um das Fleisch überhaupt bekömmlich zu machen. Und weil ihm das Jagen zu stressig war – er war ja noch ungeübt –, hat er lieber gesammelt. Achtzig Prozent seines Speiseplans bestanden aus Früchten und Nüssen.[36] Er war also eher Sammler als Jäger.

Du trägst doch auch Lederschuhe!

Klar. Denn in meinem Alter und als Frau besitze ich nicht nur ein Paar Segeltuchsportschuhe und ein Paar Gummistiefel, sondern einen ganzen Schuhschrank voller exklusiver Modelle. Die werde ich bestimmt nicht wegschmeißen. Denn es macht das Tier, das dafür gestorben ist, auch nicht wieder lebendig. Wenn ich aber jemals in meinem Leben neue Schuhe brauchen sollte, und das wird in absehbarer Zeit (und wenn ich vernünftig sein sollte) nicht vorkommen, dann sind es vegane Modelle. Ich habe da schon welche von Stella McCartney gesehen.

Ich esse ja nur ganz selten Fleisch. Zweimal pro Woche.
Aha.

Pflanzen haben auch Gefühle.
Nein.

Lass dich nicht bei einer Currywurst erwischen!
Da die Currywurst das heimliche Nationalgericht der Deutschen ist und seit zwanzig Jahren Bestseller in allen Schul-, Werks-, Heim- und sonstigen Kantinen,[37] ist es selbstverständlich eines der ersten Gerichte, die veganisiert wurden. Deshalb habe ich kein Problem damit, mich dabei erwischen zu lassen. Übrigens müssen die Unterschiede zu einer Currywurst aus Fleisch so marginal sein, dass Christian Rach damit 100 Bundeswehrsoldaten narren konnte: Er hat ihnen vegane Currywürste aufgetischt, und keiner hat es gemerkt. Schon logisch, bei den vielen Gewürzen und der dicken Soße.

Wenn alle Menschen vegan wären, was passiert denn dann mit den Tieren?
Aaahhhhhh. Wenn ich ein Vorschlaghammer wäre, wäre ich ein großer Vorschlaghammer. Im Ernst: Es klingt ein wenig nach: Wenn alle Atomkraftwerke abgeschaltet würden, woher bekommen wir dann unseren Strom? Es erinnert mich ein wenig an die Lobbyarbeit der Atomindustrie in den Siebzigern und

ihren Spruch: »Atomkraftgegner überwintern in Dunkelheit mit kaltem Hintern.« Wenn man etwas ändern will, muss man Regelungen für den Übergang schaffen. Macht man ja bei der Atomkraft auch. Wenn man denn will.

Die Tiere sterben doch sowieso.

Die Tiere sterben nicht, sie werden getötet, und dafür werden sie extra gezüchtet. Gestorben für den Wohlstand eben.

Die Natur ist grausam. Der Löwe frisst ja auch Tiere.

Der Mensch kann sich gegen die Grausamkeit entscheiden. Der Löwe nicht. Außerdem ist es seine Natur, Tiere zu fressen. Er ist ein Karnivore, ein Fleischfresser.

Der Mensch braucht Fleisch.

Nein. Der Mensch ist ein Omnivore, ein Allesfresser. Er kann Fleisch essen, muss er aber nicht. Sein Körper ist auf jedwede Option ausgerichtet – je nachdem, wie die Futterlage ist, er wird nicht verhungern. Er kann sich in Grönland von Fisch ernähren oder in der Steppe von Früchten und Gräsern. Seine körperlichen Anlagen sind eher die eines Frutariers (das sind Rohveganer wie seine Verwandten, die Affen): Er hat keine Reißzähne wie ein Löwe, aber Eckzähne, mit denen er Nüsse knacken oder Wurzeln kauen kann. Er hat – im Gegensatz zu Herbivoren wie Kühen – keinen Vormagen, aber dafür Speicheldrüsen, die beim Vorverdauen helfen. Das haben Fleischfresser nicht. Da geht gleich alles rein in einen robusten Magen. Die menschliche Magensäure ist verglichen mit denen der Fleischfresser relativ mild. Genauer: um ein 20-Faches verdünnt.[38] (Auch wenn das viele, die unter Sodbrennen leiden, nicht glauben mögen.) Dafür ist der Darm der Fleischesser kurz und glatt, damit das Fleisch nicht verfault, sondern alles schnell wieder raus ist.

Das menschliche Gehirn hat sich deshalb so gut entwickelt, weil der Mensch Fleisch (tierische Proteine) gegessen hat.

Selbst wenn es wahr wäre, es ist lange her. Momentan scheint der Trend wieder rückläufig zu sein und das Hirn unter der in den westlichen Industrienationen verbreiteten Ernährungsweise zu leiden, bei der ein hoher Anteil an Cholesterin und ein Mangel an pflanzlichen Antioxidantien die kognitiven Leistungen beeinträchtigen – das geht aus Studien zu Alzheimer und Demenz hervor.[39] Außerdem war es nicht das Fleisch, sondern der Speichel, der das Hirn so leistungsstark gemacht hat, wie es ist, und die Fähigkeit des menschlichen Speichels, kohlehydratreiche Stoffe aufzuschlüsseln.[40] Dass Glucose die Denkleistung befeuert – und nicht etwa ein mageres Steak –, weiß jeder, der über einer Formel brütet oder ein Buch schreibt. Da will man nämlich Süßes. Kein Fleisch.

Ich kaufe nur bio.

Warum ist dann der einzige Laden in unserem Viertel, der Biofleisch in Demeterqualität anbietet, pleitegegangen und bilden sich an der Frischfleischtruhe der Lebensmitteldiscounter lange Schlangen? Außerdem pfercht auch der Biobauer seine Tiere zusammen. Er gibt ihnen nur weniger Medikamente.

Der Mensch hat Reißzähne.

Nein. Schauen Sie mal einem Tiger ins Maul, bitte! Dann wissen Sie, was Reißzähne sind. Aber Vorsicht!

Mir schmeckt Fleisch.

Aha, warum würzt du es dann so heftig? Und übergießt es mit einer dicken Soße?

Hitler war auch Vegetarier.
Was willst du mir damit sagen?

Vegan ist so extrem. Und alles Extreme ist nicht gut.
Extrem ist, Zehntausende Sauen in einen Stall einzupferchen.

Beim nächsten Treffen zeige ich den anderen meine Erwiderungen. Wir lachen uns schlapp und sind uns darüber einig, dass zwar alle diese Kommentare schon einmal gehört haben, aber keiner sie jemals beantworten musste.

In Wahrheit bedeuten diese Omnitexte immer das Gleiche:

Omni-Bullshit	Übersetzung ins Vegane
Was kann man denn dann noch essen?	Ich will weiterhin Fleisch essen.
Hat man da nicht totale Mangelerscheinungen?	Ich will weiterhin Fleisch essen.
Woher bekommst du denn deine Proteine?	Ich will weiterhin Fleisch essen.
Du trägst doch auch Lederschuhe?	Ich will weiterhin Fleisch essen.
...	Ich will weiterhin Fleisch essen.
Ich esse nur ganz selten Fleisch. Nur zweimal die Woche.	Ich will weiterhin Fleisch essen. Zweimal die Woche.

Als ich das nächste Mal wieder eine antivegane E-Mail von einer meiner Freundinnen bekomme, weiß ich endlich, was sie mir in Wahrheit sagen will: Ich soll aufhören, sie mit meiner neuen Lebensweise nervös zu machen. Sie will einfach weiterhin Fleisch essen. Soll sie doch.

Ich antworte freundlich, indem ich mich für die Informationen, die sie mir zum Thema Veganismus zugeschickt hat, bedanke. Auch wenn es die fünfzehnte E-Mail ist, die ich zu diesem Thema heute bekommen habe. Aber so schnell lasse ich mich nicht aus der Fassung bringen.

Aber insgeheim denke ich mir: »Ich will essen, was ich will. Ich habe keine Lust, mich bevormunden zu lassen. Hört doch einfach auf, mich zu missionieren!«

Eine große Schweinerei

Meine Befürchtungen haben sich zum Glück nicht bestätigt. Meine Freunde kommen weiterhin zu meinen Fernsehabenden, und es macht genauso viel Spaß wie zuvor. Wenn dennoch einmal mein Veganismus zur Sprache kommen sollte, was eigentlich regelmäßig der Fall ist, und alle wieder ins Debattieren geraten, ob das jetzt gut oder schlecht ist und man mir erklärt, dass Fleisch doch schmeckt und der Mensch Fleisch braucht, dann drohe ich einfach an:

»Hey, lasst uns doch einfach wieder ein paar Minuten ›Nie wieder Fleisch‹ gucken! Wir sind ja damals gar nicht zu Ende gekommen.«

»Och, nö. Lass mal.«

Meist ist die Sache damit erledigt. Zumindest bei denjenigen, die an jenem denkwürdigen Abend, als Elena zufällig meinen Player startete, dabei gewesen sind.

Falls – meist ist es bei den Neuen – immer noch Diskussionsbedarf bestehen sollte, bringe ich »Earthlings« oder »Wände aus Glas« ins Spiel. Ich erzähle möglich beiläufig, dass das zwei echt populäre Tierqualklassiker sind, wobei ich das Wort »Qual« etwas dehne, und dass es da keine Steaks zu sehen gibt, die auf dem Herd brutzeln wie bei »Nie wieder Fleisch«, sondern es gleich in die Ställe oder Schlachthöfe geht und dass man im

Vorspann gewarnt wird, dass da ganz schlimme Szenen kommen werden und man den Film nicht gucken soll, wenn man das nicht ertragen kann. (Ich erzähle allerdings nicht, dass ich beide Filme genau deswegen noch nie gesehen habe.) Und dass nur einer der vielen Veganer, die ich in der Zwischenzeit kenne, es geschafft hat, sich immerhin einen dieser beiden Filme ganz anzusehen.

»Ist ja schon gut.«

»Mann, nicht schon wieder.«

»Du kannst ja richtig eklig werden, Bettina.«

»Ja, kann ich. Ihr aber auch.«

Meist fliegt dann ein Kissen durch den Raum, und die Diskussion ist abgewendet.

Dann können wir uns wieder den Wetten auf das nächste Topmodel von Germany widmen oder unseren Favoriten für den »Eurovision Song Contest« oder was auch immer wir gerade gucken.

Die Abende sind also insgesamt friedlich wie zuvor, und manchmal fragt man mich sogar nach dem Rezept für eines der Gerichte, die ich aufgetischt habe. Ich bin ja immer noch für das Essen zuständig, meine Gäste für die Getränke.

»Ich wusste gar nicht, dass vegan so lecker sein kann.«

»Wissen viele nicht. Probiert ja keiner. Außerdem können die meisten ja nicht kochen.«

»Stimmt. Ich auch nicht. Aber ich will es lernen.«

»Soll ich dir etwas von dem Linsensalat mitgeben?«

»O ja! Und kannst du mir auch sagen, wie du den gemacht hast?«

»Klar. Also man nimmt 250 Gramm Beluga-Linsen, lässt die eine halbe Stunde kochen, in den letzten zehn Minuten tust du gehacktes Suppengrün dazu. In der Zwischenzeit brätst du Zwiebeln und Räuchertofu scharf an und tust das dann zu den Linsen. Dann machst du noch ein paar Walnüsse rein. Für den Biss. Ach, Essig und Öl dazu. Essig ist gut für Linsen. Vielleicht Senf, wenn es dir schmeckt. Musste halt gucken. Fertig.«

»So einfach ist das?«

»Ja, so einfach. Die Freundin, von der ich das Rezept habe, macht auch immer noch Instantbrühe rein. Ich nicht. Musst du halt ausprobieren.«

Wenn schon die Vernunft- und die Gesundheitsargumente fürs Vegansein nicht ziehen – das mit dem Essen zieht immer.

Aber auch wenn's gut läuft, gucke ich jetzt öfter allein fern. Denn ich habe nicht immer Lust, über mein Vegansein zu reden. Das wird aber wohl noch so lange der Fall sein, bis es einfach ganz normal ist, vegan zu leben, so wie man eben Müll trennt oder Pfand auf Dosen bezahlt, worüber ja auch lange diskutiert wurde und was heute allen ganz selbstverständlich ist.

An einem Donnerstag ist es mal wieder so weit. Da will ich allein sein. Ich zappe rum und bleibe bei einer Filmszene hängen, in der ein Mann einer Frau, einer populären Politikerin, erst aufs Kleid, dann über die Schulter kotzt – und das offenbar mitten in einem gehobenen Restaurant, und alle gucken zu, und einer nimmt das Unglück sogar mit seinem Handy auf.

Super, denke ich, genau das Richtige. Ein Film, der so anfängt, ist doch vielversprechend. Es ist eine Politserie aus Dänemark, »Borgen – Gefährliche Seilschaften«, von der ich schon ein paar Folgen kenne. Ich mag sie sehr. Sie ist klug und beleuchtet aktuelle politische Themen aus verschiedenen Perspektiven. Der Abend ist gerettet und mein Veganismus weit weg.

Als die Hauptfigur am nächsten Tag in ihre Parteizentrale kommt, erfährt sie, dass das Video, das ihren kränkelnden Freund zeigt, bereits ein Youtube-Hit in Dänemark ist. Das ist nicht schön, und man überlegt, ob man das Thema Hygiene in der Gastronomie zum Thema machen kann. Die Partei ist neu, und sie braucht ein Thema, um an Profil zu gewinnen. Mit Verbraucherschutz in der Gastronomie aber, so entscheidet die Parteispitze, lässt sich nicht viel reißen. Die Sitzung wird vertagt.

Die Hauptfigur besucht ihren Freund im Krankenhaus, und er erzählt ihr, dass in dem Schnitzel offenbar ein Antibiotikum enthalten war, gegen das er hochallergisch ist und das, wie sich herausstellt, in der Schweinemast eigentlich verboten ist. Nun hat die Politikerin ein neues Thema: Medikamentenmissbrauch in der Schweinemast. Überhaupt die Zustände in der Schweinemast und Massentierhaltung. Ihre Mitstreiter in der Parteizentrale sind begeistert, sie weiten das Thema aus: Gefährdung der allgemeinen Gesundheit, Verbraucherschutz, fehlgeleitete Subventionen, kapitalistische Marktgesetze für Agrarprodukte, Tierschutz usw. usf. Ich bin voll drin, und dennoch werde ich stutzig.

Das kann doch nicht wahr sein! Jetzt will ich einmal Vegan-Pause machen, und schon geht es wieder um Tiere und Tierschutz und Massentierhaltung? Man hat als Veganerin wohl nie mal eine Auszeit? Offenbar nicht. Ich seufze und gucke weiter. Mich interessiert, wie das Thema aufbereitet wird.

Außerdem bin ich mal froh, dass ich für Recherchen, die ich ohnehin noch machen muss, nicht nur in Statistiken und Studien nachlesen muss, sondern das ganz unterhaltsam nähergebracht bekomme. Ach, Fernsehen kann so schön bilden.

Die Hauptfigur, Birgitte, fährt zu einem bäuerlichen Hof. Der Besitzer zeigt ihr seinen riesigen Stall und erklärt, wie die Schweine gehalten werden.

»Und wann sehen die denn mal die Sonne?«, fragt Birgitte.

»Auf den paar Metern zum Schlachthof.«

Das wusste ich auch noch nicht. Ich dachte, dass Schweine zumindest zeitweise auf der Wiese stehen, eben so, wie man das immer in der Werbung sieht. Mit viel Grün und fröhlichem Grunzen. Ich mache mir eine Notiz, damit ich das später genau nachlesen kann.

Der Bauer erzählt, dass die Antibiotika nicht nur gegen Krankheiten eingesetzt, sondern auch als Wachstumsbeschleuniger benutzt werden und diese Antibiotika später auch in dem Fleisch, das man isst, enthalten sind.

Mir geht kurz durch den Kopf, dass Birgitte mit ihrem Freund in einem sehr gehobenen Restaurant gegessen hat – mit Damast und Kerzen und teurem Wein. Und ich frage mich: Wieso servieren die denn da so billiges Fleisch aus der Massentierhaltung? Oder ist das allgemein üblich in Dänemark?

Ähnliche Gedanken muss Birgitte auch gehabt haben. Denn sie will wissen, ob der Bauer auch dieses Fleisch isst.

Er schüttelt den Kopf und zeigt auf ein paar Schweine, die separat auf einer Wiese gehalten werden.

»Die sind für mich und meine Familie.«

Birgitte reist ernüchtert ab.

Im Laufe der Folge erfahre ich, dass Dänemark der größte Schweinefleisch-Exporteur Europas ist und es in Dänemark mehr als doppelt so viel Schweine gibt wie Bewohner. Als der Film zu Ende ist, rechne ich nach: Das wären circa 12,3 Millionen Schweine. Es ist also ein riesiger Wirtschaftsfaktor, und es hängen zahlreiche Interessen davon ab, dass es wenige Kontrollen gibt und die »Produktion« – aus Züchtersicht – möglichst ohne Komplikationen verläuft. Es gibt Ställe mit bis zu 20 000 Sauen, die gigantischen Fabriken gleichen. Die Tiere sind in Einzelhaft und dürfen sich nicht bewegen, damit sie ordentlich Fleisch ansetzen. Die Würfe sind so groß, dass nicht alle Tiere durchgebracht werden können und deshalb einige, die schwächlichsten Ferkel nämlich, getötet und in den Kadavertonnen entsorgt werden. Die Tiere selbst sind so hochgezüchtet, dass sie unter ihrem Gewicht leiden und krank sind.

Ich habe ohnehin geplant, in Kürze nach Dänemark zu fahren, zwar aus anderen Gründen, aber, denke ich nun, da kann man ja ruhig ein paar Tage dranhängen, um sich mal so eine Mast von innen anzusehen.

Am kommenden Nachmittag rufe ich bei Hans Aarestrup, Geschäftsführer der Danske Svineproducenter, also des Verbandes der Dänischen Schweinezüchter, an. Es meldet sich eine sehr freundliche Dame namens Jette Harnbjerg, die mir zusichert, mich zurückzurufen. Sie bräuchte nur ein kurzes Schreiben, in dem ich mich vorstelle und sage, für wen ich arbeite und warum ich sie besuchen möchte. Das sei alles kein Problem. Und dann fragt sie noch, ob ich auch Züchterin sei.

»Ähm, no ...« Ich stottere und rede mich dann damit raus, dass ich ihr alles aufschreiben werde.

Dann sage ich: »Tak!«, und hoffe, dass das einzige dänische Wort, das ich kenne, mich rausreißt. »Danke« müsste doch eigentlich immer gehen, denke ich, und tatsächlich: Jette ist ganz erfreut, und wir reden ein bisschen über Deutschland und Dänemark und darüber, dass ich Kopenhagen so liebe. Irgendwann ist die Luft draußen. Jette bedankt sich und sagt, sie freue sich auf meine E-Mail. Sie will Hans meine Nummer weiterreichen. Er wird sich melden, versprochen! Aber bitte erst meine E-Mail.

Alle Dänen, die ich kenne, sind sehr freundlich und zuvorkommend. So wie Jette. Dennoch beschleicht mich das Gefühl, dass das nichts wird. Ich glaube, sie wollte mich mit ihrer Freundlichkeit abwimmeln. Außerdem: Was soll ich denn dem Interessenverband der Danske Svinepoducenter auch schreiben?

»Hi, Jette, Hi, Hans, ich habe in einer TV-Serie etwas über die Missstände in der dänischen Schweinemast gesehen und will mir das jetzt mal persönlich ansehen. Ich bin nämlich Journalistin und schreibe gerade an einem Buch ...«

Das wird wohl nicht so gut ankommen. Schweinezüchter haben

es bestimmt nicht so gerne, wenn ihre Methoden an die Öffentlichkeit geraten.

Dann muss ich eben einen anderen Weg wählen. Ich frage meine Freundin Camilla, die in Kopenhagen lebt und mit der ich über ihre Langschläfer-Initiative verbunden bin, weil ich mich auch für die Belange von Langschläfern einsetze und wir da quasi eine Internationale anstreben. Ich denke, es ist besser, wenn eine Dänin bei der Interessengemeinschaft der Dänischen Schweinezüchter anfragt. Camilla ist sofort dabei.

Aber nach einer Woche ruft sie mich total frustriert an. Sie wurde noch viel schlechter behandelt als ich, sagt sie. Ihr haben sie einfach den Hörer aufgeknallt, erzählt sie mir. Einmal wurde ihr sogar ein dänisches Schimpfwort an den Kopf geworfen, das ich nicht verstehe, das aber sehr unfein klingt.

Dennoch gibt es einen Hoffnungsschimmer. Camilla hat eine Freundin, Agnes, die wiederum einen Bruder hat, der Schweinebauer ist. Agnes und ich schreiben uns, um Details meines Besuches abzustimmen. Ich bin ganz erfreut, dass es doch nicht so schwierig ist, einen Schweinebauern zu besuchen. Im Gegenteil: Agnes versichert mir, dass ihr Bruder sich sehr freut. Persönliche Kontakte sind halt alles, denke ich. Agnes und ich sprechen über die Route und darüber, wer alles mitkommen soll und will und wann es denn am besten wäre. Sie fragt auch, ob sie mich in Kopenhagen abholen kann. Klar, denke ich. Keine Frage. Sehr gerne.

Ich richte alles so ein, dass ich einfach ein paar Tage nach dem geplanten Besuch in Kopenhagen ranhänge, um aufs Land zu fahren. Agnes und ich tauschen Telefonnummern aus. Dann fahre ich in meinen geplanten Kopenhagenurlaub.

Ich weiß nicht, was der Grund war. Jedenfalls bekomme ich am Vorabend meiner Abfahrt zu ihrem Bruder eine schriftliche

Absage von Agnes mit der Entschuldigung, dass ihr Bruder verhindert sei. Es ist die gleiche überbordende Freundlichkeit, mit der mich schon Jette ausgebremst hat. Und es ist bereits so spät, dass man jetzt nicht mehr telefonieren kann, und das mit dem Mietwagen muss ich am kommenden Morgen klären. Ich sehe auch, dass Agnes seit einer Stunde nicht mehr online ist.

Mist, denke ich, was habe ich bloß falsch gemacht? Hat Camilla ihrer Freundin noch etwas gesteckt? Camilla ist auch nicht zu erreichen, obwohl sie ja mit mir in der Langschläferinitiative ist und spät zu Bett geht. Aber sie ist eine junge Mutter und bestimmt fix und fertig von dem Baby und seinem Schlafrhythmus. Sie hat bestimmt einfach Wichtigeres zu tun.

Ich überlege, warum der Bruder mit einem Male so wahnsinnig beschäftigt ist. Ich starre auf mein Smartphone und scrolle meine Facebook-Pinnwand runter, und da sehe ich, wo der Fehler lag. Ich hatte zwei Tage vorher Folgendes gepostet: »Bettina Hennig isst im besten veganen Restaurant der Welt mit: Schatzi. hier: Firefly Garden, Frederiksborggade 26, 1360 København.«

Darunter ein Foto von meinen karamellisierten Karotten mit Sanddorn und getrockneten Aprikosen an Apfel-Spitzkohl und rohveganem Mohnbrot. Inklusive dem Edelbier aus einer lokalen Brauerei.

Ich glaube, an dem Bier wird es nicht gelegen haben.

Ich leere aus lauter Frust die Biere der Minibar. Auch am kommenden Morgen ist Agnes nicht zu erreichen – wie den ganzen Tag und die kommenden Tage auch nicht.

Das Stornieren des Wagens und Umbuchen des Bahntickets kostet mich eine – ja, ich sag das jetzt, auch wenn es total unvegan ist – S-c-h-w-e-i-n-e-kohle. Der einzige Trost ist, dass ich von dem vielen Bier keinen Kater habe. Bier – das können die Dänen.

Was die Schweine betrifft, dazu kann ich nichts sagen.

Eine noch größere Schweinerei

*E*s ist Ende März, und die Temperaturen sind nach den langen, dunklen Monaten das erste Mal wieder auf 20 Grad gestiegen. Die Leute haben ihre Sommergarderobe aus dem Schrank geholt. Weiße Hosen, Flatterkleider, hochgekrempelte Hemden, Sandalen. Nagellack in Bonbonfarben. Fröhliche Gesichter. Einige Frauen tragen Hut, und die Kinder essen Eis. Ich falle auf in meiner schwarzen Hose, meinem schwarzen Rollkragenpullover, meinen schwarzen Schuhen und meiner schwarzen Jacke.

Mist, denke ich, während ich warte. Ich hätte jetzt auch gerne ein Eis. Aber das geht nicht. Es gibt an diesem Ort in der Mitte von Nirgendwo kein veganes Eis.

In der Stadt habe ich es nicht schwer, vegan zu leben. Es gibt Geschäfte, Restaurants und in den Supermärkten Nischen und Ecken, in denen vegane Lebensmittel angeboten werden. Es gibt sogar zwei vegane Eisdielen in Hamburg: das »Liberty« am Fischmarkt und die »Eisbande« im Schanzenviertel.

Was aber würde ich als Veganerin nur machen, wenn ich auf dem Land lebte? Würde ich das überhaupt so problemlos umsetzen können? Nun, Obst und Gemüse und Getreide und Kartoffeln sind überall vegan. Außerdem gibt es, für die, die es mögen, zahlreiche vegane Versandhändler. Das wäre also nicht das Problem. Schwierig hingegen stelle ich mir die sozialen Spannungen vor. Die fragenden Blicke bei den Schützenfesten, den Gemeindenachmittagen, in den Schulen oder Kindergärten oder dem einzigen Restaurant des Ortes, wo sich alle über Schlachtplatten und über Gegrilltes beugen. (Bemerkenswerterweise sind viele Restaurants in der Provinz Griechen oder bieten Balkanküche an.) Würde ich diesen Blicken standhalten können? Oder den spitzen Bemerkungen, die garantiert kommen würden? Sie kommen ja auch in der Stadt. Und was ist mit dem Sonntagskaffee bei Oma, die nicht versteht, warum man ihren gedeckten Apfelkuchen, den man doch immer geliebt hat, nicht mehr essen will und auch den extra Schlag Sahne dazu verweigert?

»Schmeckt es dir denn nicht, Bettinchen?«

»Nein, Oma, darum geht es nicht. Ich mache das wegen der Tiere.«

»Aber schmeckt es dir nicht mehr?«

»Darum geht es doch nicht ...«

Kann man eine alte Dame, deren langjähriges Glück es war, die Familie mit saftigem, warmem Kuchen zu bewirten, der mit »guter Butter« und vielen Eiern zubereitet wurde, so vor den Kopf stoßen? Ich weiß es nicht.

Die Provinz schlägt mir aufs Gemüt, und die Sonne, die ich das erste Mal nicht auskosten kann, wie ich es gewohnt bin, offenbar auch. Ein Eis, denke ich. Das wär's.

Wo ist sie nur? Ich bin mit Ria verabredet. Ria studiert und ist nebenher aktiv für »Animal Equality«. Animal Equality ist eine gemeinnützige Organisation mit Sitz in Stuttgart, die sich für Tierrechte einsetzt. Durch ihre Aktionen wollen sie darauf aufmerksam machen, wie es Tieren in unserer Gesellschaft wirklich geht. Tieren in der Zucht, in der Mast, im Zirkus, im Zoo, in Aquarien. Sie klären an Infoständen, durch Flugblätter und im persönlichen Gespräch über die Situation der Tiere auf. Das Motto der Organisation lautet »Zur Verteidigung aller Tiere«. Einer ihrer Schwerpunkte sind die sogenannten Recherchen. Recherchen bedeuten, dass die Aktivisten sich in Zucht- oder Mastbetriebe und Legebatterien schleichen, dort Fotos und Filmaufnahmen machen und sie dann der Presse zuspielen in der Hoffnung, darüber ein breiteres Publikum zu finden. Das klingt logisch und effizienter, als in der Fußgängerzone Leute anzusprechen, die sich sowieso sofort missioniert vorkommen. Ich kenne das ja von meinen Albert-Schweitzer-Aktionstischen. (Dennoch mache ich sie weiter. Jeder Schritt zählt.) Was mir an den »Recherchen« gefällt, ist, dass es eine großartige, investigative journalistische Arbeit ist, und als Journalistin imponiert mir das, was Ria und ihre Mitstreiter machen, sehr.

Animal Equality hat Recherchen über Gänsestopfleber in Frankreich gemacht und über Hundeschlachthäuser in China. In Deutschland waren sie in Bioeier- und in Schweinezuchtbetrieben – und haben aufgedeckt, dass auch hierzulande die Gesetze nicht immer eingehalten werden. Schwangere Sauen zum Beispiel werden über Wochen in so engen Käfigen gehalten, dass sie sich nicht umdrehen können. Sie leiden an der Enge, an Durst, an Langeweile, an dem Dreck und sterben nicht selten unter diesen Bedingungen.

Das verschweigen die meisten, denke ich, während ich auf Ria warte. Wenn es um Fleischkonsum geht, dann meist nur darum, wie viele Tiere geschlachtet werden, aber niemand redet darüber, wie viele Tiere während der Aufzucht und der Mast sterben.

Auch heute geht es um Schweine. Ich darf mit auf eine dieser Recherchen, und ich sehe das mit gemischten Gefühlen. Einerseits habe ich alles darangesetzt, mir einmal die Verhältnisse in den Ställen persönlich anzusehen, seitdem ich die »Borgen«-Folge über die dänische Schweinemast gesehen habe. Andererseits fürchte ich, dem nicht gewachsen zu sein. Wie werde ich reagieren, wenn ich echte, lebendige Schweine sehe? Werde ich weinen? Werde ich in eine Schockstarre verfallen? Werde ich zusammenbrechen? Extreme Situationen beschwören extreme Gefühle herauf.

Ria lächelt. Ich erkenne sie sofort, weil ich sie in dem Film von Marc Pierschel gesehen habe, wo sie eine »offene Tierbefreiung« durchgeführt hat. Das bedeutet, dass die Aktivisten ihre Gesichter zeigen. Sie signalisieren damit, dass sie dafür einstehen, was sie tun, und mögliche juristische Konsequenzen in Kauf nehmen. Eine Tierbefreiung ist nicht ganz ungefährlich: 2011 wurden in Spanien zwölf Aktivisten verhaftet, weil man sie verdächtigte, vier Jahre zuvor fast 20000 Nerze aus einer Pelzfarm befreit zu haben. Marc Pierschel zeigt in seinem Film, wie die Aktivisten abgeführt wurden. Später hat man ihre Häuser durchsucht. Der Richter, dem die Aktivisten vorgeführt wurden, hat sie als »Öko-Terroristen« bezeichnet. In der Szene wird das als Versuch gewertet, die Tierrechtsbewegung in Spanien mundtot zu machen. Denn es deutet einiges darauf hin, dass die verhafteten Aktivisten zu Unrecht verdächtigt werden, etwa die Tatsache, dass die Täter maskiert waren und bei der Befreiung Dinge zerstört wurden. So arbeiten Aktivisten in der Regel nicht. Die Tierrechtsszene in Spanien ist sehr stark, weil offenbar die Tierrechte dort noch weniger beachtet werden als in Deutschland. Man denke nur an den Stierkampf.

Ria aber hat nur sechs Legehennen befreit. Der Besitzer dieser Hennen und die 3000 Hennenschwestern, mit denen sie sich den engen Stall geteilt haben, werden sie wohl nicht vermissen. Faktisch aber ist es Hausfriedensbruch und Diebstahl. Deshalb ist eine offene Befreiung mutig.

Ria erkennt mich auch. Ich denke, es ist die schwarze Kleidung, die mich ausweist.

»Wie war die Fahrt?«

»Gut«, sage ich. Ich mag nicht zugeben, dass ich in meinen Klamotten fürchterlich schwitze und am liebsten ein Eis hätte. Das kommt mir banal vor angesichts der Sache, die wir planen. Wir gehen zu ihrem Auto und checken erst einmal ab, ob wir noch beim »Sie« sind oder schon beim »Du«, und einigen uns auf das »Du«.

Das verstärkt meine Befangenheit erstaunlicherweise, statt sie mir zu nehmen. Ich bin befangen, weil ich mich minderwertig fühle. Sie ist so jung, denke ich, und zähle ein paar Jahre zu dem Alter, das ich schätze, hinzu, denn ich weiß ja, dass Veganer immer jünger wirken. Dennoch wird sie vielleicht halb so alt sein wie ich. Ich habe in ihrer Gegenwart das Gefühl, dass ich mein Leben mit so viel sinnlosem Zeug vergeudet habe, während sie, wie ich finde, wirklich wichtige Dinge tut. Ich fühle eine Art Rechtfertigungsdruck und kann nun nachvollziehen, wie sich Fleischesser in der Gegenwart von Veganern fühlen. Eben ein bisschen moralisch minderwertig und allein durch deren Präsenz in die Enge getrieben.

Ich stottere etwas über das Buch, das ich schreibe, und darüber, wie dankbar ich bin, dass sie mich mitnehmen will. Ria wiederum freut sich, dass ich über ihre Arbeit schreiben will, und versichert mir, wie dankbar sie dafür ist.

»Ich bin so froh, dass es endlich mal wieder ein veganes Buch gibt, das sich der Tierrechte annimmt«, sagt sie.

»Geht es nicht immer darum?« Ich bin schon so gepolt auf die Tiergeschichten, dass ich gar nicht drauf komme, was sie meinen könnte.

»Zurzeit geht es ja eher ums Kochen. Attila Hildmann und so.«

»Natürlich.« War ja auch bei mir am Anfang so.

Ich erzähle ihr die Geschichte von meinem Interview mit Attila Hildmann und wie ich daraufhin ins Grübeln gekommen und dann sehr schnell vegan geworden bin. Von dem Fauxpas mit dem Leder-Top erzähle ich nicht.

Wir fahren an einem McDonald's vorbei, und da fällt mir ein, dass gerade heiß darüber diskutiert wird, dass Attila Hildmann angeblich einen veganen Burger bei McDonald's herausgeben wird. Ich möchte wissen, was Ria darüber denkt.

»Fände ich super«, sagt sie. »Denn dann wäre der Veganismus mitten in der Gesellschaft angekommen. Das fände ich toll.«

Wow, denke ich. Ich bin beeindruckt, dass ausgerechnet sie so tolerant ist. Ich hatte immer den Eindruck, je aktiver Veganer bei Tierrechten sind, desto enger sei auch ihre Vorstellung darüber, wie sich die vegane Lebensweise eines Einzelnen zu zeigen habe. Ich habe oft das Wort Lifestyle-Veganer gehört.

»Wie lange bist du denn schon vegan?«, frage ich.

»Seit drei Jahren. Ich war vorher Vegetarierin. Meine Eltern sind beide Vegetarier.«

»Echt? Dann hast du nie in deinem Leben Fleisch gegessen?«

Ria bremst abrupt. Ich bin kurz irritiert. Aber sie zeigt auf Frösche, die die Straßenseite wechseln. Wieder bin ich ein wenig eingeschüchtert durch ihre Konsequenz. Ich hatte die Frösche gar nicht gesehen, obwohl doch einem Frosch meine erste Tierliebe galt.

»Klar habe ich Fleisch gegessen«, sagt sie. »In der Pubertät bin ich mit meinen Freunden sogar extra zu McDonald's gegangen.«

Wir machen in der Pubertät ja so einiges, um unsere Eltern zu provozieren.

Wir fahren über die Landstraße und über Dörfer und durch Haine und weiter über die Dörfer und landen schließlich in einer kleinen Stadt mit einer Reihe eingeschossiger Häuser. Sie sieht aus wie alle kleinen Städte. Eine Hauptstraße, ein Supermarkt, eine Bank, eine Apotheke, ein Restaurant, hier: ein Grieche. (Sag ich doch.) Ich glaube, ich würde umkommen vor Langeweile, denke ich, wenn ich hier wohnen müsste.

»Wir sind gleich da.«

Sie biegt in eine Ferienhaussiedlung ein. Dann hält sie an. Doch bevor wir aussteigen, dreht sich Ria zu mir und fragt: »Hast du dein Telefon zu Hause gelassen?«

»Ja, klar.«

»Gut, dann gehen wir zu den anderen.«

Sie hatte mich extra gebeten, mein Mobiltelefon nicht mitzunehmen, weil man es abhören könnte, selbst wenn es ausgeschaltet ist. Das geht auch über den Akku, sagte sie. Als sie mir das vor ein paar Tagen am Telefon gesagt hatte, hatte ich ein Gefühl von Konspiration, das auf der Fahrt übers Land völlig in den Hintergrund getreten war. Nun ist es wieder da und wird gleich verstärkt, weil, kaum dass wir in der Wohnung sind, wir allesamt auch schon wieder nach draußen gehen, damit wir ungestört reden können. Waldspaziergang – das kennt man ja aus der Politik. Aber ist das wirklich so gefährlich, was wir hier machen?

Ria stellt mir Vera, Daniel und Hendrik vor. Hendrik kenne ich auch aus dem Marc-Pierschel-Film. Auch er hat die offene Befreiung durchgeführt. Ich finde, er strahlt im direkten Gegenüber dieselbe Entschlossenheit aus wie im Film. Vera ist groß und hat ein offenes, fröhliches Gesicht. Daniel ist noch größer und wirkt schüchtern. Er ist der Einzige von den vieren, der raucht. Er bietet mir eine Zigarette an, ich lehne ab.

Sie sind alle sehr jung. Wieder beschleicht mich das Gefühl, mein Leben für unnütze Dinge vertan zu haben. Aber Hendrik nimmt mir meine Scham und fragt mich nach dem Interview, das ich mit Madonna geführt habe und wie sie denn so sei. Ich bin ganz platt, dass Menschen, die augenscheinlich so viel Wichtigeres machen, das interessieren könnte, und erzähle von dem Interview in Los Angeles und dass ich fand, dass Madonna einerseits sehr unkompliziert war und das Interview so, als ob man sich mit einer großen Schwester unterhält, aber dass sie andererseits keinen Funken Humor besitzt. Wie große Schwestern eben so sind. Ich kenne das ja ganz gut. Meine ist 23 Jahre älter. Sie geben ständig Ratschläge, statt Fragen zu beantworten. Hendrik lacht. Die anderen auch. Ich bin erleichtert.

An einem Weiher setzen wir uns auf einen Steg. Dann frage ich sie alle ein bisschen zu sich und ihrem Leben aus. Sie sind alle um die 25 Jahre alt – tatsächlich so alt, wie ich sie geschätzt habe. Ich bin tief beeindruckt. Wo war ich, als ich so alt war?

Hendrik, der auch für die Pressearbeit von Animal Equality zuständig ist, fängt an. Er ist es gewohnt, zu reden, und ich möchte erst einmal selbst Sicherheit gewinnen. Er arbeitet als Erzieher und ist über die »Tierrechtsinitiative Region Stuttgart« zum Tierschutz gekommen. Er hat reichlich Erfahrung mit Aktionen und Info-Ständen. Zu Animal Equality ist er gegangen, weil er mit den Recherchen, die dann der Presse zuspielt werden, mehr Leute erreichen kann. Als Journalistin kenne ich die Wirkung von Presse. Im Guten wie im Schlechten.

Mit 18 wurde er Vegetarier, zwei Jahre später Veganer. Das Motiv war, es zu schaffen. Eine Wette. Lustig, denke ich, Attila Hildmanns Challenge ist ja auch nicht mehr als eine Wette – eine Wette gegen sich selbst.

Er erklärt mir die Ziele von Animal Equality, und wieder fällt der Name Peter Singer und der Begriff Speziesismus. Ich höre angestrengt zu.

»Aha«, sage ich. In Wahrheit habe ich Peter Singer nie verstanden, obwohl seine Positionen in vielen veganen Foren diskutiert werden und ich mir deswegen sogar extra sein Buch »Animal Liberation. Die Befreiung der Tiere« von Gudrun ausgeliehen habe, das auf Deutsch vergriffen ist. Aber auf Seite 30 musste ich passen.

Ich frage: »Was heißt denn Spezi-, Spezi-, ach ihr wisst schon?«
Hendrik antwortet, als ob es die normalste Frage der Welt sei.
»Singer sagt: So wie es Unterschiede zwischen den einzelnen
Menschen gibt, gibt es auch einen Unterschied zwischen Mensch
und Tier, der nicht zu leugnen ist. Aber das, was uns allen gleich
ist, ist, dass wir leidensfähig sind.«

So weit komme ich mit.

»Genauso wie wir erkannt haben, dass es falsch ist, Menschen
wegen ihres Geschlechts, ihrer Kultur oder Hautfarbe zu diskriminieren, haben wir auch keine ethische Berechtigung, Tiere
aufgrund ihrer Spezies, also lediglich weil sie keine Menschen
sind, zu diskriminieren. Wir leiden auf die gleiche Weise, und ihr
Leiden sollte auch auf die gleiche Weise berücksichtigt werden ...«

»Also Antirassismus gegen Tiere?«

»Ja, ›Speziesismus‹«, sagt Vera.

»›Dumme Sau‹ zu sagen ist also spezi-, spezi- ...« Ich verhas-
pele mich. »Ach, du weißt schon, was ich meine.«

»Ja.« Sie lachen.

Endlich habe ich eine Ahnung davon, was Singer meinen
könnte.

Daniel ist Softwareentwickler. Er ist 28 und der Älteste der
Gruppe. Er erzählt, dass ihm bis vor vier Jahren Veganismus
etwas völlig Unbekanntes war, obwohl er vorher schon Vegetarier war. Ich nicke, weil ich das kenne. Vegetarier zu sein ist ja
schon ziemlich verbreitet in unserer Gesellschaft, aber vegan,
das kommt erst seit anderthalb Jahren mit Attilas Büchern. Vorher waren das doch für die meisten Extremisten und Ökospin-
ner. Daniel erzählt, dass er bei einem Grillabend dazu gekommen
ist, sich über seinen Fleischkonsum Gedanken zu machen: »Ich
fand damals, dass Fleisch essen in Ordnung ist, wenn ich es
bewusst konsumiere.«

»Bewusst?«

»Ja, ich bin mir bewusst darüber, dass ich es esse, aber eben auch weiß, dass es von einem Tier stammt.«

Dieses Argument kenne ich zu gut. Ich denke an die Damen, die angeblich nur bio kaufen und nur zweimal pro Woche Fleisch essen.

»Geht natürlich nicht auf«, sagt Daniel. »Bei diesem Grillabend war ein guter Freund, der Vegetarier ist, dabei. Er hat mich darauf aufmerksam gemacht, wie absurd diese Haltung ist. Denn für das Tier ist es gleich, ob ich das Fleisch bewusst oder nicht bewusst esse. Ich habe dann angefangen, vegetarisch zu leben, weil ich dieses Argument einleuchtend fand. Es fiel mir relativ leicht.«

Ich gucke auf seine Schuhe. Sie sind von »Vegetarian Shoes« aus England.

Vera erzählt, dass sie schon mit zwölf aufgehört hat, Fleisch zu essen. Ich hatte mir so etwas schon gedacht, weil sie mich an ein Mädchen aus meiner Klasse erinnert, die in der 7. Klasse aufgehört hat, Fleisch zu essen. Sie war durch die Liebe zu ihrem Pferd dazu gekommen, bei Vera war es das Zusammenleben mit Tieren.

Vera war froh, ab der 5. Klasse eine Mitschülerin zu haben, die auch Vegetarierin war. Da ging es schon besser. Dennoch sagt sie: »Ich vermied, in Diskussionen zu kommen.«

Das glaube ich ihr sofort. Vera stammt aus einem 8000-Seelen-Städtchen. Ich kann mir vorstellen, dass sie genau die Gespräche geführt hat und Bemerkungen hat einstecken müssen, die ich vorhin gedanklich durchgespielt habe, als ich auf Ria wartete: Die Fragen der Mitschüler, der Lehrer, der Verwandtschaft, die einfach nicht wahrhaben wollen, dass man eben anders ist als alle anderen, und die einem einreden wollen, dass das nicht gut ist, was man macht. In der Großstadt ist das nervig, in einer Kleinstadt kann es das Leben zur Hölle machen.

Die untergehende Sonne spiegelt sich im Weiher, die Schatten sind lang.

Ria sagt, wir müssen aufbrechen. Denn der Erfolg oder Misserfolg einer Recherche hängt auch davon ab, ob man rechtzeitig losfährt. Auf dem Weg erklärt sie mir, dass sie vier Ställe ausgesucht haben, die sie überprüfen wollen. Sie liegen relativ nahe beieinander, und wenn es bei dem einen nicht klappt, dann könne man gleich zum nächsten Stall fahren.

»Wie lange dauert es?«

»Meist bis um fünf Uhr morgens.«

Was? So lange?

Sie liest meine Gedanken: »Wir fahren dich dann nach Hause.«

»Ach, ich kann auch den ersten Zug nehmen.«

Ich bin schon dankbar genug, dass ich mitkommen darf, da muss man die Großzügigkeit dieser Leute ja nicht noch morgens nach so einer langen Nacht in Anspruch nehmen.

Aber alle lachen. »Warte mal ab. Du wirst so stinken, dass alle umfallen.«

»Dann habe ich das Abteil wenigstens für mich alleine.«

Ria erklärt mir, dass sie die Ställe nach bestimmten Kriterien ausgesucht haben. Sie haben Satellitenbilder der Ställe und die Koordinaten bis in die 13. Stelle hinter dem Komma.

»Warum?«

Wieder bremst sie kurz für einen Frosch. Wieder habe ich ihn nicht gesehen.

»Das ist wichtig für die Presse. Bevor wir in den Stall reingehen, legen wir ein GPS-Gerät mit den Koordinaten auf eine tagesaktuelle Zeitung. Das filmen wir dann ab und lassen den Film komplett durchlaufen. So wissen die Journalisten, wo die Aufnahmen stattgefunden haben und dass sie nicht manipuliert worden sind.«

»Was für eine Wahnsinnsarbeit, das alles rauszufinden.«

»Wir haben über Wochen daran gesessen, dennoch wissen wir nicht, ob wir richtigliegen. Man weiß nie, wie alt die Satellitenbilder sind.«

In der Wohnung ziehen sich Vera und Daniel zurück und kochen. Ria sucht die Utensilien für den Einsatz zusammen und bittet Hendrik, mich über die Rechtslage aufzuklären. Endlich, denke ich, das hatte ich ja völlig vergessen zu fragen.

»Wir nehmen nichts mit. Deshalb ist es nur Hausfriedensbruch. Also wenn die Polizei uns …«

Mein Puls nimmt Tempo auf. »Die Polizei?«

»Ist noch nie passiert. Aber es kann ja sein, und du musst dann wissen, was du tust. Du sagst einfach: ›Sie sehen doch, was wir hier machen.‹ Mehr nicht. Wichtig ist, dass du Geld dabeihast, damit du dir ein Taxi nehmen kannst, mit dem du nach Hause kommst, und dass du einen Ausweis in der Tasche hast.«

Ich hoffe, dass ich genug Geld mithabe, denn es ist ziemlich weit zu mir nach Hause. Für ein Taxi müsste ich wohl mit einem vierstelligen Betrag rechnen.

»Ich habe jetzt nur meinen Presseausweis mit.«

»Super.« Ich schaue Hendrik verwundert an. »Es gab kürzlich ein Presserechtsurteil. Da hat ein Betreiber die Aktivisten verklagt, aber der Richter meinte, dass die Arbeit, über tatsächliche Verhältnisse in den Betrieben aufzuklären für die Öffentlichkeit höher wiege als die privaten Interessen des Betreibers.«

»Guter Richter.«

Vera und Daniel kommen mit dem Essen. Es gibt Brokkoli in Sojasahne, Sojawürstchen und Reis. Ich bin glücklich, mit Veganern an einem Tisch zu sitzen. Fragen und Rechtfertigungen bleiben aus. Jeder häuft sich im stillen Einverständnis den Teller voll.

Als wir fertig sind, ziehen alle ihre schwarzen Klamotten an und heften sich ein Walkie-Talkie und Mikrophone um, in die man frei sprechen kann. Jetzt sehen wir alle aus wie vom Schwarzen Block, obwohl wir in friedlicher Absicht kommen.

Ria erklärt: »Einer oder zwei von uns – je nachdem – halten Wache. Die anderen gehen in den Stall. Wundere dich nicht, wir haben alle Decknamen. Denn der Ton wird ja von der Kamera mitgeschnitten.«

Sie tragen eine Kiste raus, in der weitere Utensilien sind. Masken, Schutzanzüge, Handschuhe. Bergarbeiterlampen, die man sich auf den Kopf schnallt. Kamera, Fotoapparat, Licht und ein paar Sachen, die ich nicht einordnen kann, und natürlich eine Mappe mit den Satellitenfotos und den Koordinaten der Ställe. Hendrik geht noch einmal zurück und holt die Tageszeitung.

Ria und Hendrik sprechen die Reihenfolge der Besuche und die Strecke ab. Ihre Stimmen sind halblaut. Währenddessen laden Vera und Daniel alles in den Kofferraum. Alle arbeiten Hand in Hand, dabei wird kaum gesprochen. Jeder weiß, was zu tun ist, und kennt seine Aufgabe. Ich stehe herum und gucke zu. Ich komme mir nutzlos vor und ein wenig störend. Zudem überfällt mich die Angst, dass ich die Recherche ruinieren könnte, weil ich etwas falsch mache oder weil ich anfange zu weinen. Mir ist das unangenehm, dass ich so taten- und hilflos bin, und ich denke: Besser jetzt fragen, als später.

»Wie geht ihr mit dem um, was ihr seht?«, frage ich, als wir uns ins Auto setzen.

»Meist sind wir so beschäftigt, gute Aufnahmen zu bekommen, dass uns das erst hinterher auffällt, wenn wir die Bilder und den Film sichten.«

»Ich habe Angst, dass ich heulen muss und euch die Recherche versaue.«

Oje, ich habe »versauen« gesagt, ein spezifi-, spezifi-... Wort, ach, egal. Ich schäme mich.

Aber die anderen bleiben cool und gehen gar nicht darauf ein.

Sie sprechen ab, wer was macht. Daniel will Wache halten, sollte es nötig werden, kommt Hendrik hinzu. Ria filmt, Vera macht die Fotos.

»Dann mach du doch das Licht für mich, Bettina«, sagt Vera.

»Echt? Darf ich? Ja, danke.«

Ich bin so froh, dass ich etwas habe, worauf ich mich im Zweifelsfall konzentrieren kann, wenn mich die Gefühle wegfegen sollten, dass ich beschließe, das beste Licht der Welt zu machen, obwohl ich gar nicht weiß, wie das geht. Aber der gute Wille zählt.

Es ist Nacht, und wieder muss Ria wegen der Frösche bremsen.

»Kennt ihr die Serie ›Borgen‹?«, frage ich.

»Nein.«

»So eine arte-Politserie. Ich mochte die gerne. Aus Dänemark. Einmal ging es um Schweinemast.«

Daniel sagt: »Ja, darin sind die Dänen groß. Die wollen jetzt in Haßleben in Brandenburg einen 40000-Sauen-Stall bauen.«

»Waren das nicht die Niederländer? Jedenfalls können die das, die Dänen.«

»Wie groß sind die Ställe, in die wir fahren?«, frage ich.

»Kleine Ställe. So um die 500 Sauen.«

»Das ist klein?«

»Ja, das, was in diesen Betrieben produziert wird, gilt als Premiumware.«

»Aha«, sage ich und überlege, ob die Auslauf innerhalb des Stalles haben und das dann als Premium gilt, und ich frage mich, ob der Besitzer das Fleisch dieser sogenannten Premiumschweine isst oder auch wie der Bauer aus »Borgen« einen kleinen Stall hat, wo die Schweine gehalten werden, die für den Eigenbedarf sind. Quasi Premium-Premiumware.

»In ›Borgen‹ habe ich gesehen, dass man den Ferkeln ohne Betäubung den Schwanz kupiert. Macht man das hier auch?«

»Oh ja.« Vier Stimmen antworten gleichzeitig.

»Aber warum?«

»Damit die sich nicht gegenseitig die Schwänze abnagen. Die haben ja den ganzen Tag nichts zu tun und langweilen sich.« Er macht eine Pause. »Ist eigentlich nur in Ausnahmefällen erlaubt, aber es ist zur Regel geworden. Die Veterinäre schauen weg. Die wollen ja auch von der Industrie beschäftigt werden.«

Daniel sagt: »Den Ferkeln werden auch die Eckzähne abgeschliffen. Auch das ohne Betäubung.«

Unfassbar. »In ›Borgen‹ hat man auch Muttersauen gesehen, die in so kleinen Käfigen standen, dass sie sich noch nicht einmal umdrehen konnten. Wie Einzelhaft.«

»Das ist auch in Deutschland Standard. Allerdings müssen die Sauen nicht mehr ihr ganzes Leben im Kastenstand, so heißt das, stehen, sondern nur ein paar Wochen nach und vor der Geburt. Den Rest der Zeit sollten sie in Gruppenhaltung verbringen. Doch viele Bauern fixieren die Tiere immer noch durchgängig.«

Fixieren. Das ist ja wie in einem mittelalterlichen Folterknast, wo man die Todeskandidaten in einen Eisenkäfig gesperrt hat. Das Bild passt ganz gut. Denn auch die Sauen sind ja Todeskandidaten.

»Werden wir das gleich auch sehen?«

»Nein, wir gehen in Mastbetriebe.«

»Ach so …«

Wir biegen von der Landstraße in einen Feldweg ab und halten in der Nähe eines Haines. Dort gucken wir alle noch einmal auf das Satellitenbild und prägen uns den Weg zum Stall ein und den Ort, an dem wir das Auto zurücklassen. Ich ziehe meine schwarze Mütze an und meine schwarzen Handschuhe. Auch die anderen tarnen sich. Es ist weit und breit kein elektrisches

Licht zu sehen und der Himmel zum Glück klar, so dass man wenigstens die Schemen von Bäumen und Feldern erkennen kann. Ich überlege, wann ich das letzte Mal so durch die dunkle Nacht gegangen bin und ob ich das überhaupt schon jemals erlebt habe.

In meiner Kindheit auf dem Land, in dem kleinen Schwarzwälder Dorf, das jetzt ein Naturschutzgebiet ist, haben wir manchmal Nachtwanderungen gemacht. Aber da hatten wir Laternen. Jetzt erhellt nur der Mond die Landschaft.

Wir laufen in das Dunkel hinein. Erst halten wir uns an die Grenze eines Hains. Dann an die Grenze eines Feldes, auf dem Salat angebaut wird, dann müssen wir über einen Wall klettern und über einen kleinen Bach springen. Der Boden ist weich, und ich versinke mit meinen Schuhen in Pfützen. Dann stehen wir vor einem Feld, aus dem weißer Dampf aufsteigt. Ich rufe mir das Satellitenbild in Erinnerung. Das ist wohl das Feld, an dessen Ende der Stall steht. Auch Ria muss das gedacht haben. Sie zeigt mit ihrem Arm die Richtung an. Wir gehen an einem Wall entlang, der mit dem ruppigen Gestrüpp, das mir schon vorhin auf der Fahrt zu der Wohnung aufgefallen ist, bewachsen ist. Gehe ich zu nahe am Wall, streifen die Dornen mein Gesicht oder verhaken sich an meiner Kleidung. Nehme ich Abstand, drohe ich in den matschigen Feldern zu versacken. Am Ende des Feldes steht tatsächlich die Anlage, die wir gesucht haben. Allerdings liegt zwischen ihr und uns der Wall mit dem Gestrüpp.

Eine halbe Stunde etwa sind wir durch die Nacht gegangen. Ich fühle mich seltsam reglos. Keine Angst, keine Panik, dabei habe ich mit so vielem gerechnet.

Noch einmal wird besprochen, wer was macht. Hendrik schlägt vor, an die andere Seite der Hauptstraße zu gehen, so dass er einen Blick auf das Dorf und auch auf das Haus hat, in dem wir den Besitzer vermuten. Daniel schlägt vor, eine andere

Sichtachse zu bewachen, die schräg zu Hendriks liegt. Ria, Vera und ich gehen in den Stall. Unser Weg führt über den Wall und dann direkt an einem Stall entlang, dem wir aber nicht zu nahe kommen, weil wir fürchten, dass ein Bewegungsmelder angehen könnte. Nach etwa zwanzig Metern stehen wir zwischen den beiden Ställen und stellen fest, dass das Gebäude, an dem wir uns entlanggeschlichen haben, ein Geräteschuppen ist.

Ich bin enttäuscht. Wird es nichts? Doch Ria weist in Richtung des Hofes. Dort steht ein Silo und dahinter sehen wir ein anderes Gebäude. So hatte ich es auch vom Satellitenbild in Erinnerung. Das Gebäude ist aus Ziegelsteinen und könnte tatsächlich ein Stall sein. Wir gehen um eine Jauchegrube herum auf eine weiße Tür zu. Ich höre nichts. Kein Bewegungsmelder, kein Hofhund, aber auch kein privater Schweinestall für Premium-Premium-Schweine wie der Bauer in ›Borgen‹ sie hatte, nur Mond und Sterne, die uns sehen. Ich bin immer noch gefasst. Die Konzentration darauf, nicht erwischt zu werden, scheint dafür zu sorgen, dass ich nicht in Panik verfalle. Ich bin klar im Kopf und hellwach.

Ria drückt die Klinke, und die Tür öffnet sich. Die Schweinehalter sind rechtlich dazu verpflichtet, eine Notfalltür zu haben. Aber sie halten sich nicht immer daran, auch weil sie fürchten, dass jemand einsteigt. So wie wir jetzt.

Ich spüre meinen Puls.

Ria spricht sich über das Walkie-Talkie mit Hendrik und Daniel ab. Wir müssen noch warten, bis beide auf ihrem Posten sind. Dann gibt mir Ria einen Schutzanzug, Gummihandschuhe, Überzieher für die Schuhe und einen Mundschutz. Ich kräusele die Stirn.

»Damit du später die Keime nicht rausträgst.«

Aha.

»Wir gehen jetzt rein und gucken nur, wo wir etwas finden, was wir aufnehmen können. Das müssen wir uns dann merken, ja? Und dann treffen wir uns hier draußen wieder.«

»Was suchen wir denn eigentlich?«

»Blutige Tiere, verdreckte Tiere, kranke Tiere, Tiere, die im Sterben liegen. Wir gehen nur in Betriebe rein, wo wir sicher sind, dass die Zustände schrecklich sind.«

»Wir gehen also gleich wieder raus.«

Vera scheint zu merken, dass ich schwanke. »Wenn es dir zu viel wird, kannst du dann draußen bleiben und mit den anderen Wache schieben.«

Ich nicke. »Danke. Wie geht es dann weiter?«

»Dann sprechen wir uns ab, wo und was wir aufnehmen, und dann legen wir Zeitung und GPS aus und filmen es ab und dann in einem durch. Wundere dich nicht, wenn wir nicht reden. Alles kommt mit aufs Band.«

»Wie lange dauert es?«

»Etwa anderthalb Stunden.«

Es müsste halb zwölf sein. Dann wären wir um ein Uhr fertig.

Wir gehen rein und stehen in einem Flur. Die Wände sind roh und unverputzt. Ich kann mich gar nicht auf das konzentrieren, was ich sehe, denn mit dem ersten Atemzug, den ich nehme, denke ich, mir ätzt es die Lunge weg. Es stinkt nach warmem, frischem Urin, und gleichzeitig habe ich den Eindruck, dass die Luft angefüllt ist mit kleinen Sägespänen. Sie ist feucht und süßlich und schwer und brennend wie Säure. Ich halte die Hand vor den Mund und merke, dass ich ja schon einen Mundschutz trage. Ich versuche durch die Nase zu atmen, aber diese Luft verbrennt mir auch die Nasenscheidewand und den Rachen. Ich muss fürchterlich husten, weil die Luft so schwer ist, dass ich das Gefühl habe, Partikel mit einzuatmen. Ich unterdrücke das Husten, weil ich unsere Mission nicht gefährden möchte, und denke: anderthalb Stunden! Wie soll ich das nur schaffen? Dann frage ich mich, wie es möglich ist, dass ein Lebewesen es auch nur länger als eine Minute in diesem Gestank aushält. Als mein Anfall abgeklungen ist, höre ich es von allen Seiten husten. Ich denke, es sind Ria und Vera und drehe mich zu ihnen um, aber nein: Es sind die Schweine, die hinter den Türen in den Ställen warten. O Gott, denke ich. Diese armen, armen Tiere.

Vera und ich gehen in den ersten Stall. Durch die Mitte läuft ein Steg, und links und rechts sind die Verschläge. Vier auf jeder Seite. Die Fenster sind höchstens so groß wie das Viertel einer Tischtennisplatte und sind extrem weit oben angebracht. Es fällt kaum Mondlicht durch. Vera gibt mir ein Zeichen, die Lampe auf dem Kopf anzumachen, und dann sehe ich sie: kleine Schweine, die in der hinteren Ecke des Verschlages zusammenkauern. Sie gucken uns an, und ich habe den Eindruck, dass sie ängstlich sind, und frage mich, was sie erlebt haben müssen, dass sie, wenn sie Menschen sehen, sich in die hintere Ecke ihres Verschlages drängen. Wie alt mögen sie sein? Sechs Wochen, zwei Monate?

Vielleicht sind meine Gedanken nur eine Projektion menschlicher Empfindungen auf die Tiere, und Schweine sind einfach vom Wesen her scheu oder irritiert, wenn sie aufgeweckt werden. Das will ich einräumen. Auch im nächsten Verschlag drücken sich die Schweine in die hintere Ecke. Im nächsten Verschlag ebenso. Sie zittern, obwohl es warm ist, und sie husten. Ich schaue mir den Boden an. Kein Stroh oder Heu. Stattdessen ein Betonspaltenboden, durch den Kot und Urin hindurchfallen sollen. Aber die Exkremente fallen nicht hindurch, sondern sammeln sich zentimeterhoch. Die Schweine stehen mit ihren Füßen in der eigenen Scheiße. Ihr ganzes kurzes Leben lang.

Aber bevor ich etwas außer Entsetzen fühlen kann, gibt mir Vera ein Zeichen, in den nächsten Raum zu gehen. Sie hat mit

249

ihrem geschulten Auge nichts erkannt, was über das Normale bei einer Massentierhaltung hinausgeht. Puh. Wenn dieser Gestank und dieses kollektive Husten normal sind, dann möchte ich gar nicht wissen, was nicht normal ist.

Wir gehen wieder zurück in den Flur mit den unverputzten Wänden, und ich hoffe, hier etwas mehr Luft zu kriegen. Aber die Fenster sind geschlossen.

Im nächsten Raum sind die Schweine schon älter und größer. Auch hier sind wieder acht Verschläge in einem Raum, je vier zu jeder Seite. Ich zähle. Es sind vierzehn Schweine, die sich eine Fläche von etwa zweieinhalb bis drei Metern im Quadrat teilen müssen. Das Gesetz schreibt für Schweine dieser Größe drei Viertel Quadratmeter pro Schwein vor. Das ist nicht viel, aber nicht einmal das ist den Tieren hier vergönnt. Sie stehen eng an eng und können sich kaum bewegen. Auch diese Schweine husten, und sie sind unglaublich dreckig. Ihre Körper sehen so aus, als ob sie sich im Schlamm gesuhlt hätten, aber es gibt keinen Schlamm – nur Betonspaltenböden und Scheiße.

Diese Schweine sind weniger ängstlich. Im Gegenteil, sie sind sogar neugierig und kommen uns entgegen. Vera bittet mich, das Licht so zu halten, dass wir sie besser sehen können. Ich sehe blutig gebissene Ohren, eitrige Augen unter blonden Wimpern, Schrammen am ganzen Körper und Dreck. Ein Schwein liegt in der Ecke und ist so erschöpft, dass es noch nicht einmal husten kann. Ein anderes Schwein lässt einfach seinen Kot auf das liegende Schwein herabfallen. Obwohl es am Kopf getroffen wird, regt es sich nicht einmal. Auch in den anderen Verschlägen sehen wir abgebissene Ohren, abgebissene Schwänze, eitrige Augen, zerschrammte, blutige und kotverschmierte Körper. Das ist sozusagen der Standard, das Normale. So sehen Schweine in der Massentierhaltung aus, denke ich. Sie zerbeißen sich, weil sie Langeweile haben und keinen Platz. Dazwischen sehe ich ein

250

Schwein mit einem Geschwür am Bauch, das so aussieht wie Froschlaich. Ein anderes Schwein hat eine dicke Beule da, wo wohl einmal sein Hoden war. Ein anderes eine große offene Wunde am vorderen Lauf. Das ist das, was über das Normale hinausgeht, und doch sind die Verletzungen, die ich sehe, so häufig, dass auch sie schon als normal anzusehen sind. In jedem Verschlag ist mindestens ein Schwein, das entweder wund ist oder nicht gehen kann oder nicht aufstehen kann oder ein Geschwür hat. Vera und ich merken uns den Raum und den Verschlag für die Aufnahmen, die wir später machen wollen.

Im nächsten Raum sind die Schweine noch größer und noch schwerer. Hier sollte jedes Tier einen Quadratmeter zur Verfügung haben.[41] Aber die Verschläge sind genauso groß wie in den anderen Räumen. Dass sich hier nur 12 statt 14 Schweine einen Verschlag teilen, macht die Sache nicht wesentlich geräumiger. Einige Schweine sind so fett gemästet, dass sie ihr eigenes Gewicht nicht mehr tragen können. Sie ziehen sich mit den vorderen Läufen durch den Dreck. Und immer dieser Husten.

Nachdem wir uns alle Räume und Verschläge angesehen haben, gehen wir wieder raus. Ich reiße sofort den Mundschutz ab und atme tief durch. Sofort muss ich husten. Meine Lunge muss sich an die frische, klare Luft gewöhnen. Dennoch ist es für mich die schönste Luft, die ich jemals geatmet habe. Ich bin ganz berauscht von dieser großartigen Luft und atme heftig ein und aus. Ich könnte stundenlang durchatmen. Wie bemitleidenswert die Schweine doch sind. Die einzige frische Luft, die sie jemals in ihrem Leben bekommen werden, ist die im Transporter zum Schlachthof.

Ria spricht ins Walkie-Talkie, dann sagt sie:»Bei Hendrik und Daniel ist alles in Ordnung. Wir gehen rein.«

Vera und sie besprechen, was sie gesehen haben:

»Erste Tür rechts, erster Verschlag: ein sterbendes Schwein.«

»Das stirbt?«, frage ich.

»Ja, sieht so aus.«

»Aber warum kommt denn da kein Arzt?«

»Zu teuer. Das Einzige, was zählt, ist, dass die Schweine halbwegs heil auf den Lastwagen kommen, der sie zum Schlachthaus fährt.«

»Wie lange müssen die Schweine denn in der Anlage bleiben?«

»Die Biobauern sind stolz, dass ihre Schweine den ersten Geburtstag erleben. Diese hier haben nur sechs Monate.«

So ein kurzes Leben. Ein Schwein lebt normalerweise zwanzig Jahre lang. Das weiß ich von Gudrun. Wenigstens leiden sie nicht so lange, aber dafür leiden viele, sehr viele.

»Zweite Tür rechts, dritter Verschlag: ein Geschwür.«

»Daneben: extrem blutiges Ohr.«

»Fünfte Tür rechts: misslungene Kastration.«

Das ist wohl das Schwein mit der Beule, wo mal der Hoden war.

»Letzte Tür: ein sterbendes Schwein.«

»Gegenüber: offene Wunde.«

»Vorletzte Tür links: Geschwür.«

»Davor: blutige Wunde.«

Ich komme mir vor wie in der Notaufnahme eines Krankenhauses, wo die Patienten auf ihre Krankheit reduziert werden.

»Dr. Müller. Gehen Sie mal zum Herzinfarkt.«

Ria holt die tagesaktuelle Zeitung aus der Tasche und schaltet das GPS ein. Es hängt sich auf. Hier im Nichts ist der Empfang schlecht, sie muss kurz aus dem Schatten der Anlage heraustreten, damit das Gerät die Koordinaten findet. Wieder spricht sie sich kurz mit Daniel und Hendrik ab. Dann verschwindet sie. Als Ria zurückkommt, legt sie das GPS auf die Zeitung und schaltet die Kamera ein. Dann gehen wir wieder rein.

Der Gestank haut mich wieder um, obwohl ich darauf vorbereitet bin. Nach drei, vier Atemzügen weiß ich wieder, wie ich atmen muss, um wenigstens den Gestank nicht zu riechen. Dass mir die Partikel, die in der Luft schweben, die Nase verätzen, kann ich nicht verhindern. Ich ziehe meinen Rollkragenpullover über das halbe Gesicht. Ein kläglicher Versuch.

Wir fotografieren das sterbende Schwein, das Geschwür, das blutige Ohr, die misslungene Kastration, noch ein sterbendes Schwein, die offene Wunde, noch ein Geschwür, noch eine blutige Wunde. Blutige Schrammen, abgebissene Schwänze und Ohren, den Dreck, den Kot, die Enge, das Blut, den Eiter. Kurz: alles, was wir fotografieren können. Den Gestank und die schwere Luft und das Husten eben nicht, obwohl das der beherrschende Eindruck ist.

Einmal kommt Ria auf uns zu und bittet uns, das Licht auszumachen. Hendrik hat jemanden draußen an der Anlage gesehen. Wir tasten uns im Dunkeln in Richtung Ausgang, nur unsere Erinnerung und das spärliche Mondlicht weisen uns den Weg. Meine Gedanken sind so in Anspruch davon genommen, leise und schnell wegzukommen, dass ich keine Aufregung spüre. Als wir kurz vor der Tür sind, gibt Hendrik Entwarnung.

»Da hat nur jemand den Müll rausgebracht.«

Um Mitternacht? Wie absurd. Wegen so einer Kleinigkeit kann unsere Aktion scheitern. Allerdings scheitern die meisten Dinge an Kleinigkeiten, denke ich. Menschliches Versagen und dumme Zufälle sind wohl die Hauptursachen für viele Dinge, die nicht zu Ende gebracht werden oder in einer Katastrophe enden.

Wir gehen wieder zurück und machen weiter Fotos. Einmal, um eines der sterbenden Schweine besser fotografieren zu können, gehen wir in die Hocke. Das Schwein hat die Augen geschlossen und atmet ganz flach. Es bewegt nicht einmal die Wimpern. Wie lange mag es da schon so liegen? Einen Tag, zwei Tage. Der

Veterinär scheint nicht allzu oft zu kommen, sonst hätte er das gemerkt, und die Besitzer auch nicht. Das Futter wird vollautomatisch in einen Trog geschüttet. Das Wasser tröpfelt aus einer Leitung. Schweine als Selbstversorger.

Meine Mutter lag eine Zeit im Koma. Ich habe ihre Hand gehalten, um ihr Zuversicht zu geben. Die Ärzte sagen, dass das helfen soll. Die Herzenswärme überträgt sich. Ich würde dem Schwein auch gerne die Hand auf den Bauch legen oder Wasser reichen, ich würde ihm gerne Trost und Zuversicht geben und sagen: Alles wird gut. Gleich kommt jemand, der dir hilft. Aber es kommt keiner, und wenn doch, dann wird er nicht helfen.

Die anderen Schweine sind, während wir niederknien und das sterbende Schwein fotografieren, näher an uns herangerückt. Wir sind quasi umstellt. Es ängstigt mich ein wenig, denn, da wir in der Hocke sitzen, sind wir auf Augenhöhe. Ihre Blicke wirken nicht mehr erbarmungswürdig, sondern aggressiv und so, als ob sie uns gleich überrennen und beißen und sich böse gegen uns benehmen. Wieder eine menschliche Projektion, denke ich. Aber ich könnte es verstehen. Als Mastschwein in der Massentierhaltung würde ich jeden Menschen beißen und überrennen, der in meine Nähe käme, und ich würde mich mit den anderen Schweinen zusammentun und eine große, blutige Schweinerevolution ausrufen und mich bitterböse rächen. Ich würde morden und töten. Ich würde zum Racheschwein. Als wir aufstehen, sehen die Augen der Schweine wieder traurig und mitleiderregend aus.

Draußen genieße ich wieder die frische Luft. Wir ziehen die Schutzkleidung aus und stecken sie in eine große Plastiktüte, die Ria fest verschließt, damit die giftigen Keime nicht hinausgetragen werden und sich keiner ansteckt. Dann gehen wir zurück über den Hof, am Schuppen entlang, über den Wall und an den struppigen Sträuchern vorbei auf das offene Feld hinaus.

So gehen wir eine Viertelstunde, ohne ein Wort zu sagen. Dann erzählen Vera, Ria, Hendrik und Daniel wie es für sie gelaufen ist.

Dann fragt Ria plötzlich: »Wie geht es dir, Bettina?«

»Wirklich gut ...«, sage ich, »... wirklich gut, dass ich etwas zu tun hatte.«

Dann steigen mir die Tränen in die Augen.

Als ich am kommenden Tag in den Supermarkt gehe, um meinen Kühlschrank mit reichlich Gemüse aufzufüllen, steht in der Schlange an der Kasse vor mir eine junge Frau. Sie legt eine Flasche Weißwein, eine Tafel Schokolade und eine Packung mit sechs Schweineschnitzeln auf das Band. Beim Hinausgehen sehe ich eine Werbebroschüre mit ganz vielen Sonderangeboten. 300 Gramm Schweineschnitzel kosten 2,39 Euro.

Abenteuer ohne Ende

D arf ich zu dir kommen?«, frage ich Gudrun am Telefon. Noch tagelang habe ich diese schrecklichen Bilder von den kotverschmierten Schweinen im Kopf, und ich wünsche mir, bei Gudrun auf ihrem kleinen Hof zu sein und von ihr getröstet zu werden.

Gudrun kennt das, was ich gesehen habe. Sie hat es selbst gesehen. Ich glaube, Gudrun ist die Einzige, die mich versteht.[42] Meine anderen Freunde, die fast alle noch Fleisch essen, sind jetzt nicht die richtigen Menschen, um mit ihnen darüber zu sprechen, was ich gesehen habe, und ich möchte auch nicht so Dinge hören wie: »Warum machst du so etwas?« – »Warum setzt du dich dem überhaupt aus?« – »Ach, das will ich alles gar nicht so genau wissen.«

Eben. Das ist ja das Problem, dass das alle gar nicht so genau wissen wollen und deshalb den schönen Bildern in der Werbung glauben und nicht dem, was dann vielleicht einmal gegen Mitternacht auf irgendeinem Spartensender läuft, der am hinteren Ende der Programmskala auf Position 73 zu finden ist.

Ich habe es gemacht, weil ich finde, dass es dazugehört, wenn man vegan ist. Ich bin nicht mehr bereit, wegzusehen.

Im Zug zu Gudrun kommt mir wieder der fürchterliche Gestank in den Sinn, und wie in einem Erinnerungsreflex muss ich ebenso fürchterlich husten. Es ist mir ganz peinlich in dem Großraumabteil der Bahn, weil mich alle ansehen. Wenn die wüssten, dass die Schweine, die ich gesehen habe, alle so einen Husten haben wie ich jetzt und total krank sind, würden sie dann noch ins Bordrestaurant gehen und Schweinelende bestellen? Ich bin froh, dass es seit neuestem ein veganes Angebot bei der Bahn gibt. Aber ich esse schlecht in den letzten Tagen und halte mich an einem Apfel fest.

Ich beobachte die Leute im Abteil und stelle mir, da wir hier wie die Schweine alle eng an eng sitzen in diesem vollbesetzten Zug, vor, dass wir jetzt auch alle husten, und das ein Leben lang. Wir würden uns bestimmt auch gegenseitig fertigmachen, wie die Schweine, die ich gesehen habe.

Als ich umsteige, kaufe ich in der Bahnhofsapotheke Hustenbonbons und in der Parfümerie das neue Parfüm von Guerlain, obwohl ich es gar nicht so sehr mag. Aber ich brauche etwas, was den Gestank aus meinen Gedanken vertreibt. Ich nebele mich damit ein und setze ich mich in die Regionalbahn und habe etwas mehr Platz als sonst. Nach der Regionalbahn muss ich einen Bus nehmen, den man heranwinkt. Auch da habe ich mehr Platz als sonst.

Der Ort, in dem Gudrun wohnt, hat 1000 Seelen. Sie lebt in einer antiken Hofreite, die direkt an einer Bundesstraße liegt. Ich gehe durch das grüne Holztor direkt auf den Innenhof, der von einer Scheune, den alten Schweineställen und einem Fachwerkhaus gesäumt ist, das teilweise noch aus dem 16. Jahrhundert stammt. Gudrun steht auf der Treppe des Fachwerkhauses und winkt mir. Sie trägt einen Blaumann.

Seit neun Jahren sind sie und ihr Mann dabei, den Hof zu renovieren, und ich habe den Eindruck, dass sie auch die kommenden neun Jahre damit beschäftigt sein werden. Und weil noch eine große Scheune dazugehört und ein kleiner Stall, von dessen Mauer, wie ich sehe, der Putz abbröckelt, die kommenden neun Jahre danach auch.

»Schön, dass ich kommen durfte«, sage ich.

»Schön, dass du da bist.«

Wir umarmen uns und gehen gleich in den Garten, wo sie Liegestühle rausgestellt hat.

»Setz dich. Ich mach einen Kaffee.«

Während Gudrun reingeht, schaue ich mich um. Der Frühling hat sich auch hier breitgemacht. Die Wiese ist saftig, der Löwenzahn blüht gelb. In Gudruns Garten stehen Sträucher von Brombeeren, Johannisbeeren und Himbeeren. Ich beschließe, im Sommer noch einmal herzukommen. Ich liebe Himbeeren, und bei der Ernte muss ich einfach wieder hier sein.

Rechts steht ein grünes Haus, das für die Hühner ist. Gudrun hat drei Hühner. Sie sehen fett und gesund und ein wenig keck aus, wie sie da vor ihrem Häuschen im Gras herumpicken und dabei gezielt die Köpfe heben und senken. Sie erinnern mich ein wenig an die Hühner meiner großen Schwester, und ich bin froh, nach all den gemeinen Bildern, die ich in den Foren gesehen habe und den Bildern im Schweinestall endlich wieder einmal normale, unbefangene, verspielte und offenbar zufriedene Tiere zu sehen.

Ich höre ein Grunzen.

Die Schweine! Ich hatte die gar nicht bemerkt. Ein großes, schwarzes Schwein steht auf einmal vor mir, das auf seinem Rüssel einen Flecken hat, der aussieht wie ein Herzchen, und zittert mit der Nase.

»Roland!«, ruft Gudrun, während sie ein Tablett mit zwei Schalen Milchkaffee, wie wir ihn immer während des Studiums in unserer WG getrunken haben (nur dass er jetzt mit Sojamilch gemacht ist), balanciert. »Pass auf. Roland ist der Chef. Der wird schön frech, wenn du nicht willst, wie er es will.«

Ich beuge mich zu ihm hin und streichle ihn. Tatsächlich lässt er sich das gefallen. Er ist ein Riesentier und etwas größer als die Schweine, die ich im Stall gesehen habe, und durch seine schwarze Farbe wirkt er auch imposanter. Die Schweine, die ich gesehen habe, waren alle rosa und wirkten, obwohl sie ganz schön groß waren, zart und wie aus Marzipan.

»Wieso heißt der Roland?«

»Wir haben den von ein paar hessischen Junggrünen. Die fanden das offenbar witzig, ein schwarzes Schwein nach dem Ministerpräsidenten zu benennen.«

»Die haben das Schwein in der Wohnung gehalten?«

»Ja, aber als es größer wurde, waren die überfordert und haben mich überredet, es zu nehmen.«

»Wie schwer ist der denn?«

»Och, 100 Kilo bestimmt.«

Roland genießt meine Zuwendung und grunzt und haut dann bald wieder ab, weil so eine Menschenfrau dann doch nicht so interessant ist wie das Gras und die Erde und die Hühner, die sich aber nicht von ihm beeindrucken lassen.

»Verstehen die sich?«

»Wenn Roland frech wird, wird er gepikst. Das ist ihm einmal passiert, nie wieder.«

»Wo ist das andere Schwein?«, frage ich Gudrun.

»Hansi? Keine Ahnung, wahrscheinlich schläft er gerade im Stall. Er wird sich schon bemerkbar machen. Er hat Angst vor Roland.«

»Warum?«

»Er ist schüchtern. Roland ist frech und neugierig. Alle drei Schweine, die ich hatte, waren total unterschiedlich. Das fasziniert mich total, wie individuell die sind.«

Ich ziehe die Augenbrauen zusammen.

»Doch, doch. Das kann man wirklich unterscheiden.«

Ich denke an die Schweine in der Mastanlage und daran, dass die alle ganz sicher noch nicht einmal einen Namen hatten, weil das alles so egal ist und sie nur als Lieferanten für Schweinelenden, Schweinebauch und Schweinekoteletts gesehen werden und deshalb auch kein Arzt kommt, wenn ein Schwein im Sterben liegt.

»Hansi hat voll die Angstneurose. Schlimme Kindheit, tippe ich mal. Wir haben ihn aus einer total verwahrlosten Rotte aus Maintal geholt. Das war total verdreckt. Da lagen tote Schweine dazwischen. Das hat vielleicht gestunken.«

Ich kenne das, ich muss wieder husten.

»Davon bekommt ein Schwein einen Hau weg?« Ich dachte immer, ich würde menschliche Empfindungen auf Schweine projizieren, aber das ist offenbar wirklich so.

»Kannste wetten.« Gudrun stellt das Tablett zwischen uns ab, nachdem sie sich versichert hat, dass Roland am anderen Ende ihres Gartens etwas gefunden hat, was ihn mehr fesselt als wir und die Liegestühle und der Milchkaffee. »Die bekommen alles mit. Schweine sind die sensibelsten Tiere, die ich kenne.«

»Aber Angstneurose? Ist das nicht ein wenig hoch gegriffen?«

»Wieso? Hunde haben doch auch Störungen und werden zum Hundepsychologen gebracht.«

Stimmt. Allein in meinem Hamburger Stadtteil gibt es auf dem Weg von mir zum Bäcker vier Praxen von Hundepsychologen. Und die sind voll, wenn man von dem konstanten Bellen, das man da hört, auf die Auslastung schließen darf.

»Vielleicht sollte ich auf Schweinepsychologin umschulen.«

»Da wirst du arm bleiben und arm sterben.«

Ich erzähle von dem, was ich gesehen habe. Dem Blut, den Ohren, den Schwänzen, dem Kot und dem fürchterlichen Gestank und dem Husten und muss tatsächlich schon wieder weinen. Mir ist das wirklich langsam unangenehm, und ich hoffe, dass ich diese Eindrücke bald vergessen kann. Es kann ja nicht sein, dass ich immer weinen muss, wenn ich an die Schweine denke.

»Entschuldige«, sage ich, als ich nach einem Taschentuch in meiner Tasche wühle. Aber ich sehe, dass auch Gudrun Wasser in den Augen hat.

Roland wühlt unter den Brombeerbüschen in der Erde und grunzt. Er wedelt mit dem Schwanz wie ein Hund. Ich beobachte ihn und freue mich, dass er so glücklich und lebendig ist.

Ich schäme mich, dass ich jemals in meinem Leben Schwein gegessen habe. Ich schäme mich für die vielen Schinkenbrote, die ich gegessen habe, und die vielen Schnitzel, für die vielen Portionen Schweinefleisch »süß-sauer« und für die vielen Lendchen. Ich schäme mich, weil ich immer dachte, ich würde auf gute Ernährung achten, und ich schäme mich, weil ich merke, dass ich mich ein Leben lang selbst belogen und betrogen habe, weil ich in Wahrheit gar nichts über Ernährung wusste und darüber, wie es den Tieren wirklich geht.

Wieder denke ich an die Schweine im Stall und frage mich, ob die jetzt auch schon irgendwo als Premium-Lende, Premium-Hack oder Premium-Schinken liegen oder garniert mit ein wenig Petersilie und einer geviertelten Tomate als Premium-Schnitzel in einem Restaurant serviert werden.

Ich frage mich, wie ich das alles so lange und so konsequent habe von mir fernhalten können und warum ich nie darüber nachgedacht habe.

»Wie kommst du damit klar, dass man so lange so getan hat, als ob alles in Ordnung sei, also viel Fleisch zu essen und den ganzen Mist mitzumachen?«

»Ist wohl unsere Erziehung.«

Gudrun erzählt, dass sie sogar noch Schwein gegessen hat, als sie selbst ein Schwein hatte. Erst als Daphne gestorben ist,

ist ihr der Zusammenhang klargeworden. Gudrun sagt, dass sie seitdem glaubt, dass jedes Tier um sein Leben kämpft. So wie Menschen es tun, die noch nicht abgeschlossen haben mit dem Leben; und die Tiere, die geschlachtet werden, sind ja noch jung. Wir essen quasi Tier-Teenager. Das muss man sich einmal klarmachen.

»Huch.« Wir schauen zum Stall.

Es ist Hansi. Er ist ebenso schwarz wie Roland, aber noch fetter und größer und voller Falten. Er ist fast blind. Hansi schnuppert in der Luft und geht dann, vorsichtig, weil er kaum etwas sehen kann, an den Hühnern vorbei. Er steuert auf das Gattertor zu und wagt dann einen Schritt in unsere Richtung – hinaus in den Garten. Dann bleibt er stehen und hebt seinen Rüssel in die Luft, als ob er ganz tief die schöne Luft einatmen will.

Wie sehr hätte ich dieses Erlebnis den Mastschweinen gegönnt.

»So weit raus ist er noch nie gegangen!«, sagt Gudrun und steht auf.

Auch Roland guckt und nähert sich ihm ein paar Schritte. Hansi lässt sich davon nicht irritieren.

»Komisch«, sagt Gudrun. »Was ist denn mit dem los?«

Dann dreht sie sich zu mir um und knüpft an unser Gespräch an: »Weißt du, ich denke gar nicht darüber nach, was war. Ich denke darüber nach, was ist. Vegan zu leben macht mich nämlich superglücklich, weil ich das alles nicht mehr zu verantworten habe. Diese ganze Industriescheiße und dieses Morden. Ich bin an alldem nicht mehr schuld. Es war die beste Entscheidung meines Lebens.«

Meine auch, denke ich. Und auch ich bin darüber superglücklich.

Quellen

Bolk, Patrick: Ab heute vegan: So klappt dein Umstieg. Ein Wegweiser durch den veganen Alltag. Mainz 2013.

Bredack, Jan: Vegan für alle. Warum wir richtig leben sollten. München 2014.

Bundesministerium für Ernährung, Landwirtschaft und Verbraucherschutz: Ermittlung der Mengen weggeworfener Lebensmittel und Hauptursachen für die Entstehung von Lebensmittelabfällen in Deutschland. Zusammenfassung einer Studie der Universität Stuttgart (März 2012). www.bmel.de. Letzter Zugriff: 31.05.2014.

Campbell, Colin T.; Campbell, Thomas M.: Die China Study. Bad Kötzting 2011.

Coleman, John: Humans – Carnivore, Herbivore or Omnivore. Comparative Anatomy & Taxinomy. www.growfood.com, 12.05.2012. Letzter Zugriff: 22.06.2014.

Dahlke, Ruediger: Peace Food. Wie der Verzicht auf Fleisch Körper und Seele heilt. München 2011.

Deutscher Bauernverband (o.A.): Meat Magazin. Berlin.

Deutsches Rotes Kreuz: Zusammenfassung Weltkatastrophenbericht 2011 – Hunger und Unterernährung des Internationalen Komitees des Roten Kreuzes. Pressestelle DRK.

Duve, Karen: Anständig essen. Ein Selbstversuch. München 2012.

Enders, Giulia: Darm mit Charme. Berlin 2014.

Eugenides, Jeffrey: Middlesex. Reinbek bei Hamburg 2003.

Fislage, Ruth: Menü-Charts. Currywurst unangefochtene Nummer eins. Pressemeldung. www.apetito.de, 31.05.2011. Letzter Zugriff: 17.03.2014.

Foer, Jonathan Safran: Tiere essen. Köln 2010.

Fontane, Theodor: Der Stechlin. Berlin 2012.

Freedman, Rory; Barnouin, Kim: Skinny Bitch. München 2008.

Göb, Surdham: Meine vegane Küche. Arau 2013.

Grabolle, Andreas: Kein Fleisch macht glücklich. Mit gutem Gefühl
essen und genießen. München 2012.

Gülden, Gudrun: Mord im Schlachthof. Bremen 2014.

Hildmann, Attila: Vegan for Fit. Die Attila Hildmann 30-Tage-Challenge.
Hilden 2013.

Ders.: Vegan for Fun. Junge vegetarische Küche. Hilden 2013.

Ders.: Vegan for Youth. Die Attila Hildmann Triät. Hilden 2014.

Joy, Melanie: Warum wir Hunde lieben, Schweine essen und Kühe
anziehen. Münster 2013.

Kalmijn, Sandra, u. a.: Dietary fat intake and the risk of incident
dementia in the Rotterdam study. In: Annals of Neurology. Band 42,
Heft 5. Hoboken 1997. S. 776–82.

Kamen, Betty: New Facts About Fiber: Health Builder Disease Fighter
Vital Nutrient. Novato 1991.

Klawitter, Nils: Fettig und salzig. Vegane Lebensmittel sind auch nicht
besser. www.spiegel.de, 03. 04. 2014. Letzter Zugriff: 03. 04. 2014.

Koch, Hans-Gerd: Kafka in Berlin. Berlin 2008.

Lippitz, Ulf; Flamm, Stefanie: Wolfgang Joop. Ich knallte ihr eine, dass
die Brille brach. www.tagesspiegel.de, 17. 01. 2010. Letzter Zugriff:
17. 04. 2014.

Minson, Julia A.; Monin, Benoît: Do-Gooders Derogation. Disparaging
Morally Motivated Minorities to Defuse Anticipated Reproach. In:
Social Psychological and Personality Science. März 2012, Bd. 3,
Nr. 2, S. 200–207.

N. N.: Mensch versus Affe: Die Spucke macht den Unterschied.
www.spiegel.de, 10. 09. 2007. Letzter Zugriff: 30. 05. 2014.

N. N.: Vegane Lebensmittel – Zu viel Salz, zu viel Fett, zu viele Zusatz-
stoffe. www.zeit.de, 03. 04. 2014. Letzter Zugriff: 03. 04. 2014.

Olschewski, Felix: Verursachen Vegetarier mehr Blutvergießen als
Fleischesser? www.urgeschmack.de, 24. 01. 2014. Letzter Zugriff:
24. 01. 2014.

Perry, George H.; Dominy, Nathaniel J.: Diet and the evolution of
human amylase gene copy number variation. In: Nature Genetics.
Band 39. 2007. S. 256–1260.

Rifkin, Jeremy: Die dritte industrielle Revolution. Frankfurt am Main 2011.

Robbins, John: The Food Revolution. How your diet can help save your life and our world. San Francisco 2001/2011.

Schrenk, Friedemann: Die Frühzeit des Menschen. Der Weg zum Homo sapiens. München 1997.

Silverstone, Alicia: Meine Rezepte für eine bessere Welt. Bewusst genießen, schlank bleiben und die Erde retten – Mit 120 veganen Gerichten. München 2011.

Singer, Peter: Animal Liberation. Die Befreiung der Tiere. Reinbek bei Hamburg 1996.

Sezgin, Hilal: Artgerecht ist nur die Freiheit. Eine Ethik für Tiere oder Warum wir umdenken müssen. München 2014.

Steen, Celine; Newman, Joni Marie: Vegan Kochen. So klappt die Umstellung. München 2013.

Universität Göttingen und Hohenheim: Fleischkonsum in Deutschland: Zahl der Vegetarier verdoppelt sich/genereller Trend zu weniger Fleisch. Pressemeldung. www.uni-hohenheim.de, 22. 07. 2013. Letzter Zugriff: 22. 06. 2014.

Vagedes, Christian: Veg up! Die Veganisierung der Welt. Kiel 2011.

Verbraucherzentrale Hamburg e. V. Marktcheck Vegane Lebensmittel. Pressemeldung. www.vzhh.de, 17. 04. 2014. Letzter Zugriff: 23. 04. 2014.

Wilson, Edward O.: The Future of Life. Toronto 2002.

Wolff, Steffi von: Perlen-Paulas. In: Gier, Kerstin (Hg.): Die Mütter-Mafia und Friends. Das Imperium schlägt zurück. Bergisch-Gladbach 2011. S. 91–106.

Zittlau, Jörg: Ballaststoffe nützen auch Hirn, Lunge und Seele. www.welt.de, 25. 08. 2013. Letzter Zugriff: 31. 05. 2014.

Anmerkungen

1 Foer, Tiere essen, S. 52.
2 Wer auch seinen Spaß daran habe könnte, dem empfehle ich hiermit den Film »Contagion« von Steven Soderbergh.
3 Vgl.: Studie der Universitäten Göttingen und Hohenheim zum Fleischkonsum in Deutschland (2013).
4 Vgl.: Anzahl der Vegetarier laut Pressemeldung des VEBU vom November 2013. www.vebu.de/lifestyle/anzahl-der-vegetarierinnen. Letzter Zugriff: 24. 05. 2014. Die Zahl der Veganer ist nur eine Schätzung.
5 Wilson, The Future of Life, S. 33.
6 Ebd, S. 34.
7 Campbell, China Study, S. 115.
8 http://www.youtube.com/watch?v=EOiDycOz2KE.
9 Zit. nach: Koch, Kafka in Berlin, S. 13.
10 Ich empfehle für alle Veganisierungs-Experimente: Steen; Newman, Vegan kochen.
11 Minson; Monin, Do-Gooders Derogation, S. 200.
12 Ebd.
13 Vgl.: Robbins, The Food Revolution, S. 292f.; Rifkin, Die dritte industrielle Revolution, S. 218.
14 Krone, Zusammenfassung Weltkatastrophenbericht 2011 – Hunger und Unterernährung – des Internationalen Komitees vom Roten Kreuz.
15 Vgl. Statistisches Bundesamt. Wirtschaftsbereiche – Tiere und tierische Erzeugung. www.destatis.de/DE/ZahlenFakten/ Wirtschaftsbereiche/LandForstwirtschaftFischerei/Tiereundtierische

Erzeugung/Tabellen/BetriebeHennenhaltungsplaetzeHaltungsfor
men.html. Letzter Zugriff: 06.04.2014.

16 Vgl. Statistisches Bundesamt. Wirtschaftsbereiche – Tiere und
tierische Erzeugung. www.destatis.de/DE/ZahlenFakten/
Wirtschaftsbereiche/LandForstwirtschaftFischerei/
TiereundtierischeErzeugung/Tabellen/LegehennenEier.html. Letzter
Zugriff: 06.04.2014.

17 Joy, Warum wir Hunde lieben, S. 19.

18 Vgl: Deutscher Bauernverband e.V. (Hg.): Meat. S. 2.

19 Freedman; Barnouin, Skinny Bitch, S. 104.

20 Eugenides, Middlesex, S. 405.

21 Enders, Darm mit Charme, S. 116.

22 Vgl. Statistisches Bundesamt. http://www.statistik-portal.de/
Statistik-Portal/de_zs01_bund.asp. Letzter Zugriff: 14.04.2014.

23 Vgl. Fontane, Der Stechlin, S. 58.

24 Vgl. Kamen, New Facts About Fiber.

25 Vgl.: Smith, Adam, zit. nach: Zittlau, Ballaststoffe nützen auch
Hirn, Lunge und Seele. www.welt.de. Letzter Zugriff: 31.05.2014.

26 Enders, Darm mit Charme, S. 264.

27 Zit. nach: Lippitz; Flamm: Wolfgang Joop. www.tagesspiegel.de.
Letzter Zugriff: 17.04.2014.

28 Wolff, Perlen-Paulas, S. 92.

29 Vgl: Statistisches Bundesamt. Wirtschaftsbereiche – Land &
Forstwirtschaft, Fischerei: Landwirtschaftszählung 2010.
Weidehaltung von Milchkühen auf Betriebsflächen nach Bestands-
größenklassen und Bundesländern 2009. www.destatis.de/DE/
ZahlenFakten/Wirtschaftsbereiche/LandForstwirtschaftFischerei/
Landwirtschaftszaehlung2010/Tabellen/9_4_Weidehaltung
Milchkuehe.html. Letzter Zugriff: 22.06.2014.

30 Statistisches Bundesamt. Wirtschaftsbereiche – Land & Forstwirt-
schaft, Fischerei: Landwirtschaftszählung 2010. Landwirtschaftliche
Betriebe mit Haltung für Rinder nach Haltungsverfahren am
1.3.2010. www.destatis.de/DE/ZahlenFakten/Wirtschaftsbereiche/
LandForstwirtschaftFischerei/Landwirtschaftszaehlung2010/
Tabellen/9_1_LandwBetriebeHaltungsplaetzeRinder.html. Zur
Erläuterung: circa 72 Prozent der Milchkühe leben in Laufstallhal-
tung, 27 Prozent in Anbindehaltung.

31 Vgl: Bundesministerium für Ernährung, Landwirtschaft und

Verbraucherschutz: Ermittlung der Mengen weggeworfener Lebensmittel und Hauptursachen für die Entstehung von Lebensmittelabfällen in Deutschland. Zusammenfassung einer Studie der Universität Stuttgart (März 2012). www.bmel.de. Letzter Zugriff: 31. 05. 2014.

32 Vgl. Olschewski, Verursachen Vegetarier mehr Blutvergießen als Fleischesser? www.urgeschmack.de, 21. 01. 2014. Letzter Zugriff: 24. 01. 2014.

33 Vgl. Klawitter, Fettig und salzig. www.spiegel.de. Letzter Zugriff: 03. 04. 2014; sowie: N. N.: Vegane Lebensmittel. www.zeit.de, 03. 04. 2014. Letzter Zugriff: 03. 04. 2014.

34 Vgl. Verbraucherzentrale Hamburg. Marktcheck Vegane Lebensmittel. Pressemeldung. www.vzhh.de/ernaehrung/334 672/Vegan_Marktcheck_vzhh.pdf. Letzter Zugriff: 03. 04. 2014.

35 Vgl. Campbell, China Study, S. 243–258.

36 Vgl. Schrenk, Die Frühzeit des Menschen, S. 72.

37 http://www.apetito.de/ueber-apetito/presse/Meldungen/Seiten/Top-Ten.aspx. Letzter Zugriff: 17. 03. 2014.

38 Vgl. Dahlke, Peacefood, S. 105.; sowie: Coleman, Comparative Anatomy and Taxonomy. www.growfood.com/414/humans-carnivore-herbivore-or-omnivore-by-john-coleman/. Letzter Zugriff: 22. 06. 2014.

39 Vgl. Campbell, China Study, S. 232 ff.; sowie Kalmijn, Dietary fat intake, S. 776–82.

40 Vgl. N. N., Mensch versus Affe, www.spiegel.de, 10. 09. 2007. Letzter Zugriff: 30. 05. 2014. Sowie: Perry; Dominy, Diet, S. 1256–1260.

41 Vgl. Verordnung zum Schutz landwirtschaftlicher Nutztiere und anderer zur Erzeugung tierischer Produkte gehaltener Tiere bei ihrer Haltung (Tierschutz-Nutztierhaltungsverordnung – TierSchNutztV), § 29, S. 20. www.gesetze-im-internet.de/bundesrecht/tierschnutztv/gesamt.pdf. www.gesetze-im-internet.de/bundesrecht/tierschutztv/gesamt.pdf. Letzter Zugriff: 22. 06. 2014.

42 Gudrun hat für ihren Thriller »Mord im Schlachthof« nicht nur Schweinemasten besucht, sondern auch in Schlachthöfen und Abdeckereien recherchiert.

Danksagung

Danke an Attila Hildmann für das wunderbare Interview und die vielen wertvollen Impulse, die er mir gegeben hat. An Astrid Wellenberg für den wunderbaren Kontakt und die nette Vermittlung. Danke an Bettina Querfurth, dass sie an mich und dieses Projekt geglaubt hat. Danke an Mike Remmert und Mikaela Wolf, die mir geholfen haben, an Bill Clinton heranzutreten. Danke an Steffi von Wolff, die mir immer ein Extravürstchen brät. Danke an Fridtjof Gundel für das beste vegane Risotto der Welt. Danke an Kathrin Mechkat, dass sie mich zum Attila Hildmann-Interview geschickt hat. Danke an Stella Brikey dafür, dass sie mir Mut gemacht hat. Danke an Marlin Oeing für ihre Grüne-Smoothies-Rezepte, die für alle auf »Veganer Genuss« zu lesen sind. Danke an Konstantinos Tsilimelis von der Albert-Schweitzer-Stiftung, der mir Material über die Fischindustrie empfohlen hat. Danke an Susanne Hagen von fair fish, die mir Wesentliches über Grundschleppnetze erzählt hat. Danke an Jörg Ponten für seine Quasieinführung in die Tierrechtsszene und den Trost, den er mir ab und zu gespendet hat, wenn ich irgendwelche Tierqualvideos nicht verkraftet habe. Danke an Iris Kiefer für die Einladung zur Wir-haben-es-satt-Orga-Zentrale und das informative Gespräch. Danke an Mahi Klosterhalfen dafür, dass er mich nach der Wir-haben-es-satt-

Demo an den Tisch gewunken hat, und für das lange Interview, das er mir gegeben hat. Danke an Luisa Böhle, dass sie mir veganen Eiersalat empfohlen hat. Danke an Markus Böhning und Petra Borchert – meine Mitstreiter in der Hamburger Albert-Schweitzer-Gruppe. Danke an Christina-Maria von Gusinski für ihre Hilfe bei der Veganisierung unseres Familienrezeptes. Danke an Joanna Milz dafür, dass sie mir Vego-Schokolade empfohlen hat. Danke an Delia Wilms, dass sie in Restaurants immer so viel Geduld aufbringt, bis ich mein Essen bestellt habe. (An dieser Stelle danke auch noch einmal Steffi von Wolff, die immer nur sagen muss:»Einmal die Nummer 5, bitte!«, während ich die Speisekarte umschreibe.) Danke an Marén Lenk für die Organisation des Flashmobs auf dem Berliner Alexanderplatz. Danke an Jule, dass sie mich auf eine ihrer Containertouren durch Hamburg mitgenommen hat. Danke an Jean-Claude Jury für das leckere Menü zum Weltvegantag. Danke an Renate von Löwis of Menar für das tolle Linsensalatrezept, bei dem schon seit Jahren keiner merkt, dass es vegan ist. (Und ich ja über Jahre auch nicht.) Danke an Christian Vagedes für das lange, intensive und nette Gespräch und die Einladung zu weißem Rauchtee. Danke an Jule Zachow von der»Chaostheorie«, die mir einen zu viel gemixten Sex-on-the-Beach spendiert hat, obwohl wir uns nicht kannten. Danke an Anke Spreeberg für ihr Urban-Detox-Treatment und schöne Nägel mit veganem »Hello, I love you!«-Nagellack. Danke an Ria Rehberg, Hendrik Hassel, Daniel Schmid und Vera Wittke von »Animal Equality«, dass sie mir so vertraut und mich auf eine ihrer Recherchen mitgenommen haben – das bleibt mir unvergessen. Danke an Gudrun Gülden für ihre Ratschläge, ihren Trost und ihre Freundschaft. Und danke an Schatzi, der das alles, alles mitgetragen und mitgemacht hat, ohne an mir zu verzweifeln. Du bekommst ein Essen von mir. Oder auch zwei. Versprochen.